创意旅游与
城市发展研究

张胜男 著

创于1897 商务印书馆
The Commercial Press

目　录

绪　论

　　《创意旅游与城市发展研究》一书，探究创意旅游对城市发展的作用、互动关系及其影响，对近代以来中国城市发展变化的历史资料、自然要素、区域特征及其社会经济要素进行分析论证，探讨创意旅游对城市持续发展的影响因素。在对文明重新认知的前提下，以伦敦、纽约、巴黎、北京、上海等创意城市为例，通过对创意旅游发展驱动力比较分析、创意城市集群竞争优势分析，构建创意元素在城市旅游目的地的创新生态文明系统。在时空维度层面，依托北京等特色城市特有的生态环境和文化资源，通过针对游客参与的生产与消费模式研究，构建特别的"旅游空间"，探索不同功能类型的城市经济文化发展的地域模式，探索经济型旅游业向文化型旅游业转型之路。探索首都北京城市功能转型之路，基于此进而形成较强的辐射力和影响力，实现城市协调发展。

　　创意旅游产生于世界范围内普遍兴起的创意产业背景，包括三个层面的内容：其一，有创造性的游客超越观光层面，进行参与性体验与真实性体验的旅行，置身于旅游目的地并深入当地居民生活；其二，游客在度假时通过独自从事探索潜能的某一个特定活动开发技能，从而提升幸福感；其三，直接参与以被动和互动形式表现的诸如建筑、电影、时尚、设计等"创意产业旅游"。创意旅游集深厚的文化底蕴与先进的现代文明于一体，创意旅游研究日益成为国际学术界关注的热点。

第一节　发展中的创意旅游

近 30 年来欧美发达城市纷纷提出以推动第三产业内部结构优化升级为重点的城市再造计划，特别是把利用文化和旅游促进地区发展作为主要的文化经济手段，但由于缺乏创意而使旅游内容趋向雷同，因失去地域性特征而没能带动经济发展。中国经济经过 30 年的快速发展，因缺乏城市与乡村的互动，城市发展的内在驱动力在减弱。21 世纪初，"创意产业""创意旅游"的兴起成为城市转型与乡村复兴的关键。全球化过程中旅游者的数量和质量都发生深刻的变化，旅游业、游客及遍布城乡的旅游目的地都在发生迅速衍变，旅游已经成为广大民众重要的生活方式，游客的需求已经日益接近于目的地居民，甚至寻找在目的地的归属感。旅游行为与旅游体验成为生活的重要部分，游客与目的地居民日渐融合。

新时期，生活方式、旅游方式与旅游理念等都已发生深刻变革。旅游活动从少数人的个别行动发展为广大民众的普遍旅游行为；从依托旅行团偶尔外出到标志性景区景点的旅游，发展为成熟的旅游者多次反复到某一目的地，甚至成为城市的经常住客。旅游活动已经不再是往常简单意义上只关注被广泛认可的风景名胜等旅游区域，而是关注超越传统旅游范围的旅游目的地普通生活中的元素，更加关注能感觉或体验旅游活动和休闲活动相结合的城市的真实生活内容。旅游活动已深入到广大民众的日常生活中，随之而来的是旅游行为及旅游观念的不断变革与升华，为此，创意旅游应运而生。

创意旅游产生于世界范围内普遍兴起的创意产业背景，促进旅游业向纵深延伸拓展。创意旅游不是"创意"与"旅游"的简单融合，"创造"是社会发展的重要源泉，是创意旅游的核心。创意旅游产品因双方深层体验和共同创造而具有高附加值，不仅包含体验性的旅游形式，而且包含主动参与和双向互动互助的动态创意过程。游客和目的地居民同时都具有创意消费者和创意生产者的地位，不仅深入到文化旅游、生态旅游、科学旅游等深层内涵，而且深入到游客及目的地居民社会生活的方方面面，与人的全面发展提升乃至社会的进步密切关联，具有科学意义和理论意义。

第二节　国内外研究趋势分析

（一）国外研究现状

1.“创意产业”与“创意旅游”研究

城市发展的关键问题之一，是解决文化连续复制和开发城市新旅游产品需求之间的矛盾，因而开发和更新旅游产品成为实现社会文明进步与城市复兴的重要途径。为此，鼓励和培养“创意”、“创意产业”和“创意旅游”，成为解决城市问题的主要方式之一，继而成为城市消费转型的重要工具。

其一，关于“创意”与“创意产业”的探讨。牛津英语词典定义“创意”为“发明的、富于想象的、展现想象力和日常的技能”。正如德·弗罗里达年提出“每个人都是有创意的”[①]。1961年，罗兹（Rhodes）根据40种创意定义，对创意进行跨学科分析，提出包括人、过程、环境和产品的4P创意概念[②]。其中，“人”涵盖了身体、思维、认知、行为等四个方面；“过程”适用于动机、感知、学习、思维和沟通；“环境”则指人类与环境的关系，每个人都以独特的方式来对待他周围的环境；“产品”则是通过人工制品把思想传递给他人。熊彼特（Schumpeter）认为创新与企业家精神紧密相连，因为企业家是知识丰富并且具有激发他人能力的人[③]。在开发城市社会文化资源及旅游空间方面，创意占有越来越重要的地位。

通常意义上“创意”可以通过想法、过程、产品、模式等不同层

①　Florida, R. The Flight of the Creative Class: The New Global Competition for Talent [M]. New York: Harper Business, 2005.

②　Rhodes, M. An Analysis of Creativity [J]. The Phi Delta Kappan, 1961, 42(7): 305–310.

③　Schumpeter, J. A. Development [J]. Journal of Economic Literature, 2005, 43 (1): 108–120.

面表现出来。比如，马丁代尔（Martindale）指出创意是一种具有原创、实用特征的想法[1]。高[2]描述"创意"是一种思想转化价值的整个过程。斯滕伯格（Sternberg）和卢巴特（Lubart）从心理学角度认为"创意"表现在行为模式上[3]。兰德里（Landry）认为创意是发现和激发潜能的一种过程。[4] 考夫曼（Kaufmann）定义"创意"是具有原创性的有价值的新事物[5]。肯特（Kent）则认为创造力指一种现有文化元素重新组合，产生意义的一种模式[6]。哈尔胡林（Kharkhurin）认为创意具有新颖性、实用性、真实性和美学内涵[7]。创意的本质与人类发展息息相关，不仅表现为个人或群体，更是一种社会系统的构建。罗兹（Rhodes）关于创意本质的理念，得到泰勒（Taylor）[8]、伦科（Runco）和耶格（Jaeger）[9]等众多学者的赞同。

"创意产业"是在世界经济进入知识经济时代背景下发展起来的一种推崇创新和个人创造力、强调文化艺术对经济的支持与推动的新兴产业，特别是关于"创意"、"集群"和"产业区"的讨论得到更多的关注。"创意产业"基于早期对"文化产业"的思考。不同于文化和创意的传统概念，理查兹·弗罗里达认为创意和文化具有经济优势并

① Martindale, C. Personality, Situation, and Creativity [M]//John A. Glover et al. (eds.) Handbook of Creativity. Boston: Springer, 1989: 211–232.

② Kao, J. J. The Art and Discipline of Business Creativity [J]. Strategy & Leadership, 1997, 25(4): 6–11.

③ Sternberg, R. J.& Lubart, T. I. The Concept of Creativity: Prospects and Paradigms [J]. Handbook of creativity, 1999, (1): 3–15.

④ Landry, C. The Creative City: A Toolkit for Urban Innovators [M]. Comedia, 2008: 1–57.

⑤ Kaufmann, G. Expanding the Mood–creativity Equation [J]. Creativity Research Journal, 2003, 15(2–3): 131–135.

⑥ Kent, T. Creative Space: Design and the Retail Environment [J]. International Journal of Retail & Distribution Management, 2007, 35(8–9): 734–745.

⑦ Kharkhurin, A. V. Creativity. 4in1: Four–criterion Construct of Creativity [J]. Creativity Research Journal, 2014, 26(3): 338–352.

⑧ Taylor, C. W. & Sternberg, R. J. Various Approaches to and Definitions of Creativity [M]. The Nature of Creativity: Contemporary Psychological Perspectives. Cambridge: Cambridge UP, 1988: 99–120.

⑨ Runco, M. A., Jaeger, G. J. The Standard Definition of Creativity [J]. Creativity Research Journal, 2012, 24(1): 92–96.

相互交融的观点，首次提出"创意指数"（Creativity Index）的概念，追踪国家与地区内所含创意能量如何影响该地区的经济发展，提出"3TS"模式，开创评估创意经济的新视角 ①。同时，波特（Porter）提出"钻石模型"，探讨发达国家文化创意产业的竞争优势理论 ②。文化创意产业在知识经济时代，具有重新确定新老媒体与文化产业之间关系的潜力。斯科特（Scott）认为大都市及周边文化产业区创意经济的兴起与发展是经济发展的驱动力，"创意产业"和"创意区"已经成为城市经济发展和城市政策调整的重要因素 ③。纽约 SoHo 或巴黎蒙马特区等世界著名创意区从来没有经过规划，而是在城市发展的自然碰撞和磨合中产生。文化创意产业已从产业部门中分离出来，成为独立的文化产业部门并迅猛发展。

其二，关于"创意旅游"定义探索。"创意旅游"基于创意产业的发展而展开，最早由新西兰学者格雷·理查兹（Grey Richards）和克里斯宾·雷蒙德（Crispin Raymond）④ 于 2000 年首次提出，两位学者对创意旅游的表现形式、实现路径及目标进行了具体的叙述，着重强调互动性措施对创意旅游的重要性。创意旅游是"通过旅游者的积极参与，为旅游者提供机会发展自己的创意才能"。创意旅游逐渐作为文化旅游的延伸而得到更为广泛的应用。⑤ "创意旅游"正是"主动的而不是被动的，是学习的而不是观察的，在自我发展的同时也促进经济发展"⑥。

---

① Florida, R. The Rise of the Creative Class: And How It's Transforming Work, Leisure, Community and Everyday Life [M]. New York, NY: Basic Books, 2002.

② Porter, M. E. & Kramer, M. R. The Competitive Advantage of Corporate Philanthropy [J]. Harvard Business Review, 2002, 80 (12): 56–69.

③ Scott, A. J. Cultural–products Industries and Urban Economic Development–Prospects for Growth and Market Contestation in Global Context [J]. Urban Affairs Review, 2004, 39 (4): 461–490.

④ Richards, G. & Raymond, C. Creative Tourism [J]. ATLAS News, 2000, 23: 16–20.

⑤ Richards, G. Textile Tourists in the European Periphery: New Markets for Disadvantaged Areas? [J].TourismReview International, 2005, 8(4): 323–338. Richards, G.& Wilson, J. Developing Creativity in Tourist Experiences: A Solution to the Serial Reproduction of Culture? [J]. Tourism Management, 2006, 27(6): 1209–1223.

⑥ Richards, G. Textile Tourists in the European Periphery: New Markets for Disadvantaged Areas? [J]. Tourism Review International, 2005, 8(4): 323–338.

"创意旅游"活动潜在地利用当地的技能、技术、传统和地方的独特性①，如让游客在美食节、红酒假日进行创意旅游体验，或通过参与艺术、工艺、设计、养生、语言、运动而学习②。

创意阶层在创意城市的特殊作用。弗罗里达（Florida）主张城市可以通过吸引"创意阶层"获得竞争优势，从事创新和艺术活动的居民有助于创造充满活力的文化③。创意城市日益成为创意阶层基于文化、艺术、知识、交流、合作而产生新认同的城市。创意阶层多集中在城市并成为社会的核心。在创意的环境中，才能开发开发具备增强文化城市结构的集群和区域。

其三，创意旅游与文化旅游比较。理查兹（Richards）和博宁克（Bonink）认为文化旅游起源于 18 世纪的大周游（the Grand Tour），20 世纪 60 年代已集中在有效细分并逐渐成熟的文化旅游市场④。20 世纪末，文化被广泛作为营销的工具，基于一定的空间和时间范围内传播旅游的工具，推动人们去一些远离广为认知的旅游目的地。跨国"文化旅游线路"已经成为欧洲社区传播旅游的理想手段，成为欧洲旅游主要增长点，支持经济发展和文化再造。过去 20 年中文化旅游供给增长超过需求增长，更多地关注文化旅游的供给与需求研究，文化旅游已经被放到许多都市复兴战略的中心。史密斯（Smith）认为创意旅游与文化旅游有显著区别，前者是一个更为互动的形式，与当地居民的传统实践互动，或与更先进的产业互动⑤。随着对乡村关注程度的提高及城市对乡村日益紧密的依托及其农业产业地位的确定，其运行机

---

① Binkhorst, E. Creativity in Tourism Experiences: The Case of Sitges [M]//G. Richards & J. Wilson (eds.) . Tourism, Creativity and Development, London: Routledge, 2007: 125–144. Richards, G. & Wilson, J. Developing Creativity in Tourist Experiences：A Solution to the Serial Reproduction of Culture? [J]. Tourism Management, 2006, 27(6)：1209–1223.

② Richards, G. Textile Tourists in the European Periphery: New Markets for Disadvantaged Areas? [J]. Tourism Review International, 2005, 8(4): 323–338.

③ Florida, R. The Rise of the Creative Class: And How It's Transforming Work, Leisure, Community and Everyday Life [M]. New York, NY: Basic Books, 2002.

④ Richards, G. & Bonink, C. Marketing Cultural Tourism in Europe [J]. Journal of Vacation Marketing, 1995, 1(2): 172–180.

⑤ Smith, M. K. Issues in Cultural Tourism Studies [M]. London; New York: Routledge, 2009.

制也在发生变化。快速城市化背景下，乡村文化产业及其演化正在成为研究的热点①。

　　不同形式与特征的文化旅游则以其多样的形式、深刻的内涵而独具特色，特别是促进科技传播而得到普遍关注。欧美国家偏重于对"高雅文化"（high culture）的追求而排斥"大众文化"（low culture）。文化旅游活动多指游览博物馆、美术馆、历史建筑遗址，欣赏当代绘画、雕塑或者表演艺术②。20世纪80年代以来，随着文化活动民主化与顾客导向倾向，开始越来越强调流行文化或大众文化，文化旅游的边界逐渐扩大。

　　创意旅游主要有两种形式。其中最通常的是以艺术或工艺品生产为主要特征，创造出最终的旅游产品的旅游形式③。真实性在过去的几十年一直是旅游研究领域最重要的探究主题。通过博客网络调查目的地游客的偏爱，建立在文化基础之上的原始手工艺品制作得到一致的青睐，不需要更多的消费，却有更好的品质和最优的设计④。

　　创意旅游与文化旅游有共同点。二者都以文化为依托，文化具有高附加值、无形性等特点，不仅为目的地提供旅游资源，而且为满足消费者需要提供旅游环境；二者寓学习于旅游活动之中，旅游是一个鼓励学习的过程；文化旅游者和创意旅游者都由接受良好教育、素质较高的消费阶层组成，具有高水平的文化资本⑤。其一，文化旅游以增长知识丰富文化积累为目的，创意旅游以开发个人创意潜能为目的。创意体验是创意旅游的主要特征之一，不仅包括由"感觉与意识"、"需求与动机"和"创意"组成的"内心反应"驱动因素；还包括由"人""环境"

　　① 邓辉.卡尔·苏尔的文化生态学理论与实践［J］.地理研究，2003, 22(5): 625–634.
　　② Richards, G. Developments in European Cultural Tourism [J]. Tourism: The State of the Art, 1994: 366–376.
　　③ 张胜男.创意旅游发展模式与运行机制研究［J］.财经问题研究，2016, 387(2): 123–129.《新华文摘》2016, (7): 135–138 全文转载.
　　④ Torabian, P. & Arai, S. M. Tourist Perceptions of Souvenir Authenticity: An Exploration of Selective Tourist Blogs [J]. Current Issues in Tourism, 2016, 19(7): 697–712.
　　⑤ Richards, G. & Bonink, C. Marketing Cultural Tourism in Europe [J]. Journal of Vacation Marketing, 1995, 1(2): 172–180.

与"活动"相互作用的"外部反应"结构[①]，阿里（Ali）等学者认为创意体验包括逃避与认知、平和的心态、独特的参与体验、互动性、学习等五个方面[②]。其二，创意旅游市场自然形成而非人为规划。文化旅游可以实现规模化生产，而创意旅游则不同，更加注重真实性。真实性作为一个不断发展的概念，引发了诸多关于其内涵和效用的争论，由此产生了诸多理论研究的视角，如客观主义、构建主义、后现代化、存在主义等，伴随着各种各样的，从客观物体到主观体验的分析焦点[③]。然而，旅游研究领域无论采用怎样的理论研究视角，真实性的内涵从未动摇，即基于旅游者角度的旅游产品的真实性。伦敦的伊斯林顿地区与岸边区"游客不多"，该地并不是通过旅游设计用来吸引游客的地方；而是"不同寻常"和"独辟蹊径"的没有经过旅游规划的安静的生活地区。在这些地方游客可以见到当地人，边喝咖啡或边喝饮料边聊天，游客在这个地方更加放松，不会感到自己是外地人，与目的地居民深度交融[④]。其三，在旅游消费层面，创意旅游者通常是乐于自由旅行的消费阶层，因消费结构发生变化从非技能消费转向技能消费，从外部导向消费转向内部导向消费[⑤]。文化旅游消费主要基于外部刺激的非技能消费，创意旅游消费则源于消费者内部刺激与需求的技能消费。创意旅游者的需求、动机和行为模式等都不同于文化旅游者。越来越多的"多才多艺旅游者"以生产者的角色从事体验活动[⑥]，并在这个过程中得到发展，从而

---

① Richards, G. & Bonink, C. Marketing Cultural Tourism in Europe [J]. Journal of Vacation Marketing, 1995, 1, (2): 172–180.

② Ali, F., Ryu, K. & Hussain, K. Influence of Experiences on Memories, Satisfaction and Behavioral Intentions: A Study of Creative Tourism [J]. Journal of Travel & Tourism Marketing, 2016，33(1)：85–100.

③ Rickly-Boyd, J. M. Authenticity & Aura : A Benjaminian Approach to Tourism [J]. Annals of Tourism Research, 2012, 39(1): 269–289.

④ Maitland, R. Everyday Life as a Creative Experience in Cities [J]. International Journal of Culture, Tourism and Hospitality Research, 2010, 4(3): 176–185.

⑤ ［美］提勃尔·西托夫斯基. 无快乐的经济 ［M］. 北京：中国人民大学出版社，2008: 200–202.

⑥ Prentice, R. Tourist Familiarity and Imagery [J]. Annals of Tourism Research, 2004, 31(4): 923–945.

进一步冲淡了生产和消费的边界，被称为"生活方式形成范式"。基于生产与消费层面，知识范式转变的边界的研究，旅游与其他学科领域不同，需要通过建立强大的平台实现对接[①]，这成为旅游研究面临的新的机遇和挑战。

新时期旅游者所关注的已不再是传统的风景名胜旅游区域，而是能感觉或体验目的地普通真实的生活元素。现代旅游者因熟悉旅行业务及新科技，对旅游服务供应商的依赖程度大大降低，开始寻找一种"新的""独特的""有意义的""学习的"旅行体验[②]。旅游者主动融合到生活与旅游活动中追求人生的幸福感，不仅是一种全新的精神生活，而且也是一次经历了心智升华的社会活动。随着旅游者需求的提升、旅游体验的发展及旅游业结构的拓展，被动体验的旅游方式逐渐向主动参与的旅游方式转变。旅游者作用日益突出，拥有旅游活动的决定权与主导权，从"无需技能"消费到"追求技能"消费[③]，为"创意旅游"活动提供了前提。

2. 创意旅游对城市功能转型影响研究

其一，关于创意城市的研究。兰德里（Landry）认为成功的创意城市是人、计划、组织和城市都富有创意的城市[④]，创意产业、创意城市和创意区域发展的一些重要方面。邦杰（Bontje）和玛斯特德（Musterd）分析了创意知识产业、创意城市和创意区域发展的一些重要方面[⑤]。旅游目的地居民参与和整合能力是经济、社会和环境可持续发展的关键因素，并提出在创意城市中存在文化集群和事件集群，人们逐渐认同城市不仅是建筑和物质的结果，而且也是人、网络和无形的元

---

① Liburd, J. J. Tourism Research 2.0 [J]. Annals of Tourism Research, 2012, 39(2): 883–907.

② Booyens, I. & Rogerson, C. M. Creative tourism in Cape Town: An Innovation Perspective [C]. Urban Forum. Springer Netherlands, 2015, 26(4): 405–424.

③ Richards, G. Cultural Tourism [M]. Routledge Handbook of Leisure Studies. Abingdon: Routledge, 2013: 483–492.

④ Landry, C. The Creative City: A Toolkit for Urban Innovations [M]. London: Earthscan Publications, 2000.

⑤ Bontje, M. & Musterd, S. Creative Industries, Creative Class and Competitiveness: Expert Opinions Critically Appraised [J]. Geoforum, 2009, 40 (5): 843–852.

素,如记忆、历史、社会关系、情绪体验和文化认同。塞佩(Sepe)进
一步探索创意城市的概念,认为旅游目的地居民的参与和整合能力是经
济、社会和环境可持续发展的关键因素。[1]梅特兰(Maitland)认为城
市旅游的范围逐渐扩大,已经不局限于有影响力的明确旅游区,城市吸
引力的重要因素是有机会体验和感受日常生活。[2]理查兹(Richards)和
威尔逊(Wilson)认为创意强化了"真实的旅游体验",拓展"旅游凝
视"理论至多感官体验和创意领域,将创意深入到城市活动的细节。[3]

"创意旅游"产品源于旅游目的地的潜在创新,建立在旅游和当地
创意产业之间的联系之上。比如南非没有英国创意产业工作组的若干部
门,也不同于澳大利亚、新西兰和英国等来自于国家层面的发展创意产
业的规划,而是通过发展文化产业而提升地区的旅游潜力,其文化产业
区的规划促进了娱乐活动、创意活动及其与此相关产业的创意产业集
群。南非旅游新产品的开发与创新,深入到新兴的创意产业部门与城市
旅游开发与规划。约翰内斯堡重新定位旅游,以文化为主题的旅游方式
取代一直处于"圣地"地位的大众旅游和商务旅游。约翰内斯堡的文化
产品,包括城市的历史资产、政治资产、音乐、舞蹈、时尚、剧院、艺
术等娱乐资产及诸如反种族隔离斗争意义的纪念碑等。通过基于约翰内
斯堡博物馆、剧院和遗址等历史文化区的营销活动,转型为"南非的创
意之都",将会产生创意产业、旅游和经济再生之间更为重要的联系和
协同效应。

创意城市目前致力于如何提升建筑重修,以及经济发展和社会复兴
之间的相互作用,以实现一个更加综合的城市发展[4]。在近几十年文化
已经成为城市复兴过程中的主要驱动因素。城市发展繁荣的三个动力

---

① Sepe, M. Place Identity and PlaceMaker: Planning the Urban Sustainability [J]. Journal of Urban Planning and Development, 2010, 136 (2): 139–146.

② Maitland, R. Everyday Life as a Creative Experience in Cities [J]. International Journal of Culture, Tourism and Hospitality Research, 2010, 4(3): 176–185.

③ Richards, G. & Wilson, J. Developing Creativity in Tourist Experiences: A Solution to the Serial Reproduction of Culture? [J]. Tourism Management, 2006, 27(6): 1209–1223.

④ Glaeser, E. Review of Richard Florida's the Rise of the Creative Class [J]. Regional Science & Urban Economics, 2005, 35(5): 593–596.

是天才、技术和包容（Talent，Technology，Tolerance，3T）的混合体，建立创意城市需要小规模的工程和更多的耐心，大工程将导致城市的日益单调，不要争取短暂的成功。

其二，创意集群关联效应分析。创意集群吸引大量消费者而惠及集群的所有成员。创意城市中存在文化集群和事件集群，因而城市不仅彰显了建筑等物质文明成果，同时也是记忆、历史、社会关系、情绪体验乃至文化认同等精神文明的元素。其中文化集群在当地政府的支持和规划下，依托美术、音乐、剧院、建筑、设计等类活动而建立，竞争优势是新技术的使用和用于分配和开发区域优势的区域创造；事件集群主要基于组织大型赛事、各种娱乐和文化演出[1]，受到城市创意资源相互联系的影响。城市的元素错综复杂交织在一起，将城市变成当地居民和旅游者有价值的资源。

在旅游发展中凸显"文化"特性。规划也是基于人们如何从情绪和心理的角度感受城市，规划的核心指导原则是地区规划而不是城市发展[2]。城市发展是自然的进程，而不是规划的结果。而创意集群的优势在于行动者与信息知识的快速传播，城市文化集群与事件集群的互动与转化，需要建立支持行为者网络的管理系统，合作产生新的创意资源和提升现有资源，并将文化、艺术、休闲等无形资源转换成社会资源和城市生产的能力，进而将其转型为结构资源。

（二）国内研究现状

1.创意产业与创意旅游研究

创意产业在中国更是新兴产业，主要集中在创意产业定性研究、国外个案研究、文化创意产业发展研究等方面。

金元浦主张创意产业和创意经济（或创造性产业）是一种在全球化消费社会的背景中发展起来的，推崇创新和个人创造力；文化产业在国

---

① Carta, M. Creative City: Dynamics, Innovations, Actions [M]. London and New York: Rubbettino, 2007. Mommaas, H. Cultural Clusters and the Post–Industrial City: Towards the Remapping of Urban Cultural Policy [J]. Urban Studies, 2004, 41 (3): 507–532.

② Landry, C. & Hyams, J. The Creative City Index: Measuring the Pulse of the City [M]. Gloucestershire: Comedia, 2012.

民经济中的地位越来越重要，已成为世界经济中的支柱产业之一①。厉无畏认为创意产业是一种与文化紧密联系、自上而下的发展策略，是政府促进本地经济、文化、社会进步甚至成为国家优势的产业政策②。与文化产业相关的产业部门成为早期创意产业的主要内容，英国对创意产业的定义也成为之后各个国家和地区确立创意产业发展战略的标杆。创意产业共通的核心构成元素：①以创意为产品内容；②利用符号意义创造产品价值；③知识产权受到保障。王慧敏认为创意产业的兴起为改变城市发展方式提供了新视角③。徐清泉认为创意产业狭义等同于内容产业、文化产业的高端，体现了知识经济时代和信息时代的鲜明特征。厉无畏等学者认为创意旅游指用创意产业的思维方式和发展模式整合旅游资源、创新旅游产品、锻造旅游产业链，是一种适应现代社会经济发展转型的全新旅游模式④。

中国学者也开始进行创意旅游的探索与研究，关于创意旅游的概念仍有不同认识，重点在于创意产业园区及其旅游体验的研究。厉无畏、王慧敏、孙洁认为创意旅游是指用创意产业的思维方式和发展模式整合旅游资源、创新旅游产品、锻造旅游产业链⑤。原勃、白凯主张建立基于游客体验的创意旅游发展的互动关联模式，进而扩展了旅游资源的涵盖范围⑥。王昊等学者提出，创意旅游是指旅游者在游览的过程中，以旅游吸引物作为创意的主体，在与它发生互动的同时，体验一种不同寻常的旅游经历⑦。文化创意旅游是创意旅游的一种，就是在创意旅游中重点突出文化这一因素。周钧、冯学钢认为创意旅游是指以旅游者与旅

① 金元浦.文化生产力与文化产业［J］.求是，2002，1332(20)：38-41.
② 厉无畏，王慧敏.创意产业促进经济增长方式转变——机理·模式·路径［J］.中国工业经济，2006，11：5-17.
③ 王慧敏.创意城市的创新理念、模式与路径［J］.社会科学，2010(11)：4-12.
④ 厉无畏，王慧敏，孙洁.论创意旅游——兼谈上海都市旅游的创新发展思路［J］.经济管理，2008，30(1)：70-74.
⑤ 厉无畏，王慧敏，孙洁.创意旅游：旅游产业发展模式的革新［J］.旅游科学，2007，(6)：1-5.
⑥ 原勃，白凯.创意旅游理论及实践［J］.城市问题，2008，160(11)：97-101+30.
⑦ 王昊，周凤杰.论文化创意旅游——以北京798艺术区为例［J］.旅游纵览（下半月刊），2014，3：135+137.

游目的地之间的创意性互动为核心要素的一项旅游产品，旅游者通过此过程实现知识或技能的输入，开发个人创意潜能，形成个性化的旅游体验及旅游经历 ①。创意旅游的特征之一是需要旅游者与旅游目的地共同协作，因而扩展了旅游资源的涵盖范围。赵玉宗等学者认为创意旅游具有可持续性，文化是创意旅游的前提和基础，互动式学习和体验是创意旅游的实现路径和方式，实现自我发展和目的地的社会经济发展是创意旅游的目标所在 ②。张胜男认为，参与、学习、互动及与目的地居民深度交融，是创意旅游的主要特征 ③。创意旅游并非为创意与旅游的简单合并，并非所有添加了创意元素的旅游产品均可称为创意旅游，创意旅游是应旅游者日益高涨的精神文化需求以及旅游目的地实现可持续发展的需要而产生的一项新的旅游产品。

2. 目的地主客感知形象研究

刘其印解释民俗旅游"是借助民俗来开展的旅游项目，如寻根祭祖、朝山进香、民间艺术表演、民俗展览、民俗表演（婚礼表演等）、节庆活动、风味食品、旧式交通工具、住民房等"④。一句话，就是"到民间去旅行"，到民俗氛围中去切身体验。民俗是人民生活中长期积淀而成的文化形式，具有强烈的地方特色、民族特色、时代特色。56 个少数民族由于生存环境、历史发展路径不同，形成了独具风格的重要民族文化遗产，也是价值极高的旅游资源。张宏梅、陆林研究发现主客交往对目的地形象感知的影响较为复杂，目的地要提高认知形象和情感形象，因而创意旅游成为城乡发展的催化剂 ⑤。

乡村度假成为高档次的旅游度假活动 ⑥。早在 1998 年，法国游客中

① 周钧，冯学刚.创意旅游及其特征研究［J］.桂林旅游高等专科学校学报，2008, 19(3): 394–397.

② 赵玉宗，等.创意转向与创意旅游［J］.旅游学刊，2010, 25(3): 69–76.

③ 张胜男.创意旅游与城市发展［N］.光明日报（理论·实践），2011–2–20 (7).

④ 刘其印.让游客到民俗气氛中去感受异域风情［J］.民俗研究，1995, (1): 18–19.

⑤ 张宏梅，陆林.主客交往偏好对目的地形象和游客满意度的影响——以广西阳朔为例［J］.地理研究，2010, 29(6): 1129–1140.

⑥ Nilsson, P. Å. Staying on Farms: An Ideological Background [J]. Annals of Tourism Research, 2002, 29 (1): 7–24.

已有 33% 选择了乡村度假，比例仅次于占 44% 的海滨度假。当年法国乡村接待的 200 万（其中 1/4 是外国游客）游客中，有 50% 是中高级雇员或自由职业者，游客非常稳定，一直采用乡村度假方式的度假者占 44%，更有 15% 的度假者每年都住在同一地方。沈世伟和 Philippe（2010）认为"旅游是因个体处于满足恢复身心、重塑自我需要而在其非日常活动空间里进行履行和暂住所生成的一个系统"，主张研究、评价乃至开发旅游资源一定要从旅游者的需求出发并以其为最终的依据[①]。刘家明、刘莹（2010）建立基于 6E 模型的旅游功能分区区域产品策划，得出旅游者对历史街区旅游体验的需要与其他目的地相比具有显著差异的结论[②]。叶超、陈明星认为城乡关系演变经历了一个合—分—合的过程，注重难以量化或不能量化的诸如文化、意识形态等因素的影响[③]。而中国城乡关系处于全球化的时代背景下，载负着独特的历史文化传统，必须预防经济与社会风险。

上述国内外学术成果为深入细致拓展研究领域奠定了基础。但目前研究还停留在粗放型方式，缺乏对创意旅游的深度了解，缺乏以创意旅游为切入点针对城乡生态环境效益的分析，尤其缺乏整合城乡旅游资源（包括生活方式）提升产业层次结构的跨越式研究。

3. 基于创意旅游的城乡互动发展研究

我国学者从 20 世纪 80 年代开始以跨学科的视野关注创意体验与城市发展。21 世纪，学界更加关注旅游文化资源的可持续发展，旅游开发与环境保护良性循环机制等更深层次的问题。创意旅游成为流行和重要的产业发展趋向，旅游业进入新阶段的标志[④]。钟敬文强调民俗文化与自然环境的共生与共赢。吴必虎等提出发展城市休闲游的空间格局，

① 沈世伟，Philippe，V. 法国旅游资源研究方法的三十年演进历程［J］. 经济地理，2010，30(6): 1028–1032.

② 刘家明，刘莹. 基于体验视角的历史街区旅游复——以福州市三坊七巷为例［J］. 地理研究，2010，29(3): 556–564.

③ 叶超，陈明星. 国外城乡关系理论演变及其启示［J］. 中国人口·资源与环境，2008，18(1): 34–39.

④ 崔国，褚劲风，王倩倩，邹琳. 国外创意旅游内涵研究［J］. 人文地理.2011，122(6): 24–28+33.

建立主要都市周边的娱乐带①。杜江、向萍对天津市居民休闲娱乐消费状况进行分析，对中国消费结构进行了实证分析，提出了消费结构升级的必要性和可行性及调整和休闲消费结构的对策②。徐红罡探讨了城市与旅游发展的反馈结构，为旅游与城市发展的深入研究提供思路③。陆林等认为旅游作为城市化发展的动力之一，提出城市化过程中应降低环境及旅游吸引力等负面影响④。张胜男对城市吸引力和"城市人"的新认识，认为"城市发展的驱动力是孕育于日常生活中的创意旅游"⑤。新时期生活方式、旅游方式与旅游理念等都已发生深刻变革，旅游活动已经不再是往常简单意义上只关注被广泛认可的风景名胜等旅游区域，而是关注超越传统旅游范围的旅游目的地普通生活中的元素，更加关注能感觉或体验旅游活动和休闲活动相结合的城市真实的生活内容。随之而来的是旅游行为及旅游观念的不断变革与升华。

上述国内外学术成果为深入细致拓展研究领域奠定了基础。但目前研究还有不少局限，特别是多集中在某一国家、区域或某一城市，研究内容较宽泛，缺乏针对创意旅游某一方面或某一行业的研究，缺乏对创意旅游内涵的深度研究。而创意旅游正是基于若干个相互密切关联但又有明显差异的子行业的集合，不同的子行业有不同的运行机制和产业特点。而且，相对外国研究而言，国内研究主要集中在学习国外经验，而对创意旅游发展的理论基础、政策制定等原创性研究和应用上还较为欠缺。因而，本课题基于创意旅游的参与、学习、互动等特征，对创意城市发展的交互作用及战略影响进行系统分析，因而研究更具针对性且更加深入。

① 吴必虎，伍佳，党宁.旅游城市本地居民环城游憩偏好：杭州案例研究［J］.人文地理，2007, 94(2): 27–31.

② 杜江，向萍.天津市居民休闲娱乐消费状况分析［J］.南开经济研究，1996(4): 38–40.

③ 徐红罡.文化遗产旅游商业化的路径依赖理论模型［J］.旅游科学，2005, 19(3): 74–78.

④ 陆林等.旅游城市化研究进展及启示［J］.地理学报，2006, 25(4): 741–750.

⑤ 张胜男.创意旅游与城市发展［N］.光明日报（理论·实践），2011-2-20(7).

第三节　关于本书的写作

　　笔者自 2007 年开始思考和探索创意旅游的相关内容，2010 年主持北京市教委科研计划面上项目"北京休闲创意产业对旅游业发展模式影响研究"，2015 年获得国家旅游局重点课题"创意旅游与旅游业功能转型研究"和国家社科基金项目"创意旅游驱动下原住民文化古镇转型升级及其发展战略研究"，2016 年获得首都师范大学文化研究院重大研究项目"京津冀公共文化服务的问题现状与协同对策研究"等科研课题。感谢国家社科基金委、中国旅游研究院、北京市教委和首都师范大学文化研究院给予的科研支持和鼓励，使笔者能够在较多积累的基础上，进行《创意旅游与城市发展研究》的专著写作。

　　在历时十余年写作本书的过程中，笔者考察国内重要城市及旅游胜地，到各大图书馆、档案馆（包括国家图书馆、南京图书馆、上海图书馆、重庆图书馆、浙江省图书馆孤山分馆、北碚图书馆、上海档案馆、南京档案馆、重庆档案馆、浙江档案馆、成都档案馆、四川省档案馆、无锡档案馆、青岛市档案馆、宁波档案馆、北京档案馆、陕西省档案馆、西安档案馆、湖北省档案馆、武汉市档案馆、福建省档案馆）查阅相关资料；同时，大范围搜索并研究国家图书馆的相关外文数据库（包括 Emerald、Cambridge、Proquest、Sage、Sciencedirect、Informworld、Oxford Journals、Proquest、Springer link、Wiley Blackwell）的文献资料，在尽可能广的范围内，做了认真和较全面的积累与准备。中外文文献结合，特别是广泛寻找和研究民国时期的相关文献，使专著的写作比较富有内涵和底蕴。

　　民国是中国近现代发展历程中承上启下的重要时期，是中国从封建社会走向现代社会的重要转折点，各种观点相处碰撞，甚至是相互对立。辛亥革命的成功，进一步加速了中国近代化的进程。随着新政权的建立、社会风尚的兴起、交通的改善等一系列新气象而来的，是民众的生活观念乃至价值观的根本性变化，而这一切从不同程度上在民众的旅行活动中体现出来。以旅行为核心所反映的一系列社会生活，是全面了解民国时期历史与文化的重要途径。

尤为可贵的是，民国时期的城市建设与旅游业，无论在理论研究还是实践方面都有出色的成果。既有中国特色，更与世界时代前沿接轨，是跨越时空的对接。这些宝贵财富对于今天的学术研究的深入，对于城市建设与规划，对于旅游产业的发展，特别是建立科学、文明、健康的生活方式和旅行方式都有宝贵的借鉴作用。而且，在田园都市的设想、学术旅行、旅行中的道德等方面至今仍有积极的引领作用。

《创意旅游与城市发展》具有交叉学科特点，从创意旅游的角度进行城市发展研究，具有较为重要的理论意义和实践作用。因专著的理论内涵丰富，学术研究和实践活动的内容都十分丰富，且进展较快。本书的出版，由衷感谢商务印书馆编辑的重要帮助和指导。商务印书馆科学严谨的学风积极影响了我的学术追求。感谢首都师范大学王艳慧教授对部分插图给予指导和帮助。专著写作基于阅读、学习相关国内外文献资料，谨向书中所引用和参考的文献资料的专家学者致以诚挚的谢意！恳请专家学者和同行对本书的缺憾与不足提出宝贵意见。

2022 年 10 月 24 日在康奈尔大学的图书馆完成专著修改，2023 年 1 月在哈佛大学科学中心和法学院根据商务印书馆编辑的反馈，再做修改，最后定稿。在定稿之际，意犹未尽，仍有需要完善和补充之处，期待来日能有机会不断修改和完善，继续努力。

第一章　从文化旅游走向创意旅游

第一节　旅行与文化系统

中国旅行历史传统中表现为文化中心观，自然环境和文化环境交叠而互动，旅行的历史就是文化的历史。"我正在尝试为居住和旅行的特殊历史、策略与日常实践勾勒一个比较文化研究方法的概图：居住中的旅行和旅行中的居住。我把旅行视为文化比较，就是出于旅行的历史易染性：旅行和性别、种族、阶级特权、特殊运输方式、修整过的道理、代理、边界、文件等等都有关联"[1]。

旅行直接影响着社会文化变迁的复杂过程。里德（Eric Leed，著有《旅行者的思想》）认为"旅行是历史长河中'新事物'的主要源泉"。旅行创造了"异国"与"稀奇"的经验和概念，以及"未知身份的社会存在的独特类型——陌生人"[2]。总之，迁移的动力和旅行活动是促进历史文化和社会变迁的最直接推动力。

一、文明与古代中国旅行

旅行，人类自童年就已经开始探索拓展生存与生活的空间，无论以怎样的方式和途径，都或多或少与"文化"相随。在所经历的诸多与旅行相关的活动中（如迁徙、游牧、漂泊、商贸、征伐、差役、出访，乃

---

① Clifford, J. Routes: Travel and Translation in the Late Twentieth Century [M]. Cambridge, Mass: Harvard University Press, 1997.

② 郭少棠. 旅行：跨文化想象［M］. 北京：北京大学出版社，2005: 21.

至地理大发现、移民等），虽然还不是今天所认知的科学意义上的旅游，但旅行活动却根植于人类文化创造的发展与进步中，根植于对完善人格的追求中。

中国独特的旅行文化踪迹体现了独特的旅行文化传统。中国古代旅行的参加者是帝王将相、文人墨客等，包括帝王巡游、教育旅行、文人旅行、科学考察等不同旅行方式。中国古代旅行的历史，就是文化创造与传播的历史。古人在旅行中自然形成了旅游文化资源客体的内容，当今旅游者一直致力于追踪古人的游迹。

旅游与文化密不可分。旅行本身就是一种大规模的文化交流。我国古代旅行活动表现形式众多，帝王巡游以周穆王最具代表性，"欲肆其心，周形天下，将皆必有车辙马迹"，打开中国通往西方的道路，加强了长安与西方各国的关系。秦、汉时期，中国建立了统一的中央集权国家，秦始皇为寻找"长生之药"多次派大臣、方士遍游名山大川，举行祭祀活动或考察。在汉武帝与匈奴等少数民族政权的抗衡中，汉武帝两次派遣张骞为政治军事目的而出使西域探险，开拓了"丝绸之路"，建立了与西域各国的通道。司马相如西南夷漫游，司马迁为撰写《史记》而游历全国，则是具有学术考察特性的旅行活动，对"读万卷书，行万里路"的后世学人的影响至深。

（一）帝王巡游

稳定的盛世是旅行或旅游的条件，从古至今都是如此。据记载，早在四五千年前的三皇五帝时代，便开始有旅行活动，尽管与现代意义上的旅行区别很大。帝王远游，出于巡镇四方的政治目的，被史家称为"日月所照，风雨所至，莫不从服"。（《史记·五帝本纪》）

中华民族是崇尚旅游传统的民族，早在秦汉时期的典籍中，特别是道家的著作中就论及了始祖黄帝性好远游、足迹遍于天下。"东至于海，登丸山，及岱宗；西至于空桐，登鸡头；南至于江，登熊、湘；北逐荤粥，合符釜山，而邑于逐鹿之阿。"（《史记·五帝本纪》）传说"黄帝游幸天下，有记里鼓，道路记以里堆"（明，杨慎《升庵集》）。"里堆"即"堠"，"堠"为古代计算里程的"土堆"，谓之"牌堠"，"十里双堠，五里只堠"①。

这一时期，车、船等交通工具也有所改进。"黄帝、尧、舜垂衣裳而天下治，盖取诸乾坤。刳木为舟，剡木为楫，舟楫之利，以济不通，致远以利天下。"(《易经·系辞下》)刳木，就是把树剖开、剔空，即独木舟；剡木，就是削木为桨（楫）。夏代已经发明舟车，商代更加普及，而且牛马等大牲畜普遍用于交通运输。所以，这一时期商人的足迹"从东北到渤海沿岸乃至朝鲜半岛。东南达今日浙江，西南达到今日之皖、鄂乃至四川，西北达到今日之陕甘宁，甚至远及新疆。""已经走遍了他们所知道的世界。"②黄帝好游，至今留有较多的黄帝事迹与传说。比如有关"饕餮之徒"说在《左传》和《史记》中得到印证。

黄帝之孙颛顼也好游。颛顼游迹"北至于幽陵，南至于交阯，西至于流沙，东至于蟠木"(《史记·五帝本纪赞》)。幽陵，在今河北省北部与辽宁省一带；交阯又作交趾，泛指今五岭以南和越南北部地区。流沙，在今新疆境内白龙堆沙漠一带；蟠木，传说中的山名。可见颛顼的游历范围远远超出了黄帝。黄帝的曾重孙帝喾更是好游，史称他"遍游天下"。

继帝喾之后，尧舜同样游至民间，体察下情。尧"西教沃民，东至黑齿，北抚幽都，南道交趾"(《淮南子·修务》)。黑齿，在倭国东四十里；幽都则在雁门关以北。舜"耕历山，渔雷泽，陶河滨，作什器于寿丘，就时于负夏"(《史记·五帝本纪》)。历山在今山西永济市；雷泽在今山东菏泽；寿丘一说在山东曲阜，一说在甘肃天水；负夏在山东济宁市兖州区东北。舜曾农耕于山西，渔猎于山东，烧陶于曲阜，经商于山东济宁。后来又东巡狩于泰山，南巡狩于南岳，西巡狩于西岳，北巡狩于北岳。而且每五年一巡狩。

夏、商、周三代帝王"巡狩"。夏、商、周三代帝王旅行，当时称作"巡狩"、"游豫"或"游夕"，意为与农业生产百姓生活密切相关的

---

① （明）张自烈编，（清）廖文英补.正字通·土部（上）[M].国际文化出版公司，1996：273.

② 翦伯赞.中国史纲要（第一卷）[M].生活书店，1946：23.

活动。

大禹旅行过中国众多省份，从现代地域看，西达甘肃，西南到广西、四川、重庆，北到达山西，东到山东，东南到浙江、广东及中部的河南、河北、陕西、安徽、江苏、湖南、湖北等省。正是基于考察与游历的经历，大禹首次建立全国性的地域区划，分天下为冀州、兖州、青州、徐州、扬州、荆州、豫州、梁州和雍州九州，包括青海、甘肃、宁夏、内蒙古、辽宁、陕西、河南、河北、山西、山东、安徽、江苏、浙江、湖北、湖南、江西、四川等领域，后人整理的《禹贡》成为我国最早的一部具有科学价值的区域地理著作，记载了九州的物产、风俗、山岭、河流、湖泽、土壤、贡赋以及交通道路等，"九州"从此成为中华大地的代名词。钱穆先生指出"余前论古代关于夏禹传说之地望，乃起自今河南西部山地，而北极于黄河北岸今山西之南部。此篇略考黄帝传说故事，其地望乃与夏禹传说不期而合。然则言黄帝夏禹者，其殆为古代比较相近之两民族所传述也"[1]。"昔夏之方有德也，远方图物，贡金九牧，铸鼎象物，百物而为之备，使民知神、奸。故民入川泽、山林，不逢不若。魑魅罔两，莫能逢之，用能协于上下，以承天休。"（《左传·宣公三年》）全国现有两座以"禹"命名的城市：山东禹城与河南禹州。其中山东禹城为唐朝天宝元年（742年）设禹城县，已有1280多年的历史；河南禹州是明万历三年（1575年）改钧州为禹州，为避明神宗朱翊钧名讳，距今四百多年之久。全国各地有众多的大禹活动遗迹。

周穆王与《穆天子传》在中国历史上影响深远。西周王朝第五代国君周穆王姓姬名满，是中国历史上第一次游历地域最广的帝王。周穆王天性好游，"不患无位，患所以立。不患莫己知，求为可知也"（《论语·里仁》）。《史记》说穆王登位时"春秋已五十矣"，发誓要"周行天下"。《左传·昭公十二年》记载："昔穆王欲肆其心，周行于天下，将皆使有车辙马迹焉"，身体力行到西域。

① 钱穆.古史地理论丛［M］.北京：三联书店，2004：151.

据《竹书纪年》记载："穆王北征，行流沙千里，积羽千里。穆王十三年，西征，至于青鸟之所憩。穆王十七年，西征，至于昆仑丘，见西王母……穆王南征，君子为鹤，小人为飞鸮。穆王东征天下亿有二千五百里，西征亿有九万里，南征亿有七百三里，北征二亿七里。"穆王因游历而闻名，尽管史书记载周穆王所游历的区域有些夸大，[①] 但留给后人无限的感慨："穆王巧挴，夫何周流？环理天下，夫何索求？"（屈原《天问》）周穆王心窍善驾，他为什么要周游四方？在国中四处行走，他又有什么追求？[②] 屈原赞赏穆王周游天下，"'流''游'古字通，'周流'即'周游'"。因而"'周游'即'周行天下'"，即"环理天下"[③]。

《穆天子传》是周穆王的十名随行史官秉笔直书的实录，记录了周穆王的踪迹，从宗周开始，过漳水到河北巨鹿县，然后北行，到达戎、胡之地；然后又西行越雁门关，经山西平鲁，到达今内蒙古河套地区；四年后又沿黄河向西南前进，行程 4700 里，直到新疆阿尔泰山一带见西王母。"辛卯，天子北征，东还，乃循黑水；癸巳，至于群玉之山"，即"西王母所居者"[④]。研究表明，周穆王所游足迹已超出今天中国版图，涉及中亚地区。"这部叙述公元前十世纪时的周穆王到西域所做的一次远程旅行，根据内容分析，它似应是东周时期（即公元前 770 年以后）的作品，其所叙述的周穆王旅行的故事可能是虚构的。然而，只要对该文的地理记载做仔细的考察，便能发现这些记载与真实地理状况相符，而绝非出自捏造……该书作者是根据当时熟悉这段路程的旅行家或商人的报告写下这个故事的"。[⑤] 至于是否为其他人所写，或是东周故事，学术界至今有不同看法，但可知穆王远行范围之广、影响之深远。

封禅与敬神。中国古代盛行出门远行前祭祀敬神，大量见于历代文

① 程嘉哲注. 天问新注［M］. 成都：四川人民出版社，1984：164–165.
② （战国）屈原著，林家骊译注. 楚辞［M］. 北京：中华书局，2010：92, 96–97.
③ 孙作云. 天问研究［M］. 北京：中华书局，1989：284–285.
④ 郭璞注，洪颐煊校. 穆天子传［M］. 北京：中华书局，1985：11.
⑤ 马雍，王炳华. 阿尔泰与欧亚丝绸之路［M］//丝绸之路与中亚文明. 乌鲁木齐：新疆美术摄影出版社，1994：2–3.

史书籍。如"越王勾践，五年五月，与大夫文种范蠡入臣于吴，群臣皆送至浙江之上，临水祖道，军阵固陵"（《吴越春秋·勾践入臣外传》）。"燕太子丹使荆轲刺秦王，丹祖送于易水上。崔实《回民月令》曰：祖，道神，祀以求道路之福。"①

古代帝王泰山封禅始于舜，至大禹等七十二家，《史记·封禅书》有真实完整记录则始于秦始皇。汉武帝一生六次封禅泰山，其中公元前110年封禅泰山影响最大，是距秦始皇封禅泰山一百多年后的第一次，也是汉朝建立后的第一次。封禅队伍浩荡，司马迁在《史记·封禅书》中记载了活动的全部过程：

> 天子至梁父，礼祠地主。乙卯，令侍中儒者皮弁荐绅，射牛行事。封泰山下东方，如郊祠太一之礼。封广丈二尺，高九尺，其下则有玉牒书，书秘。礼毕，天子独与侍中奉车子侯上泰山，亦有封。其事皆禁。明日，下阴道。丙辰，禅泰山下阯东北肃然山，如祭后土礼。天子皆亲拜见，衣上黄而尽用乐焉。江淮间一茅三脊为神藉。五色土益杂封。纵远方奇兽蜚禽及白雉诸物……

据《三国志·吴书》记载，230年春正月，"秦始皇帝遣方士徐福将童男童女数千人入海，求蓬莱神山及仙药，止此洲不还。世相承有数万家，其上人民，时有至会稽货布，会稽东县人海行，亦有遭风流移至亶洲者。所在绝远，卒不可得至，但得夷洲数千人还"。上述地名夷洲即今中国台湾，会稽即今浙江绍兴。可推测当时已有通往中国台湾和日本的航道，秦汉之际，旅行活动已从陆上扩大到海上。

（二）读万卷书，行万里路

先贤孔子周游列国，"读万卷书，行万里路"为后世学人所效仿。在尊重礼法"父母在，不远游"的前提下，提倡"游必有方"（《论语·里仁》）。关于"游"的目的与"游"的收获，孔子提出"仁者乐

---

① （梁）萧统编，（唐）李善注.文选·第二十八卷（杂歌，荆轲歌一首）[M].北京：中华书局，2008：407.

山，智者乐水”的“君子比德”说。“孔子观于东流之水。子贡问曰：
‘君子所见大水必观焉，何也？’孔子对曰：‘以其不息，且遍与诸生而
不为也，夫水似乎德；其流也，则卑下倨邑必循其理，此似义；浩浩乎
无屈尽之期，此似道；流行赴百仞之嵊而不惧，此似勇；至量必平之，
此似法；盛而不求概，此似正；绰约微达，此似察；发源必东，此似
志；以出以入，万物就以化絜，此似善化也。水之德有若此，是故君子
见必观焉’”①（又见于《荀子·宥坐》）。

庄子提出了“依乎天理，因其固然”和“既雕既凿，复归于朴”的
崇尚自然观点；《列子》提出“人之游也，观其所见；我之游也，观其
所变”的尚变思想，直至今日，依然影响着中国人民的追求与信仰。

1. 学术旅行

“读万卷书、行万里路”是中国学者孜孜遵循的传统。西汉司马迁
“二十而南游江、淮，上会稽，探禹穴，窥九疑，浮于沅、湘；北涉汶、
泗，讲业齐、鲁之都，观孔子之遗风，乡射邹、峄；厄困鄱、薛、彭
城，过梁、楚以归。于是迁仕为郎中，奉使西征巴、蜀以南，南略邛、
筰、昆明，还报命”（《史记·太史公自序》）。司马迁东行路线为：从
今陕西长安（今西安）向南沿秦楚大道而行。溯灞水到今天的蓝田、武
关（丹凤县）、南阳、襄阳、江陵、常德、洞庭湖区、沅江、益阳、长
沙、衡阳、零陵、宁远、汨罗县、岳阳市、九江、庐山、马鞍山、当
涂、茅山、杭州市、绍兴、苏州、太湖、镇江、扬州、淮阴、沛县、丰
县、曲阜、邹县、峄山、滕州、徽山、徐州、永城、谯县、开封、中
牟、洛阳、函谷关（今河南灵宝），归西安。司马迁的足迹跨越了今
“陕、鄂、湘、赣、苏、浙、皖、鲁、豫九省区，行程近三万里，历时
约两三年”②。

继东游之后，司马迁又曾于公元前112年旅行陇西，公元前111年
出使西南，先后到过今天的天水、临洮、会宁、华亭、平凉、淳化、汉
中、广元、成都、灌县、邛崃、庐山、汉源、宜宾、西昌、晋宁、昭

---

① 王国轩，王秀梅译注．孔子家语·三恕第九［M］．北京：中华书局，2011：101.
② 张大可．司马迁评传（上）［M］．南京：南京大学出版社，1994：44.

通、寻甸、大理、滇池、北盘江、偃师、嵩山、登封、濮阳、定陶、东平、宁阳、泰山、莱州市、黄县、历城、诸城、绥中、义县、宁城、怀来、阳原、涿鹿、蔚县、密云、固原、太原、平遥等地。司马迁从江西到四川、山西、内蒙古，考察五湖、黄河、淮海、泗水、漯水等地之后，"余南登庐山，观禹疏九江，遂至于会稽太湟，上姑苏，望五湖；东窥洛汭、大邳，迎河，行淮、泗、济、漯洛渠；西瞻蜀之岷山及离碓；北自龙门至于朔方。曰：甚哉，水之为利害也！余从负薪塞宣房，悲《瓠子》之诗而作河渠书"（《史记·河渠书》）。"吾适齐，自泰山属之琅琊，北被于海，膏壤二千里，其民阔达多匿知，其天性也。以太公之圣建国本，桓公之盛修善政，以为诸侯会盟，称伯，不亦宜乎？洋洋哉，固大国之风也。"（《史记·齐太公世家赞》）

"太史公行天下，周览四海名山大川，与燕场赵间豪俊交流"，是对司马迁一生热爱旅行与成就历史巨著的总结。顾炎武盛赞"太史公胸中固有一天下之势，非后代书生所能讥也"（《日知录》卷二十六）。王国维称颂司马迁"网罗天下放失旧闻"之经历为"宦学之游"（王国维：《观堂集林》卷十一）。正是在 30 余年间的旅行中，司马迁的足迹几乎遍及全国，行程数万里，观之于山水，采访于里巷，掌握了大量的第一手资料，并在学与用的实践中广开视野。旅行，在一定程度上，成就了司马迁前无古人的学术贡献，成就了千古绝唱、无韵之离骚的《史记》。

宋元时期，中国经济发展水平世界领先，与经济发展相适应，士人的文化活动也以空前未有的规模展开，涌现出王安石、范仲淹、苏轼、陆游、范成大等著名诗人和文学家。陆游将写景、抒情和议论相融合而极具特色，《岳阳楼记》《石钟山记》《赤壁赋》《入蜀记》《吴船录》成为千古流传的名著。以欧阳修、苏东坡等为代表的古文家，集儒教、道教、佛教三教于一体，提出士必借优游山水以体现其价值，乐不因境而因乎心等见解。

2."士"与"仕"，学术与仕途结合，体现了中国独特的文化现象

东周列国时期，在社会急剧变革的时代，士人阶层构成一个较大的社会阶层，为实现其政治主张而奔走四方。宦游与读书考察由来已久，

盛行于春秋战国之际。张仪、苏秦合纵连横成为千古佳话；秦汉时期的宦游颇有"游士"之风韵，韩信自幼宦游，培养了能屈能伸、坚韧不拔的意志、审时度势的洞察力，造就了"运筹于帷幄之中，决胜于千里之外"的卓越才华。

隋朝实行科举取士制度，开创了世界上通过考试选拔人才的机制，唐朝之后历代沿袭隋制实行科举取士制度，出身寒门的读书人通过发奋读书，通过科举道路便可以改变人生乃至整个家族的命运；为达到"读万卷书"的高深境界，需"行万里路"；通过读书考取功名之后，依旧争相远游名山大川，广交诗友，抒发怀抱，考验史书正误，诞生了脍炙人口、闻名中外的名篇佳作及游记。李白"五岳寻仙不辞远，一生好入名山游"，作《望庐山瀑布》《静夜思》，崔颢作《黄鹤楼》，王维作《送梓州李使君》，王之涣作《登鹳雀楼》，杜甫作《望岳》，孟郊作《游终南山》，韩愈作《谒衡岳遂宿岳寺题门楼》等，特别是张籍"过岭万余里"远征到今日越南。柳宗元所著《永州八记》，标志着游记文学的成熟。

3. 魏晋风骨，读书人寄情于自然风光

魏晋年间，经历着政权的动荡与时空变迁。王室东迁，从黄河流域进入长江流域，在"山重水复疑无路，柳暗花明又一村"的江南地区，读书人尽情挥洒无缘仕途的无奈。或欣赏真山真水：著名画家顾恺之从会稽（今绍兴）回建康（今南京），"人问山川之美，顾云：'千岩竞秀，万壑争流。草木蒙笼其上，若云兴霞蔚"（《世说新语·言语》）；或欣赏人造山水（园林）：晋简文帝入华林园（南京鸡笼山前和平公园），顾谓左右曰"会心处不必在远，翳然林水，便自有濠濮间想也，觉鸟、兽、禽、鱼，自来亲人"（《世说新语·言语》）。东晋陶渊明则追求"爱松爱菊"归隐田园的生活，抒发《桃花源记》之畅想，在《归去来兮辞》中讴歌"三径就荒，松菊犹存"，"采菊东篱下""抚孤松而盘桓"；东晋王羲之、王徽之父子爱竹至深，"不可一日无君，却不可一日无竹"（《世说新语·言语》），表达了中国名"士"的高尚情怀。而中国松竹梅菊审美文化正是发源于东晋名"士"的审美价值追求；南朝谢灵运则抒发了"壮志郁不用""泄为山水诗"的壮美山水诗风格，北魏郦道元著有优美的山水散文《水经注》。

4.在旅行中，引发关于中国文化的深层思考

中国古代关于旅行的记载，多将人与景观融为一体，某种程度上反映了对本文化感知较深的游者常常在旅游过程中不由自主地进行文化的深层认同和反省，在延伸自己的文化触觉、获得深刻内心体验的同时，也带入了文化的深层思考与探究。

元代，中国统治了空前规模的疆域，中国热情好客的传统也得到了空前的扩散。旅游名著众多，其中以周达观《真腊风土记》和李志常《长春真人西游记》等最为著名。明清时期，涌现出郑和、徐霞客等杰出旅行家，留下了《徐霞客游记》《星槎胜览》《广志绎》《历游记》《五岳游草》等宝贵的航海资料及旅行见闻资料。

特别是宗教旅行，东晋年间法显大师舍身求法，留下远游记录《佛国记》，开辟了我国宗教徒的域外远游之先声。北魏杨衒之的《洛阳伽蓝记》"假佛寺之名，志帝京之事"，开后世区域性佛教寺庙旅行志之风气。唐代佛教得到较大的发展，如同道教的兴盛，使自然山水的人文色彩日渐浓厚，"天下名山僧占多"，特别是继陆去海还的法显大师之后，涌现出舍身求法的探险旅行家玄奘大师，《大唐西域记》记载了这一壮举。鉴真和尚七次渡海到日本传播佛法，为中日文化交流做出贡献。

二、文明与古代世界旅行

（一）探险旅行

古腓尼基人精于航海技术，发明古老的天文学，开创了极为丰富的海上探险历史，一度称霸于地中海。汉诺《周航记》记录了公元前5世纪中叶迦太基贵族汉诺在大西洋航行的传奇经历。古希腊"历史之父"希罗多德所著《历史》也记载了埃及法老尼科二世时期腓尼基人航海探险朋比国的传奇经历。公元前522年，居鲁士王朝（在今波斯境内）贵族大流士夺取王位后建立了第一个地跨欧、亚、非三大洲的庞大帝国，统一了从印度河到爱琴海之间的货币与度量衡，创造了当时世界上最完

善的道路系统和驿传制度，有利于商业和旅行的发展。公元前 518 年，大流士曾组织一次由西拉克斯率领长达两年之久的著名海上远程探险，为探明印度河的流向，以开辟帝国东西部之间的海上通道，第一次完成了绕阿拉伯半岛的航行，抵达埃及。

极富冒险精神的古希腊人，在腓尼基人没能到达的地中海北侧和黑海进行探险发现，并留下航海记录，不断地向小亚细亚西部沿海移民。希腊人经过许多年的探险旅行，地理观念已从原来熟悉的地中海周围，一直扩张到印度和非洲，特别是亚里士多德学生亚历山大大帝的远征，建立了横跨欧亚非三大洲的帝国，为古代的旅行创造了重要条件。古希腊荷马、赫卡泰阿斯、希罗多德、泰勒思等文人学者喜爱远游，并记录原有见闻，如赫卡泰阿斯的《大地环游记》、希罗多德的《历史》、色诺芬的《长征记》等，其中赫卡泰多自然景观的描写，希罗多德侧重历史地理的分析，而色诺芬则多记录民风民俗。公元前 6 世纪，米利都人赫卡泰阿斯所著的《大地环游记》内容丰富，涉及当时希腊人所掌握的地中海沿岸地区。公元前 530 年前后，在西地中海希腊移民城市马萨利亚，涌现了海上探险旅行家欧提梅拉；两百年后，涌现精通天文、地理、数学及航海技术的探险家匹瑟阿思，其探险虽以商贸为目的，但其强烈的求知欲和大胆的探险精神深深影响了后人。

作为希腊文明的继承者，罗马人同样继承了希腊人的海上航行技术和探险精神，而且海陆并进。公元前 2 世纪的最后一年，诞生了著名的探险家波里比阿；约 200 年后，旅行家斯特拉波著有传世经典《地理学》，对已知的世界地中海进行详细记载和描述。公元 1 世纪，佚名商人所著《厄立特里亚海航海记》描述了印度洋贸易网络、港口、城镇及其众多航路，并且记载了印度与中国的丝绸交易。

阿拉伯半岛三面环海，波斯湾、阿拉伯海、红海从东、南、西三面环绕着这块大陆，与文明发达之邦接壤。公元 630 年，穆罕默德率领穆斯林征服了麦加，阿拉伯半岛基本统一。公元 631 年，阿拉伯半岛各部族代表相继到麦地那，皈依穆罕默德倡导的伊斯兰教，开始了伊斯兰教信徒一年一度前往麦加和麦地那的宗教朝圣活动。中世纪的阿拉伯国土辽阔国力强大，根源于宗教传教旅行，涌现著名的旅行家。公元 916年前后，阿布·泽德在实地游历后修改佚名阿拉伯商人的旅行记《中国印度见闻录》^①；世界著名旅行家伊本·白图泰游历欧亚非三大洲的许多地区和国家，翔实记载了沿途各国的社会文化、风土人情等多方面内容 ^②；伊本·胡尔达兹比赫游历了从西班牙到印度河的广阔地域，著有《道里邦国志》，细致描述了西亚、中亚、波斯湾诸城市风貌^③；特别是 1100 年至 1166 年间，阿拉伯人伊德里西撰写游记型的地理知识总汇《渴望游历世界者的乐趣》，成为阿拉伯帝国探险历史的地理学代表作。这部著作不同于重视科学考察、实地测量以及理性推断的古希腊的探险地理著作，而是具有地方志色彩的游记，关注人文信息较多，与中国《水经注》有相同之处。

欧洲中世纪之后，随着资本主义兴起，基督教迅速向世界各地扩张。成千上万的传教士从欧洲到美洲、亚洲和非洲，在所到之处兴建修道院，同时促进了当地居民对欧洲文化的理解。工业革命的到来与成功，特别是蒸汽机的问世，使延续了几千年的交通方式和交通工具发生革命性变化，火车、汽车、喷气式飞机等交通工具的普及，豪华饭店的建造，旅游中介机构的出现，极大地推动了旅游产业的兴起与发展，旅行发生前所未有的变革。

（二）马可·波罗的旅行

马可·波罗（Marco, Polo，1254—1324），生于威尼斯的一个商人家庭。1260 年，马可·波罗的父亲尼古拉·波罗和叔父玛窦·波罗到拜占庭帝国都城君士坦丁堡经营珠宝生意，到达成吉思汗之孙鞑靼君主别儿哥汗的豪华驻所。在波斯的不花剌城居住期间，"有东鞑靼君主旭烈兀遣往朝见世界一切鞑靼共主的大汗（忽必烈）之使臣过此"。使

---

① ［法］索瓦杰译注.中外关系史名著译丛·中国印度见闻录［M］.穆根来，汶江，黄倬汗，译.北京：中华书局，1983.

② ［摩洛哥］伊本·白图泰口述，［摩洛哥］伊本·朱兹笔录，［摩洛哥］阿卜杜勒·哈迪·塔奇校订.伊本·白图泰游记（上下）［M］.北京：商务印书馆，中国旅游出版社，2016.

③ ［阿拉伯］伊本·胡尔达兹比赫.中外关系史名著译丛·道里邦国志［M］.北京：中华书局，1991 年 12 月第 1 版，2001 年 7 月北京第 2 次印刷.

臣对波罗兄弟二人说:"大汗从未见过拉丁人,极愿见之。君等如偕我辈往谒大汗,富贵可至。且随我辈行,沿途亦安宁也。"①1266 年来到欧洲商人梦幻般的神秘中国,在元大都,忽必烈热情款待了来自于遥远西方的威尼斯商人,并致书罗马教皇,请求教皇委派 100 位精通修辞、逻辑、语法、数学、天文、地理、音乐等"七艺"的传教士到中国来,传授基督教教义和西方的科学知识。

1269 年,兄弟二人带着蒙古人的馈赠,从神秘的东方返回到阔别九年的故乡威尼斯。由于老教皇已经去世,继任教皇格列高利十世(1271—1276 年在位)不同意蒙古人的要求,只派两名牧师去。1271年,兄弟二人带着尼古拉 17 岁的儿子马可和两位牧师,重新踏上前往东方的探险之路。恰逢元世祖忽必烈改国号为"元",从著名的"丝绸之路"南线向东行进。到达地中海东部的拉贾佐,同来的两名牧师因畏惧返回欧洲。来到波斯湾的霍尔木兹后,没有乘船横跨印度洋从海上作长途旅行,而是沿陆路朝东北方向进发。横越中亚细亚,翻越帕米尔高原,经过喀什噶尔、和田、楼兰、敦煌,从宁夏沿黄河向东,历时四年之久,于 1275 年 5 月抵达忽必烈的夏宫上都。一个月后,与忽必烈率领的大队人马一同返回大都。

因马可·波罗聪明英俊、才华出众、广闻博见、严谨踏实,通晓波斯语、土耳其语、蒙古语等多种语言,了解多种民族的风俗习惯与生活方式,得到元世祖忽必烈的关照与重用,被元世祖选用在宫中任职,并被派遣到中国南方许多地方巡视,受命出使东南亚诸国。在 1275—1292 年旅居中国的 17 年期间,马可·波罗的足迹遍及新疆、甘肃、蒙古、山西、陕西、四川、西藏、云南、山东、江苏、浙江、福建等地,并做过三年的扬州地方官,两次到国外出访,游历过印度、缅甸、越南、菲律宾、爪哇、苏门答腊等地。

1292 年,波罗一家奉命护送阔阔真公主出嫁到伊儿汗国,从泉州踏上海道,经过两年多时间到达波斯。1295 年,41 岁的马可·波罗回

---

① [意]马可·波罗著,[法]沙海昂注.马可波罗行纪 [M].冯承钧,译.商务印书馆,2012: 17.

到了阔别 24 年的威尼斯,可谓"少小离家老大回,乡音无改鬓毛衰。儿童相见不相识,笑问客从何处来"。历经世间沧桑与生存考验,家人竟难以辨认当年的马可·波罗,以为是外乡人而不让进屋,几个小时后才消除了误会。马可·波罗带回了红宝石、钻石、翡翠等珍奇异宝荣归故里,被称为"百万马可"。

1298 年,马可·波罗在威尼斯和热那亚为争夺地中海航行权和海外市场而发生的战争中被俘,在狱中结识了传奇小说作家、比萨人鲁思梯谦。鲁思梯谦用法文笔录了马可·波罗热情洋溢的叙述,即《东方见闻录》(又名《马可·波罗行纪》),书中尽情描述了黄金遍地、美女如云,绫罗绸缎应有尽有的东方人间天堂之富庶,并盛赞蒙古人的业绩和臻于成熟的中国文明,使处于相对落后状态的欧洲人耳目一新。《马可·波罗行纪》的记载与事实基本相符,具有较高的史料价值。

三、旅行与中西文化交流

中东、印度、中国和北非这四块肥沃的大河流域冲积平原,孕育了历史上最古老的伟大文明。历史上,北非与欧洲和中东的联系更为密切,撒哈拉大沙漠是天然的屏障,非洲在更多的意义上,是指撒哈拉沙漠以南的非洲;欧洲只是欧亚大陆的一个半岛,面积大约相当于印度半岛。而早期的各帝国几乎完全限于各自所在的大河流域地区内,像是野蛮状态中的几座小岛。到公元前 1 世纪,罗马帝国、安息帝国、贵霜帝国、汉帝国一起,连成了一条从苏格兰高地到中国东海域、横贯欧亚大陆的文明地带,从而使各帝国在一定程度上互相影响。欧亚大陆东端的中国和欧亚大陆西端的罗马帝国仍不能建立直接、正式的联系,仍不能互相掌握有关对方的具体、可靠的信息与知识。

以各种方式旅行的过程,也就是文明传承、交融与扩散的过程。在古代,中西方文化交流常伴随着战争或贸易。

(一)张骞与班超:丝绸之路上的使者

中西方贸易主要有两条路线:一条是陆路,通过中国的河西走廊到罗马的通道丝绸之路,是古代中国与外域进行交往的主要通道,在这条冰峰林立、充满艰险的古道上，许多人为此付出代价。另一条是海路，印度商人、希腊商人、阿拉伯船队从海上到达罗马。

张骞（约公元前 164 年—公元前 114 年）作为政府特派"使者"赴西域探险。匈奴是我国历史上北方的一个游牧民族，秦汉之际，控制了河西地区、蒙古高原、河套地区，与汉朝西部和北部交壤。秦始皇派蒙恬镇守北部以抵御匈奴的压力。公元前 200 年，匈奴兵进晋阳（今山西太原南），第二年刘邦率兵北上抗击匈奴，被匈奴 40 万大军围困于平城白登（今山西大同东北）达七天七夜。白登兵败后，汉朝开始被迫与匈奴和亲，以换取暂时的太平。汉武帝统治时期，派遣张骞为拓展空间、进军西域作军事上的考察。

张骞出使西域两次。第一次在公元前 139 年（建元二年）至公元前 126 年（元朔三年），达 13 年之久。张骞奉汉武帝之命带领一百多人出使大月氏，即今中亚地区，从长安到陇西（今甘肃临洮）西行，经过河西走廊时被匈奴兵抓获，被送到单于掖庭长期扣押。在匈奴度过十一年的囚徒生活，历经曲折，公元前 126 年匈奴首领单于去世，乘内乱之机张骞偕妻子和甘父（侍从胡人堂邑氏之奴）奔回中原。

张骞第一次出使虽没能实现联络月氏打击匈奴的目的，但却游历考察了中亚诸国，为后来汉朝开发西域提供了极有价值的准确资料与军事情报。3 年后，公元前 123 年，张骞作为校尉充当向导随从大将军卫青出击匈奴，部队行进在大漠中畅通无阻，积极促成卫青的胜利。

汉武帝特封张骞为博望侯，"汉博望侯张公骞墓"坐落在今陕西汉中市城固县博望乡饶家营村，墓区占地 1.5 亩，高 4.26 米，呈椭圆形，纪念这位历经磨难而坚忍不拔、做出杰出贡献的英雄。

班超（公元 32—102 年），字仲升，扶风平陵（今陕西咸阳东北）人，著名史学家班固之弟，为张骞之后又一位伟大的旅行探险家。东汉初年丝绸之路再次中断，西域脱离了汉朝的统治。公元 73 年，班超出使西域，奉命联络西域各国共同抵制匈奴。在鄯善国与匈奴大军及使者相遇，班超率领仅三十六位吏士利用火攻应对匈奴大军，以少胜多取得胜利。班超一行从鄯善出发，来到于阗（今和田），在于阗诱杀煽动于阗王反汉的巫师，之后又到龟兹国。历经一年充满艰险的旅行与富含机智与勇猛的外交斡旋，公元 74 年，东汉恢复了"西域都护"与"戊已校尉"。公元 76 年，当东汉政府宣布罢西域都护及戊已校尉后，班超顺应西域各族人民愿望，以疏勒为据点再次平定西域，公元 94 年西域重归东汉，恢复了丝绸之路的畅通，保证了与中亚乃至罗马等地的商业贸易往来。此后，班超继续经营西域，公元 102 年，71 岁的班超才回到汉朝。班超征战与经营西域达 29 年之久，由于班超对恢复西域主权和丝绸之路的杰出贡献而被封为定远侯。

东汉和帝永元九年（公元 97 年），班超首次派甘英出使大秦（罗马），甘英到达波斯湾欲渡海去罗马，安息人说："海水广大，往来者逢善风三月乃得渡；若遇迟风，亦有二岁者，故入海人皆赍三岁粮"。于是甘英没能前行，甘英虽然没能到达罗马，但却到达了西亚的"条支"，即今伊拉克境内，成为第一位到达波斯湾的中国人。

罗马化的亚历山大汇集了来自各方的珍奇宝物，中国的丝绸运到罗马价比黄金。罗马统治者恺撒和埃及克娄巴特拉女王都以穿中国的丝绸为时尚。尽管当时的中国和罗马还没有直接的往来，但是彼此已知晓对方的存在。

（二）军事征战的文化结果

1. 亚历山大远征

继雅典和斯巴达争霸（公元前 338 年）之后，马其顿王亚历山大征服了希腊。建立包括东方版图在内的大帝国，开辟了希腊化时代。希腊化文明的形成是古希腊文明与埃及、巴比伦、印度在内的古代东方文明的相互碰撞、交叉渗透的结果，希腊人对横跨欧亚非之地长达三个世纪的统治，政治制度、经济制度、文化生活呈现出相互渗透的特征。在希腊化影响下经济呈现出多种文明的交叉，希腊化世界贸易的不断扩大，特别是亚历山大的东征"把财富带回希腊"，但是经济中心逐渐转移到东方，亚历山大定都巴比伦，造成了东方始终是希腊化世界的中心，从而违背了希腊人的初衷。

公元前 333 年（周显王三十六年），亚历山大远征的时代，正是中国历史上燕、赵、韩、魏、齐、楚合纵抗秦的时代。亚历山大覆灭了波斯，把希腊的统治延伸到印度的西北部，而且从波斯手中夺回埃及。在胜利的征服中，许多希腊小国纷起于小亚细亚、亚美尼亚、叙利亚、巴比伦、埃及和印度西北。广大的西部亚细亚变成了希腊人的世界，而巴比伦、叙利亚、埃及乃至印度等古代文化的发源地，都圈进了希腊文化的范围，成就了后来希腊文化的高度发展。因而，亚历山大的东征及由此而产生的后果，促进了古代东西方文明的交汇与融合。自春秋中叶以后至整个战国时代，都是希腊文化到达亚细亚乃至印度西北部的时代。当时是否与中国发生了关系？黑格尔说："甚至与中国已经发生了联系。"但他并没有举出例证。当时希腊人曾于妫水流域建立大夏王国，与我国新疆接近。

继希腊之后，在公元前 3 世纪，罗马从意大利半岛南部崛起，向北发展达到波河流域。在公元前 264 年，因为争夺地中海的奴隶市场，与北非的迦太基展开布匿战争。尽管在春秋乃至战国时代同期，罗马还不成为西欧历史的主动力，但东西两个世界文化圈已经逐渐接近，到两汉时代则直接交流。

几个世纪后，罗马帝国灭亡后，日耳曼人主要实行畜牧业、原始的砍烧农业，与埃及的文明大不相同，数年之后用尽地力，只有迁居别处另觅新地。民族迁徙是文化的交流，欧亚大陆上一次又一次的世界性移民浪潮，深刻影响了民族的变迁。公元前后，居住在欧亚大陆北部的游牧民族、半游牧民族等落后民族，如匈奴人、萨尔马泰人、斯基泰人、阿兰人、斯拉夫人、日耳曼人等，曾不断迁徙，由东向西，由北向南运动。其中特别是匈奴人被汉朝击败后的西迁，对其他民族的影响较大。正是由于这一系列迁徙，带来了世界政治地图的重大变化，如中国北方五胡等少数民族进入中原。

2. 11—13 世纪的十字军东征

中世纪的欧洲战争不断，以开始于公元 11 世纪末，长达八年的十字军东征最为重要。十字军东征起因于穆斯林和基督教信徒都认为耶路撒冷为自己的圣地而进行争夺。最终以十字军在耶路撒冷所建的堡垒

（拉丁王国）被穆斯林军队夺取，10000多名基督徒被迫卖身为奴而告结束。十字军东征更重要的意义在于，这是信奉基督教的西欧人探索东方世界的第一步，不仅是武装朝圣，也是冒险探索。之后，蒙古铁蹄横扫欧亚大陆，建立疆域广大的统一蒙元帝国，欧洲的传教士纷至沓来，成为另一种类型的探险旅行家。这一时期，中国通往欧洲的古丝绸之路畅通无阻。

欧洲与亚非联系与往来，密切了西欧与西亚、北非的文化与经济贸易关系，阿拉伯的科学和哲学传入中国和欧洲，中国文化通过阿拉伯人间接地传入西欧，促进了欧洲文化的发展，十字军运动尽管是以宗教为借口，但其发动、进程和后果所涌动的却是世俗的力量。基督教徒希望利用这次东征改善当时的困窘状况，了解外面世界，在更为宽泛的空间内，认识到自身的缺陷，从而学会了宽容，培养了拓展、冒险和交流的精神及其理性思维的习惯，促使本来已经表现出躁动的西欧进一步活跃，为之后的欧洲文艺复兴做了准备。宗教意义上的十字军远征以失败而告终，但作为西欧第一次对外拓展和冒险，是一次成功的尝试，导致西欧进一步的对外扩展，航海和发现的新时期随之而来。

3. 13世纪蒙古帝国打通东西方交通要道

13世纪，蒙古帝国的远距离征伐，创造了一个新的世界体系，对欧洲社会发展产生多方面的重要影响。其一，中国文化直接传入西欧。处于世界领先地位的中国科技在西方传播，促进西方科技迅速发展。造纸术、印刷术、火药、指南针等重要的发明传入西方后，引起西方技术的巨大变革。蒙古的大炮与火药，在征服欧洲的进程中也随之传到欧洲，产生了现代的爆破技术和现代化武器，深刻改变了世界历史。在近代欧洲民族国家形成过程中而发生的长期战争，大大增强了对火药和大炮的需求，进而刺激钢铁的需求，推动了欧洲工业革命的展开。其二，加强了中国与西亚及欧洲国家的联系，在原丝绸之路的基础上，开辟了通往欧洲的新道路，帝国版图已经达到东欧，在蒙古帝国存在的13世纪，世界欧、亚、非三块大陆连在一起，成为形成世界市场的关键一步。其三，中国古代的鼠疫在中国得到中医的免疫力克服，但是欧洲人对此却毫无办法，更没能形成免疫力。1346 年，欧洲首次爆发鼠疫，到 1350 年，欧洲有 1/3 的人口死亡。此后 20 年中，鼠疫在欧洲反复发生，进一步减少了欧洲的人口。人口锐减，领主和部分农民的地产闲置，从而降低地租，放宽人身依附条件，延长租佃期限直至佃户获得永久的继承权，同时加速了庄园经济的瓦解。这一切引起西欧社会经济的剧烈变化，劳工变得更加独立，提出了改善劳动条件和生活条件的要求，这样的情况与人口繁荣、国力强大的中国封建帝国明显不同。同时鼠疫也引发了欧洲人对宗教的强烈热情，认为鼠疫是上帝对有原罪的、不信教的人的惩罚。欧洲人，包括国王在内，都成为狂热的基督教徒。

（三）中西方不约而同的远航

1. 郑和下西洋

在 15 世纪初长达 28 年的时间内，郑和率领庞大的船队航行于西太平洋和印度洋。而直至 15 世纪末，欧洲人一直在非洲的西海岸徘徊，苦苦寻觅从海上通往印度的航线。郑和航海所用的罗盘、航海图都达到世界领先水平。

2002 年 3 月 15 日，英国退休潜艇指挥官凯文·孟席斯在英国皇家地理学会组织的会议上公布发现美洲大陆、澳大利亚大陆、完成环球航行的可能是中国人。第一批欧洲探险者抵达北美的时候，他们发现了中国人；哥伦布在古巴遇到了中国人，他还以为自己到了中国，所以，在哥伦布的时代，中国人的足迹已经遍布世界。这种理论充满了争论，但却非常有趣，让世界的目光再次聚焦东方中国。

2. 世界地理大发现

15 世纪末 16 世纪初的世界"地理大发现"时代，有哥伦布、达·伽马、麦哲伦的新大陆探险，斯坦利的中部非洲探险，俄国人普尔热瓦尔斯基的中国西藏探险。探险家的足迹，到达了欧洲之外的美洲、亚洲、非洲。哥伦布作为地理大发现的先驱者，曾在 1492 年至 1502 年间 4 次横渡大西洋，并以发现新大陆成为名垂青史的航海家。正如竺可桢所言："纵览十六七世纪欧洲探险家无一不唯利是图。其下焉者行同海盗；其上焉者亦无不思攘夺人之所无有以为己有，而以土地人民之宗主权归诸其国君。是即今日之所谓帝国主义也。"①尽管当时出于对黄金等的欲望而远渡重洋，但其挑战新世界的胆识与勇气难能可贵。新航路开辟的成果，极大地影响了世界历史的发展，进而也极大地改变了社会的面貌和发展进程。

欧洲货币需求上升，迫切需要到东方寻找黄金。而欧洲贸易通道严重受阻：北路因为 14 世纪土耳其奥斯曼帝国的兴起，近东地区战争不断，交通基本断绝；中路与南路被阿拉伯人控制，只有从海上探出另一条通往东方的道路。

当时的科学技术发展也为远航探险提供了保证。天文学和航海技术的发展，特别是 13—14 世纪 "地圆学说" 的出现，哥伦布在航行前仔细研读了皮内尔·德艾里的《世界的面貌》、教皇庇护二世的《自然志》、托勒密的《地理学》，还有《曼德维尔游记》和《马可·波罗行纪》。因马可·波罗曾亲自绘制世界地图（当时所了解范围内的世界地图）。哥伦布首航时还带着西班牙国王致中国蒙古大汗的国书和两份空白的备用国书。

1497 年，达·伽马率领 4 条船 150 名船员，从葡萄牙的里斯本出发，绕过非洲南端的好望角，沿非洲东海岸到莫桑比克，向东横越西印度洋，于 1498 年 5 月 20 日到达印度的卡利卡特。

1519 年，麦哲伦率领一支由 5 艘帆船组成的船队，开始了环球航行。1520 年 11 月，麦哲伦以顽强的意志指挥船员们与风浪做斗争，通过了这条后来以他的名字命名的麦哲伦海峡，由大西洋进入了更为广阔的太平洋，在发现了马里亚纳群岛后，于 1521 年 3 月到达菲律宾，麦哲伦卷入与原住民的争斗客死他乡。他的助手埃里·卡诺于 1522 年 9 月回到了西班牙，历时 1082 天完成了首次环球航行。麦哲伦航线全长 60440 公里，麦哲伦船队出发时的 5 艘远洋海船中只有 "维多利亚" 号远洋帆船返航，出发时的二百多名船员只有 18 名船员返回。麦哲伦船队以巨大的代价获得了环球航行成功，用事实证明地球是圆的，世界各地的海洋连成一体，开启了世界多元化的政治、经济、文化一体化发展

---

① 竺可桢.地理学家徐霞客 [M].北京：商务印书馆，1934.

的新时代。

欧洲探险家出发前都带有地图，是根据郑和船队的探险资料绘制，郑和所用的罗盘、航海图等都是世界领先水平。康熙乾隆年间，地球的那一边急剧滚动着从资本主义工场手工业到工业大革命的热潮，而在我们这一边，却怎么革也革不动。

四、晚清留学旅行影响中国社会变革

（一）变化的世界催生了留学热潮

17 世纪英国少年士绅，在本国学院毕业后，"例须周游大陆，至法意等国游历，以完成其高等之教育。罗马衰亡史作者吉朋 Edward. Gibbon 侨居瑞士极久，曾谓十八世纪末在欧陆游历之英人数达四万名，《原富》作者亚丹斯密（即亚当·斯密）以多数青年英人游学外邦为本国教育失败之征象（《原富》第五编第一章）皆指从事 Tour 者言"①。变化的世界，也深深影响了中国人的视野。晚清与以前各朝代相比，经历了重大变革，特别表现在：

其一，旅行阶层的构成发生变化，平民阶层开始进入并日益成为旅行的重要力量。许多仁人志士远游海外，经过中西文化的比较，撰文揭发国民劣根性，鲁迅旅日期间发现中国人自尊心的缺乏等，康有为在《欧洲十一国游记》中批评中国人不爱惜文物古迹，喜欢随地吐痰。积极倡导学习世界发达先进的文明礼仪，唤醒国人自尊自强，对于改造中国国民素质具有重要的推动作用。特别是民国时代潘德明骑行、徒步环游世界、杨联康只身自费考察黄河、尧茂书及后继者独漂万里长江，尽管堪称勇敢的旅游壮举在当时还只限于个别名人，但却以一种挑战人生的强大力量向国人展示和宣告了伟大的旅游时代已经开始，因而具有极为重要的人生意义和社会意义。

其二，旅行空间拓展。中国各阶层人士通过各种途径到海外各国旅行，深受欧美文化影响，多年来中国人很少变化的旅游观念、旅游方

---

① 佘贵棠. 游览名词诠释［J］. 旅行杂志，1941，15(6): 91–95.

式、旅游工具都相应地发生根本变化。晚清的上海租界，已经形成专门为旅游者服务的民间旅游组织。1923 年，上海商业储蓄银行内部成立了现代企业中国旅行社，并且创办了具有较大影响力的专业刊物《旅行杂志》，《申报》总编赵君豪出任《旅行杂志》总编，正是在这个时期，中国旅游活动与国际旅游接轨并取得空前的发展。

其三，普遍兴起的留学热潮与翻译西学热潮，直接促进了近代中国的变革。物质文明的进步，并不等于安定良好生活秩序的建立，中国知识分子对中西方文明进行重新判断和反思，探求中国的现代化道路。中国要图强，必须学习外国的先进文化。不断兴起的留学热潮，对中国社会产生强大影响。

（二）容闳对近代中国留学热潮的影响

近代中国，容闳以祖国的独立富强为己任，越洋出国留学。1847年 1 月 4 日，年仅 19 岁的容闳随美国传教士勃朗先生赴美，在孟森中学读书，考入著名的耶鲁大学，取得学士学位，① "为数万万人中第一中国留学生毕业于美国第一等大学者"②。容闳为改造贫苦落后的中国，广泛接触美国社会，学习西方最新知识。希望学成归国后，"借西方文明之学术以改良东方之文化，必可使此老大帝国，一变为少年新中国"③。尽管"理智上、道义上的一切兴趣、情感和爱好，使他在美国如在故乡"；中国反倒好像异乡，"连本国语言也几乎忘光了，而且在中国没有什么需要他去做的事"④。但容闳决心回祖国。孙中山高度赞扬容闳"久离乡井，祖国萦怀"，"才智学识，达练过人"。⑤ 容闳是中国第一代留学西方的知识分子，为中国早期留学、为寻求中国的现代化道路做出卓越贡献。

容闳希望中国的下一代能够享受与自己同样的教育，通过学习西方

---

① 欧阳哲生.国学大师丛书——严复评传［M］.南昌：百花洲文艺出版社，1994：8.

② 容闳.西学东渐记［M］.长沙：湖南人民出版社，1981：28.

③ 同② 88.

④ 同② 代跋.

⑤ 广东省社会科学院历史研究室等编.孙中山全集（第 2 卷）［M］.北京：中华书局，1982：144.

文化,"以西方之学术,灌输于中国,使中国日趋于文明富强之境"①。因而他苦心孤诣地完成派遣留学生的计划,"这是我对中国的永恒的热爱的表现,也是我认为改革和复兴中国的最为切实可行的办法"②。在容闳的执着努力下,曾国藩等洋务派给予支持和响应。1872—1875年,清政府派遣120名幼童赴美留学,是我国官派留学的开端。1872年,容闳等率第一批学生詹天佑等30人出国赴美留学。1877年后,李鸿章、沈葆桢、张之洞等人也先后获得清政府的批准,向英、法、德等国派出留学生,学习语言、军事、机器制造等科学知识。尽管未能完成容闳选派幼童赴美留学15年的计划,于1881年中途被迫撤回。然而,容闳的努力对于中国的教育改革、新式教育的发展起到重要作用,特别是经过留美成长起来的科技人才及其他方面的人才,对推动近代中国政治、军事、经济、文化、教育、外交、科学技术的发展,起了相当大的作用。如早期留美学生涌现了开平煤矿著名工程师邝荣光、程大业,近代中国铁路技术家詹天佑,国家电报总局局长朱宝奎等杰出人物。其中参加中法战争的杨兆楠、黄季良、薛有福、邝咏钟,参加甲午海战的陈金揆、沈寿昌、黄祖莲等冲锋陷阵,英勇殉国,表现了强烈的爱国热忱。中国新型的知识分子群,接触了西方文明,具有时代责任感和社会洞察力,成为一支不可忽视的社会力量。

(三)晚清留学热潮的兴起

1881年以后,中国向欧美、日本等国派出的留学生日益增多,所学课程涉及各个门类。到19世纪末20世纪初,特别是在戊戌变法运动的推动下,留学教育形成了高潮。"戊戌政变,继以庚子拳祸,清室衰微益暴露。青年学子,相率求学海外,而日本以接境故,赴者尤重。"③1901年至1906年,赴日留学生五年之内激增近百倍。

近代以来中国社会发生巨大变化,中国面临西方列强政治经济侵略,晚清政府在无奈和自觉中调整着传统的统治方式。1901年,开始

---

① 容闳.西学东渐记[M].长沙:湖南人民出版社,1981:23.
② 同①1.
③ 梁启超.清代学术概论[M].北京:东方出版社,1996:88-89.

了持续 10 年之久的"清末新政改革",这是洋务运动、戊戌变法之后的第三次自新。这场改革的社会影响,无论是深度和广度都是前所未有的。新时代要求新制度已是大势所趋。改革呼唤新式人才,新式学堂的建立产生重大的社会效果。1905 年,科举考试被废止,宣告了旧式教育制度的终结。1908—1909 年,学生以每年净增 30 万人的速度扩大,达到 1638884 人。如果加上未统计在内的私立学堂学生、教会学校学生和外国在华设立的非教会学校学生,辛亥革命时,国内学生总数在 300 万人左右。这个数字几乎是 1905 年的 12 倍[①]。教育的民间化趋势,造成了近代化过程中政治权力的分化,接受新式教育、具有专业知识的新型人才已经有机会担任官职,比如包括伍廷芳在内的新一代外交官的被任用。大批知识人才参与政治,直接导致了晚清社会结构、政治格局深层次的剧变。

(四)翻译和介绍西学

近代中国社会,中国文化与西方文化激烈碰撞和交融。曾国藩曾致力于翻译西方科技书籍。1867 年,江南制造局设翻译馆,聘请英美专家翻译西方科技文献。严复是清朝政府派遣的第二批留学生,对翻译和介绍西学的贡献最大。1877 年 3 月,严复等 30 余人,前往英国和法国留学。严复在格林威治皇家海军学院学习期间,以极大的兴趣和热情,如饥似渴地学习西方先进的近代科学,并尽力介绍给国人。他们目睹了西方资本主义的繁荣景象,考察了英、法两国的政治、法律、教育等机构,学习和接受了各种思想体系和学术潮流。两年多的留学经历意义重大,严复走在了同时代人的前面,在中国的知识界影响深远。

严复不仅拥有坚实的"中学"基础,还具备深厚的"西学"素养,堪称中学西学皆一流的人物。为适应时势发展,严复极富远见,特别强调学习西文的重要性,把是否通晓西文提高到能否走向世界的高度,并断言以后要成为人才,非精通西文不可。严复精心选择翻译八部西方著作,时人称"严译名著",1931 年、1981 年商务印书馆两度汇集出版。

---

① 张礼恒.从西方到东方——伍廷芳与中国近代社会的演进 [M].北京:商务印书馆,2002: 139.

梁启超曾指出，19 世纪末 20 世纪初，"译述之业特盛，定期出版之杂志不下数十种。日本每一新书出，译者动数家。新思想之输入，如火如荼矣"。"时独有侯官严复，先后译赫胥黎《天演论》，亚当·斯密《原富》，约翰·穆勒《名学》《群己权界论》，孟德斯鸠《法意》，斯宾赛《群学肄言》等数种，皆名著也。虽半属旧籍，去时势颇远，然西洋留学生与本国思想界发生关系者，复其首也。"[①] 其中影响最大是第一本书译著《天演论》（英国生物学家赫胥黎的论文，也可译为《进步与理论学》，宣传生物进化论），商务印书馆 1905 年出版后，到 1921 年就印行了二十次，轰动一时，影响巨大。思想界的胡适、鲁迅等对这段心路历程有很生动的描绘。胡适在《四十自序》中说，"《天演论》出版之后，不上几年，便风行到全国，竟做了中学生的读物了。读这书的人，很少能了解赫胥黎在科学史和思想史上的贡献。他们能了解的只是那'优胜劣败'的公式在国际政治上的意义……几年之中，这种思想像野火一样，延烧着许多少年人的心和血。'天演''物竞''淘汰''天择'等等术语都渐渐成了报纸文章的熟语，渐渐成了一班爱国志士的'口头禅'。还有许多人爱用这种名词做自己或儿女的名字……我自己的名字也是这种风气底下的纪念品。"[②] 鲁迅热情称赞严复"是一个十九世纪末年中国感觉最敏感的人"[③]。

近代先进人物励精图治，通过各种方式，试图为积弱的中国探求一条自救自强的道路。苦难的中国感受到的外部社会氛围，同严复等不遗余力地对西方思想文化的介绍宣传相结合，产生了强大的作用。对西方世界及其西学的了解，开阔和启发了中国人的视野，这种思想文化的影响是巨大的。

傅雷先生在 1954 年给傅聪的家书中说："为学最重要的是'通'，'通'才能不拘泥，不迂腐，不酸，不八股；'通'才能培养气节、胸

---

① 梁启超.清代学术概论［M］.北京：东方出版社，1996：89.

② 胡适.四十自序·在上海（一）［M］.合肥：安徽教育出版社，2006：52.

③ 鲁迅.热风·随感录二十五［M］.转引自欧阳哲生.国学大师丛书——严复评传［M］.南昌：百花洲文艺出版社，1994：66.

襟、目光。'通'才能成为'大'，不大不博，便有坐井观天的危险"。①
这是一代翻译巨匠的切身体会，也是一个中国父亲的肺腑之言。②而"文
化"正是恰如其分地体现了傅雷先生所说的"通"，文化在中国社会中
具有格外重要而特殊的意义。

第二节　文化旅游体系及其特征

一、文化的历史与内涵

（一）"广义"与"狭义"的文化

关于文化的定义纷繁复杂，英国人类学家爱德华·伯内特·泰勒
（Edaward Burnett Tylor）在《原始文化》"关于文化的科学"中的经典
定义为：文化或文明，就其广泛的民族学意义来讲，是一复合整体，包
括知识、信仰、艺术、道德、法律、习俗以及作为一个社会成员的人所
习得的其他一切能力和习惯。③可见文化包含最常见的诸如语言、神态、
手势、表情、举止等表现手段，还包括价值观、信仰、态度、道德准
则、习俗、礼节等行为模式，可谓内涵极为丰富。广义的文化指人类创
造的一切物质财富和精神财富的总和；狭义的文化指包括语言、文学、
艺术及一切意识形态在内的精神财富。文化作为意识形态，是一定社会
政治经济的反映，同时也作用于一定的社会和经济。

学术界对"文化"概念的理解纷纭复杂，通常有广义和狭义之分。
根据《中国大百科全书》的定义，广义"文化"包括人类的物质生产和
精神生产的能力，物质的和精神的全部产品；狭义"文化"指精神生产
能力和精神产品，包括一切社会意识形态，有时专指教育、科学、文
学、艺术、卫生、体育等方面的知识和设施，与世界观、政治思想、道

---

①　傅雷.傅雷家书［M］.北京：生活·读书·新知三联书店，2000：43-44.

②　李泽厚.美的历程［M］.南京：江苏文化出版社，2010：出版前言 001.

③　《大不列颠百科全书》［M］.转引自［美］尼格尔·霍尔顿.《跨文化管理：基于知识管理的视角》［M］.康青，译.北京：中国人民大学出版社，2006：23.

德等意识形态相区别 [①]。据《辞海》的定义，广义的文化指人类社会历史实践过程中所创造的物质财富和精神财富的总和。狭义文化指社会的意识形态，以及与之相适应的制度和组织机构。[②] 广义的文化指人所创造的物质财富与精神财富，表现为物质文化、精神文化、制度文化；狭义的文化则是指以社会意识形态——上层建筑和文化艺术活动为主要内容的精神文化体系。

文化修养直接影响旅游行为及其旅游体验与创造，文化修养的层次决定旅游行为的层次。清代吴敬梓笔下游西湖的马二先生就是鲜活的写照：

> 马二先生独自一个，带了几个钱，步出钱塘门。在茶亭里吃了几碗茶，到西湖沿上，牌楼跟前坐下。见那一船一船乡下妇女来烧香的，都梳着挑鬏头。也有穿蓝的，也有穿青绿衣裳的，年纪小的都穿些红绸单裙子；也有模样生的好些的，都是一个大团白脸，两个大高颧骨，也有许多疤、麻、疥、癞的。一顿饭时，就来了有五六船。那些女人后面，都跟着自己的汉子，掮着一把伞，手里拿着一个衣包。上了岸，散往各庙里去了。马二先生看了一遍，不在意里，起来又走了里把多路。望着湖沿上接连着几个酒店，挂着透肥的羊肉，柜台上盘子里，盛着滚热的蹄子、海参、糟鸭、鲜鱼，锅里煮着馄饨，蒸笼上蒸着极大的馒头。马二先生没有钱买了吃，喉咙里咽唾沫，只得走进一个面店，十六个钱吃了一碗面。肚里不饱，又走到间壁的一个茶室吃了一碗茶，买了两个钱处片（即笋干——引者）嚼嚼，倒觉得有些滋味。[③]

但由于马二先生是考了 24 年进士而未中的落选者，游览美丽的西湖，西湖美景却丝毫不为其所动，眼中只有各式各样的游人——穿着各

---

① 中国大百科全书·哲学卷［M］. 北京：中国大百科全书出版社，1992：924.
② 辞海（下册）［M］. 上海：上海辞书出版社，1989：4022.
③ 吴敬梓. 儒林外史［M］. 北京：人民文学出版社，1977：17.

色衣服、各种长相、梳着挑鬏头的乡下妇女，和各色各样的食品——透肥的羊肉，滚热的蹄子、海参、糟鸭、鲜鱼，正煮着的馄饨和极大的馒头。正如革命导师马克思所言："对于没有音乐感的耳朵来说，最美的音乐也毫无意义。"①欣赏能力主要来源于文化修养。

1982 年，联合国教科文组织通过的《墨西哥城文化政策宣言》（Mexico City Declaration on Cultural Policies）指出，"目前，文化可以被界定为由不同的精神、物质、智力和情感的特征所赋予某一社会或社群特性的复杂整体。它不仅是艺术、文学，而且包括信仰、传统、价值系统、人类的基本权利和生活模式"。2004 年，联合国教科文组织在《保护艺术表达和文化内容多样性公约草案初稿》（Preliminary draft of a convention on the protection of the diversity of cultural contents and artistic expressions）中，将"文化"定义为"社会或某一社群在精神、物质、智力和情感特征方面的与众不同的倾向，除了艺术、文学、生活方式和生存方式之外，还包括信仰、传统和价值系统"。2005 年 6 月，联合国教科文组织大会通过《保护和促进文化表达形式多样性公约草案初稿》（Preliminary draft of the convention on the protection and promotion of the diversity of cultural expressions），该草案从"文化内容""文化活动、产品和服务"的概念对文化一词做出了更为具体的定义。其中，文化内容指源于文化特性或表达文化特性的象征意义、艺术特点和文化价值。文化活动、产品和服务指从其具有特殊的特征、用途或特定目的的角度对其进行审视时，体现或传达文化表达形式的活动、产品和服务，尽管它们可能具有商业价值。文化活动可能是为了其自身的目的而开展的活动，也可能是为了有助于提供文化产品和服务而开展的活动。

文化不仅具有艺术、文学、信仰、价值观念、传统习俗和生活方式的含义，而且涉及不同的社会和社群的特征。由于文化产品的生产服务和接受消费是文化管理的基本对象，而文化内容的创造性又意味着文化产品服务中蕴含着某一社会群体与众不同的符号特征。因此文化活动、

①　马克思.1844 年经济学哲学手稿［M］.北京：人民出版社，1985：82.

文化产品和文化服务所表达的符号意味着往往拥有了国家、民族和社会群体在艺术、文学、信仰、价值观念、传统习俗和生活方式等方面的特殊的特征。

（二）"礼"与中国文化传承

在中国千百年来的发展史中，文化传承的力量高于政权的更迭。中国古代历史历经一次又一次的改朝换代，但对深深影响中国文化的孔子的尊崇却千百年来始终不变。

1. "礼"的概念与内涵

先哲孔子较为细致地阐述了礼仪的本质与功能。"质胜文则野，文胜质则史。文质彬彬，然后君子。"（《论语·雍也》）用道德规范约束自己的行为，要做到"非礼勿视，非礼勿听，非礼勿言，非礼勿动"（《论语·颜渊》），强调"仁者爱人"，互相关心，彼此尊重。孟子则把孔子的"仁学"发展到"仁政"学说，提出民贵君轻，主张"以德服人"，"舍生而取义"（《孟子·告子上》）。荀子提倡礼法并重，进一步指出："礼之于正国家也，如权衡之于轻重也，如绳墨之于曲直也。故人无礼不生，事无礼不成，国家无礼不宁"（《荀子·大略》）。西汉初年董仲舒提出"唯天子受命于天，天下受命于天子"的"天人感应"（《汉书·董仲舒传》），把儒家礼仪进一步概括为"三纲"（君为臣纲，父为子纲，夫为妻纲）和"五常"（仁、义、礼、智、信）。正是在汉代，孔子及其弟子们编著的《礼记》（49篇）问世，集上古礼仪大成。其内容十分广泛，比如包括讲述古代风俗的《曲礼上》（第1篇）、古代饮食居处进化概况的《礼运》（第9篇）、家庭礼仪的《内则》（第12篇）、服饰制度的《玉藻》（第13篇）、师生关系的《学记》（第18篇），"修身、齐家、治国、平天下"的《大学》（第42篇）。宋代发展为以儒家为基础，兼容道家、佛学思想的程朱理学，程颢、程颐认为"父子君臣、天下之定理，无所逃于天地间"（《二程遗书》卷五），"礼即理也"（《二程遗书》卷二十五）。"仁莫大于父子，义莫大于君臣，是谓三纲之要，五常之本。人伦天理之至，无所逃于天地间。"（《朱子文集·癸未垂拱奏札·二》）程朱理学使中国古代礼仪学说发展到一个新的阶段。明代，中国对外交流扩大，交往礼仪更加完善，同时，忠、孝、礼、节、义等礼仪日趋繁多。尤其是清朝建立后，不仅完全接受汉民族几千年发展而来的礼制，而且使其更加复杂化。据《大清会典》记载，清朝的品官相见礼，当品级低者向品级高者行拜礼时，动辄一跪三叩，重则三跪九叩。

礼仪，是礼和仪的有机组合，是对礼节、仪式的统称，即人际交往中自始至终以一定的、约定俗成的程序方式表现"律己"和"敬人"的基本规则，是人际交往中对他人表示尊重与友好的行为规范与处事准则，为社会广大公众所认可。"礼"是"仪"的本质，而"仪"则是"礼"的外在规范表现。"礼"的含义是尊重，孔子主张"礼者，敬人也"，这一根本原则自古至今并没有变化。

中国传统文化中，"礼"字则有多层含义。第一，"礼"表示尊敬，最早与祭祀神灵、"敬神"活动有关，人类进入文明社会后，礼仪活动由"祈神"转向敬人，又发展到自尊与自敬。从开始适用于宫廷，随后发展到社会各阶层，并广泛运用于社会交往中。第二，各代典籍中的"礼"具有"政治制度"之意。第三，专指"礼物"，如"千里送鹅毛，礼轻情义重"。第四，古代礼仪中的"仪"包括仪表、仪容，仪式礼节，准则法度等。

可见古代"礼仪"涵盖面很广，包括三方面含义：其一，社会等级制度、法律规定等政治制度；其二，伦理规范与社会道德规范；其三，待人接物的处世之道，行为准则，礼貌礼节等。而现代礼仪具体指礼貌、礼节、仪表、仪式。

了解中国文化，必须了解"礼"。"礼"作为我国古代的道德规范和行为准则，内容广泛，内涵丰富。在伦理制度、伦理秩序层面，有"礼制""礼治""礼教"等；在接人待物的形式和惯例层面，有"礼节""礼俗"等；在个体修养层面，可称之为"礼貌"；在处理与他人的关系层面，可称之为"礼让"。

中国文化中注重家族乃至民族，"礼"是整个中国人世界里一切习俗行为的准则，标志着中国文化的特殊性。西方语言中没有"礼"的概念，西方只是用风俗之差异来区分文化之不同，似乎文化只是其影响所及地区各种风俗习惯的总和。而中国则不同，如果要了解中国各地的风俗，则差异很大，即使同一个县，一个地区与另一个地区的风俗都不同，那么，国家的这一端与那一端的差别则更大。尽管"十里不同风，百里不同俗"，但在中国的任何地方，"礼"却都是一样的。"礼"，从小处而言，是家庭的准则，涉及生死婚嫁等一切家务和外事；从大处着眼，"礼"便是国家政府的准则，统辖着国家的一切内务和外交。可见，理解"礼"才可能理解中国文化。

中国文化的"族"，与中国文化的"礼"相关联，也是中国文化仅有的概念。"族"即是更大范围内的家，中国人的姓在前，而西方人的姓在后就是最好的说明，正是在中国的家庭里，"礼"得到传播。通过家族，社会关系准则从家庭成员延伸到亲戚，只有"礼"被遵守时，双方家庭所有亲戚的"家族"才能存在。换言之，当"礼"被延伸的时候，家族就形成了，"礼"的适用范围再扩大就成了"民族"。中国人之所以成为民族就因为"礼"为全中国人民树立了社会关系准则。[①]

礼的内涵极为丰富。中国传统文化的核心思想就是"礼"，古代典籍中儒家对"礼"的概念与功用的论述，因具体的语境不同而有不同的层次。

第一，"礼"是文明与野蛮的区别。"凡人之所以为人者，礼仪也。"（《礼记·冠义》）相传孔子作《春秋》，韩愈认为一部《春秋》就在言夷夏之别，而夷夏之别就在于一个"礼"字。春秋乱世，本质上在某种程度上是文明与野蛮的斗争。

第二，"礼"是统治秩序。"礼"是宇宙间自然法则，天然合理，人类社会生活与天地同在，"因阴阳之大顺"，顺应自然规律。古代中国在中央与地方、上级与下级，以及并列关系的处理原则都是用"礼"的形式体现。

第三，"礼"是国家典制。国家典礼都是按照以人法天的原则制定，

---

① 邓尔麟.钱穆与七房桥世界［M］.北京：社会科学文献出版社，1995：7-8.

天子与北极天帝相对应，天乙所居在紫微垣，则天子所居称为紫禁城。《周礼》设计出一套理想的官制，设天地春夏秋冬六官，象征天地四方六合。六官各辖六十职，共计三百六十职，象征天地三百六十度。隋唐以后，这套制度成为历朝的官制模式。

第四，"礼"是社会活动的准则和交际的方式。儒家思想认为，人的活动应该符合于"德"，体现仁、义、文、行、忠、信的要求。根据德的行为要求制定为一套规范，称之为"礼"。行为合于礼，是有教养的表现。

孔子学说在塑造民族性格和文化心理结构上具有重要地位，用理性精神解释古代原始文化"礼乐"，"把传统礼制归结和建立在亲子之爱这种普遍而又日常的心理基础和原则之上。把一种本来没有多少道理可讲的礼仪制度予以实践理性的心理学的解释，从而也就把原来是外在的强制性的规范，改变为主动性的内在欲求，把礼乐服务和服务于神，变为服务和服务于人。宗教是观念、情绪和活动的相当严整的体系。观念是宗教的神话因素，情绪属于宗教感情领域，而活动则属于宗教礼拜方面，换句话说，属于宗教仪式方面"。孔子不是把人的情感、观念、仪式（宗教三要素——李泽厚注）引向外在的崇拜对象或神秘境界，相反，而是把这三者引导和消融在以亲子血缘为基础的世间关系和现实生活之中，使情感不导向异化了的神学大厦和偶像符号，而将其抒发和满足在日常心理—伦理的社会人生中。[①] 这也正是中国艺术和审美的重要特征。

2. 中国文化中的"礼"与"乐"

中国文化体系中，"礼"与"乐"相辅相成，《乐论》成为中国古代最早的专门美学文献，不仅是音乐理论，更是以音乐为关联的艺术领域的美学思想。体现天地万物的秩序，这一特点构成了中国文化的优势。唐朝，遣唐使、海外留学生到达长安时，是中华帝国先进的礼乐文明使外国使臣和学者所钦佩。礼与乐形同天地相辅相成。《礼记·乐记》说："乐由天作，礼以地制。"礼乐结合就是天地万物秩序的体现，"乐者，

---

① 李泽厚. 美的历程［M］. 北京：生活·读书·新知三联书店，2009：53.

天地之和也；礼者，天地之序也。和故百物皆化；序故群物皆别"。乐，有其深刻内涵和哲理，不等同于现代的"音乐"。《礼记·乐记》说："乐者，非谓黄钟大吕弦歌干扬也，乐之末节也。"乐的大节是德，这是中国与世界古代文明关于音乐思想的根本区别。

在儒家的音乐理论中，声、音、乐是三个不同层次的概念。儒家所推崇的"乐"，是中国上古时代盛德之帝的作品，盛德之帝必然有盛乐。传说人文始祖黄帝曾命乐官伶伦创作乐律。乐为心声，礼以治外，旨在规范人的行为举止，使之恰到好处；乐以治内，重在引导人的性情心志，是要解决礼的根源问题。如果人的行为举止能中规中矩，但不是内心德行支配的结果，而是单纯的模仿，则教育的目的仅仅完成一半，而且是次要的一半。只有内心建立起"德"的根基，外在的规范言行才是真正意义上的礼。乐是内心德行的体现，礼的作用是防止行为出格。《周礼》《仪礼》《礼记》等经典体现了中国古代礼仪文化，是中国古代礼乐文化的理论形态。

3. 中国古代体育精神与古希腊奥林匹克精神之异同

古代希腊创立奥林匹克精神的前提条件为：其一，文明的时代，古希腊人在广泛地吸收西亚和埃及等地文化成就的基础上，根据生产、社会和政治的需要创造了灿烂的古希腊文化；其二，对宗教的信仰，古代奥林匹克运动会对获胜者授予橄榄枝编成的花冠是对获胜者的一种祷告和祝福，以求得神灵的欢心，并祈求神灵对他们的庇护，这种特殊的奖励方式一直延续至今；其三，渴望和平，公元前499年至公元前449年发生希波战争，公元前494年掀起罗马平民阶级反抗贵族阶级的斗争，公元前431年至公元前404年又发生伯罗奔尼撒战争，之后奴隶起义、争霸战争连绵不断，而在举行奥林匹克运动会期间，希腊的战争必须停止；其四，追求健与美，"健全的精神寓于健康的身体"；其五，追求高尚的道德情操，智慧、勇敢、公正、节制等高尚的道德情操为奥林匹克运动会向健康的方向发展奠定了基础。

中国古代"礼乐"之高妙。春秋时期被称为乡射礼的射箭比赛，其比赛仪式则完整地记录在《仪礼》的《乡射礼》中，成为一种非常正规的竞技运动，有长度固定的射道，严格的比赛规则。但是，评价一名射手，不仅看其能否命中靶心，而且还看其体型是否合于音乐节奏，是否处处礼让竞争对手，是否正确对待失败，等等。要求其身心与体魄和谐健康地发展，这显然有别于早期奥林匹克运动强调体魄强健的理念，突显东方文明的特色。

（三）中西文化的差异性：中国先贤与古希腊智者之比较

1．"知识"与"政治"的分野

古希腊圣贤学说的核心是知识，而春秋战国时期诸子学说的核心是政治。中西方不同的政治制度和经济基础，导致中西方古代社会政治思想、科技成就乃至文化传统的差异。春秋战国时期与古希腊城邦时期都不约而同诞生了深深影响社会发展的贤哲及其所创立的理论学说。

古希腊智者学说的核心知识体系中，"哲学"一词是希腊文"爱好智慧"之意，包括一切科学和技艺的知识，希腊哲学从诞生之初就专攻自然哲学，先贤智者纷纷探索自然世界的产生与运行。毕达哥拉斯认为万物都由数的法则起作用，发明毕达哥拉斯定理；赫拉克利特认为万物由火而生成的规律，都处于流变状态，因此"你不能两次踏进同一条河流"；阿那克萨哥拉认为太阳和许多星体都由火炽的石头构成，之所以没能感觉到星体的炙热，是因为距离遥远所致等天文学方面的科学见解。德谟克里特提出万物都是由原子构成，而原子的种类是无限的，而且处于永远运动状态。《天体现象的原因》《大地表面的原因》《声音的原因》《种子、植物和果实的原因》《动物的原因》等百科全书式的著作，寻求事物"原因"。公元前 5 世纪，雅典兴起民主制度，苏格拉底提出"认识你自己"的主张，进而研究人类社会自身的问题，但在研究社会、国家、政治、经济时，依然尊重其中所蕴含的知识与智慧。亚里士多德主张"求知是人类的天性"，开始将某些具体科学与人文哲学分离，研究内容涵盖政治学、伦理学、修辞学、逻辑学、天文学、物理学、生物学、心理学等诸多领域。

春秋战国时期诸子学说的核心是政治，而论及自然相对较少。孔子思想的核心是"仁"，"克己复礼"等道德观，而探求天道自然、生产技艺方面的知识不是"君子之学"。荀子在承认有自然规律，提出"人定胜天"思想的同时，"唯圣人为不求知天"，因为君子"其于天地万物也，不务说其所以然而致善用其材"（《荀子·仲尼》）。对大自然运行的奥秘不必深究，主要在善于利用，表现出"重政务、轻自然、斥技艺"的儒学传统。老子虽主张"返朴归真""无为而治"，提出高度抽象的哲学原理，"道生一，一生二，二生三，三生万物"。但关于"道"的解释与探究却是"道可道，非常道"。尽管宏观层面表现出至高境界，但却没能指出学习具体知识、分析具体问题的道路，陷入庄子所言的状态："吾生也有涯，而知也无涯，以有涯随无涯，殆已"；"故知止其所不知，至矣"。墨子思想主张"天志""尚同""尚贤""兼相爱、交相利""非攻""节用"等，主要以实用为标准，不可用的知识在道德上已非善物。

亚里士多德的《政治学》谈道："世人曾经轻侮泰利斯以哲学见称而贫困得几乎难以自给，讥笑哲学并非救贫的学问。某年冬，他凭星象学预测（明年夏）油榄树将获丰收，于是把自己所有的一些资金，完全交给启沃岛和米利都城的各油坊作为定金，租得了各油坊的榨油设备；这时谁都不去同他竞争，订的租金很低。收获季节来临，需要榨油的人一时纷纷到各油坊，谁都愿意照他所要求的高额支付榨油设备的租金。他由此获得大量金钱，向世人证明哲学家不难致富，只是他的志趣却不在金钱。"①

古希腊已初步认识到人的认识能力需随着社会的发展而提高。《论语》中"吾日三省吾身"是要求检查自己的行为是否符合"礼"的规范，"礼"已经涵盖了自身所需的所有知识。儒家尊崇"礼"，道家尊崇"道"，法家提倡"法"，或多或少联系着宗法等级秩序。而当时希腊提倡四种道德：正义、智慧、勇敢和节制；而作为道德对立面是不义、愚蠢、懦怯和不节制都是缺乏知识的表现。

2. 经济地位与独立人格的追求

东周智者没有独立的私有经济地位。孔子说："学也，禄在其中

---

① ［古希腊］亚里士多德.政治学［M］.北京：商务印书馆，2009：35.

矣。"(《论语·卫灵公》)学生子夏"学而优则仕"。而且，即使是在国家所有制为主导的经济模式中，私营经济的商人也要投向君主，以求得更高的利润回报。出身商贩的管仲在齐国为相；孔子学生子贡兼学者、官僚和商人于一身；吕不韦认为耕田之利"十倍"，商人之利"百倍"，从政之利"无数"，因进行政治投机为秦相，而成为大商人。

政治立场各异。中国智者多成为君主或者官宦的臣属，政治立场因追随君主、官宦的立场而各异，"忠臣不事二主"而走向"人治"道路，以忠于君主，辅佐君主统治的江山社稷为人生理想和个人价值体现。而西方智者，从本人立场出发，对君主、贵族、平民乃至民主政治等给予相当程度的批判。柏拉图《理想国》、亚里士多德《政治学》都具有科学性。亚里士多德指出法律应该是没有感情的智慧，它具有一种为人治所不能做到的公正性质，"法律恰恰正是免除一切情欲影响的神祇和理智的体现"。已为西方社会日后的"法治"建设奠下基石。

而与孔子大约同代的西方智者的经济地位有很大的独立性。古希腊先贤经济地位独立，古希腊先哲的社会地位是自由民。个人追求良善生活与国家政治生活无关。先贤或者是拥有相当私人财产的贵族（比如柏拉图），或者创建学校收取学费（比如普罗塔哥拉）。苏格拉底明确表示"我的财产足够满足我的需要"[1]。哲学家德谟克利特歌颂民主制度，认为"在民主制度下的贫穷生活也比在专制制度下享受幸福好，正像自由比受奴役好一样"。然而他却终身孜孜不倦研究科学，追求的是"我宁愿找到一个因果的说明，而不愿获得波斯的王位"的理想，迥异于中国传统文化中的"学而优则仕"。

柏拉图在雅典城外创建研究哲学与科学的学院，为希腊的学术中心。亚里士多德作为公元前4世纪征服西方世界、建立横跨欧亚非三大洲的大帝国马其顿国王亚历山大少年时的老师，在亚历山大即位（公元前336年）后，便回到雅典郊外建立书院，之后一直从事讲学活动。作为学生的亚历山大，对老师的报答只是将征途中收集的各种少见的实物

---

① ［古希腊］色诺芬.经济论：雅典的收入［M］.北京：商务印书馆，2009：7.

标本，送回雅典提供给老师做研究。正是由于古希腊知识分子在政治经济上的独立地位，"他们自由地思考着世界的性质和生活的目的，而不为任何因袭的正统观念的枷锁所束缚"①。

而春秋战国时期智者的社会地位却不同，正处在从奴隶社会向封建社会大变革的特殊时代，一般士人没有独立的私有经济地位，需要依附于掌握政治经济特权的国君或贵族，绝大多数成为国君、贵族的臣属，为了参与其政治活动而提出见解与主张。同时期的西方先贤在进行科学的探索。比如希腊毕达哥拉斯学派发现直角三角形的几何学毕达哥拉斯定理；欧几里得著有《几何原理》，成为世界上最早的有系统理论的科学著作。"一切支配着近代哲学的各种假说，差不多最初都是希腊人想到的；我们对于希腊人在抽象事物方面的想象创造力，几乎是无法称赞过分的。""他们创造了种种具有独立生命与发展的理论，这些理论虽然最初多少是幼稚的，然而两千多年以来终于证明是能够存在的而且能够发展的。的确，希腊人贡献了另外一些东西，这些东西对于抽象思维证明了更具有永久的价值：他们发现了数学和演绎推理法。尤其是几何学乃是希腊人发明的，没有它，近代科学就会是不可能的。"②尤为重要的是，哲学家以科学的态度对待事物，"希腊人并不沉溺于中庸之道，无论是在他们的理论上或是在他们的实践上。赫拉克利特认为万物都在变化着；巴门尼德则反驳说：没有事物是变化的"③。

中国古代推崇"天人合一"，道家所谓"道"的观念，是宇宙万物与人类社会的共同本源、运作规律与最高原则，体现了"人与自然的和谐"。汉代董仲舒"天人合一"理论体系的出现，深深影响了中国的思想界。中国古代虽已出现颇为发达的探索自然宇宙的奥秘天文学，却不恰当地发展为用来解释或预测人类社会的政治景象。直到后来的四大发明：造纸与印刷术，是为记载和传播有关君主政治的信息而发明的技术；火药，是道士为君主统治所炼长寿丹药过程中的副产品；而指南

---

① ［美］罗素.西方哲学史（上卷）［M］.北京：商务印书馆，2009：1.

② 同①47-48.

③ 同①60.

针，是风水先生在观察和预测某群体的有关政治命运时所用的玩弄玄虚的道具。由此可以解释，为什么中国古代四大发明出现较早而其中却几乎不存在推动社会发展的潜力。

在中西方上古社会思想界如此迥异的认识论与世界观的演进之下，亚里士多德的名言"吾爱吾师，吾更爱真理"成为西方社会知识者的一般行为准则，而中国古代士人主要尊崇的则是"克己复礼""为尊者讳"诸信条。后来西方出现了"知识就是力量"的科学精神，而中国一直沿袭"权力主宰""独尊儒家"的文化传统。

二、文化产业与文化旅游体系

（一）文化的多样性与文化型旅游业

如同生物多样性是一个关系到生命在地球上续存的根本问题（1992年联合国环境与发展大会签署了《生物多样性公约》），文化多样性是一个关系到人类文明续存的根本问题。每一种文明和文化都拥有自己的历史精神和人文传承，有独特的美丽和智慧。美国人类学家博克认为"多样性的价值不仅在于丰富了我们的社会生活，而且在于为社会的更新和适应性变化提供了资源"。

文化和旅游之间的关系根据研究区域的大小和特点而有所不同，根据旅游管理的不同类型进行判断，旅游者不仅要到某地旅游，而且还要了解这个地方非物质遗产的重要价值。渐渐地，旅游者的兴趣就会通过一种商业方式被调动起来，这些特定的非物质文化遗产可以通过一种有形的、具有艺术价值和功能的文化产品体现出来，实现其商业价值。不要忽视这些产品商业价值的贡献，因为对于旅游者的整体旅游花费来讲，这些产品的花费可能只是很小的一部分，但它们却可以建立起旅游地和旅游者之间的长期联系。① 文化的多样性及其地域性，即旅游化（tourismfication），体现了"旅游的动态变化"。

---

① ［比］玛丽亚·杨森–弗比克，［西］格达·K.普里斯特利，［西］安东尼奥·P.罗素.旅游文化资源：格局、过程与政策［M］.孙业红，闵庆文，主译.北京：中国环境科学出版社，2010："前言"3.

世界上旅游业发达的国家都实行"文化经济"的新思路，重视文化遗产特别是垄断性的文化遗产的保护。"旅游业是出售风景的产业"，风景的内涵是文化，而"人"是文化的"核心"。因而在某种程度上，旅游业被定名为"文化型经济产业"。不仅包括人文资源、社会资源，而且自然资源中能给人以美感并构成景观之处，也逐渐成为"人文化的自然界"。作为旅游介体的旅游业三大支柱——旅行社、旅游交通和饭店，从业人员的文化素质直接影响旅游质量，景观产品决策者、设计者的文化素质从根本上决定旅游产品的质量与魅力；导游人员的文化素质与科学水平决定导游服务的质量。

（二）从文化产业到创意产业

"文化产业"与"文化创意产业"。20世纪90年代以来，文化产业成为西方管理界和知识界的热点课题。文化经济活动在当代西方国家的市场经济领域内正在全面地构成社会的支柱产业，影响和改变着传统的经济市场形态和社会产业结构。

英语"cultural industry"在汉语中可以译为"文化工业"或"文化产业"。1947年，"文化产业"由德国法兰克福学派的阿道尔诺和霍克海默探讨关于西方艺术与工业技术的转型中首先提出①。20世纪80年代，随着文化管理独立学科地位的确定，从"文化工业"（cultural industry）的传统含义，过渡到"文化产业"（cultural industries）的表述，英文"文化产业"与"文化工业"在英文表述中的不同，文化产业是文化工业的复数形式，表明文化产业包含更多的内容，从社会、经济、文化、艺术方面的实践政策，到社会意识形态等多方面内容。

文化产业是一种源于文化价值的符号性商品经营活动。"文化产业是指以经营符号性商品为主的那些活动，这些商品的基本经济价值源自于它们的文化价值"，包括广播、电视、出版、唱片、设计、建筑等传统文化产业和视觉艺术、手工艺、剧院、音乐厅、音乐会、演出、博物馆和画廊等"传统艺术"。文化产业可以被理解为一个巨大的产业链，

---

① ［德］马克斯·霍克海默，［德］西奥多·阿道尔诺.启蒙辩证法［M］.渠敬东，等译.上海：上海人民出版社，2003：151-176.

由内容的创意、生产输入、再生产和交易四个生产链构成的文化产业生产体系。[①]

文化产业不同于"文化创意产业"或"创意产业"（"文化创意产业"简称为"创意产业"），开发的旅游新产品富有深厚的"内容或内涵"，才能使旅游者从中得到高品位的欣赏与领悟，提升旅游活动的境界。正如英国、新加坡和马来西亚，政府资助信息技术创新，促进以知识创新为基础的文化产业与经济发展之间形成了许多的融合点和交叉点。"创意产业"概念就是这一发展战略的核心，它越来越多地被用来形容国民经济中运用"智力资本"的文化服务和文化产品的生产与流通部分。在这个意义上，"创意产业"被用来区别于传统的艺术部门，而特指通过知识产权产生巨大财富潜能的文化产业。因此，在旅游业发展及旅游产品开发过程中，挖掘旅游产品的文化内涵，通过能够让旅游者接受和理解的渠道，以有创意和想象力的科学手段展现出来。

创意就是与众不同的想法和发明，而且这些想法和发明是独特的、原创的和有实际价值的，是人的智力中的创造力在社会经济活动中的体现。[②]创意的结果最终通过产品和服务表达出来。创意产业中的创意产品是指作为无形资产的创意渗透于生产过程所创造出的具有象征价值、社会意义和特定文化内涵的产品和服务；文化创意产业强调文化和艺术创新对经济的推动，表现为文化和经济的互动和互补性，保证经济和文化一体化的发展。其发展空间和延伸领域广泛，不仅拓展了传统产业内容，而且还创造出新的知识经济的产业内涵，体现了较强的空间差异性。

旅游业是创意产业，"创意"表明旅游产品的竞争优势来源于创造性的创作与发展，从旅游业自身发展动力层面看，文化并非简单地被使用，而是在合适的范围内通过技术、探究等路径来实现。"创意产业""内容产业"在理论上为旅游产品开发确立了探索的方向及实践的

---

① 安迪·C.普拉特."文化产业：英国与日本就业的跨国比较"[M]//林拓，等.世界文化产业发展前沿报告（2003—2004），北京：社会科学文献出版社，2004：11—12，209.

② 蒋三庚.文化创意产业发展研究[M].北京：首都经济贸易大学出版社，2006：1—3.

途径。

　　旅游产业是指为旅游活动直接提供服务和间接提供物质、文化、信息、人力智力服务和支撑的行业或部门，是由第一、第二、第三产业中诸多行业和部门复合而成的一个综合性的产业群。旅游产业可分为旅游核心部门、旅游依托部门、旅游相关部门三个层次。^①旅游核心部门即完全向旅游者提供旅游产品和服务的行业和部门，它是旅游产业的基本层次，包括住宿业、旅游景观产业、运输业、旅行社及旅游服务机构，构成旅游产业的主体；旅游依托部门，向旅游者提供部分产品和服务的行业和部门，是旅游产业的第二个层次，主要包括餐饮服务业、文化娱乐业、康乐业、零售业等；旅游相关部门，是指为旅游产业发展提供支持的行业和部门，属于旅游产业的第三个层次，虽并非依赖旅游业而发展，但其发展的规模及水平对旅游产业的持续发展具有重要作用。因而，文化产业是旅游产业发展的关键。

　　旅游产业在较大范围内被认同为文化产业，并进一步表现为文化的经济化与经济的文化化的密切结合，因而文化成为提升旅游业竞争力的核心因素。文化的经济化是指"生产、消费、市场等经济领域越来越多地被文化所渗透，经济活动中表现出更多的文化因素。正如阿伦·斯科特所指出，在当前时代中，产品的文化形式和文化内涵变得至关重要，甚至成为生产战略的主导性因素。在这种情况下，人类文化作为整体正在变得越来越商品化，同时，大量的生产、市场、服务等经济行为也都在某种程度上涉及美学、符号等方面的文化内容。由此也可以看出，文化的经济化和经济的文化化其实是一而二、二而一的关系，是一个过程的两个方面"^②。这种观点对认识和理解具有文化属性的旅游活动的设计、开发和发展有着深远的意义。特别是在竞争日益激烈的时代，即使是经济竞争力，也已经远远超越了传统生产要素的范围而越来越倚重于知识、无形价值和创造力。未来企业竞争力除了来自于环境、资源等方

---

　　① 方彦富.文化管理引论［M］.福州：福建教育出版社，2010：116.

　　② 李怀亮，闫玉刚.国家文化经济与文化贸易发展报告［M］//中宣部文化体制改革和发展办公室，文化部对外文化联络局编.国际文化发展报告.北京：商务印书馆，2005：7.

面的经济技术实力的较量，来自于以企业价值观为核心的文化体系的较量外，更来自于文化作为旅游业提高和增加竞争力的关键核心因素。而且，在传输媒介意义上，文化产业又被称为"内容产业"。媒介产业的生存能力不仅取决于商业"内容"创造，而且取决于通过众多平台、窗口和格式的发行发送，把"内容产业"理解为"新的生长产业"已是流行观点。但是，真正从产业的角度看，内容才是其经济效益的基础。①由此可见，在旅游产品开发中不仅要注重其内在文化的提炼和展示，同时也要不断赋予和丰富其文化内涵。旅游产品是"文化内容"的重要展示和发送平台与窗口，这也必将推进旅游业有新的发展。

三、文化旅游构成要素与主要特征

中国古代已有因旅行而诞生的《兰亭集序》《徐霞客游记》等名作，但真正使用"旅游文化"的表述却较晚。1977年，在美国旅游学家罗伯特·麦金托什和夏希肯特·格波特合著的《旅游学》中最早使用"旅游文化"的标题。1982年，中国出版的《中国大百科全书·地理学·人文地理学》也开始使用这一概念，但只限于阐述旅游和文化的关系，并未深入其内涵。

（一）文化旅游的表现形式

关于文化旅游的定义有不同观点。一种观点认为文化旅游包括广义和狭义两个方面，广义的文化旅游指"凡旅游路线、旅游途中、旅游景点上一切有助于增长旅游者文化知识的物质财富和精神财富，都属于旅游文化的范畴"；狭义的文化旅游指"凡一切能够使旅游者在旅途中舒适、愉快并能提高旅游者文化素质的物质财富和精神财富，也都属于旅游文化的范畴"②。这样的定义是在《辞海》中关于文化的定义加上"与旅游有关"这一限制语演化而成。但"旅游景点"不断扩大，"旅游线路"不断延长，"有助于增长旅游者文化知识"。而且，旅游作为一项

---

① 丹增.文化产业发展论［M］.北京：人民出版社，2005：10–11.

② 陈辽.弘扬优秀文化，加速旅游事业现代化［M］//白槐.旅游文化论文集.北京：中国旅游出版社，1991：90.

综合性的活动，不单纯是"游"，还包括行、住、食、购、娱等项内容，"能够使旅游者在旅游过程中舒适、愉快并能提高旅游者文化素质"的表述几乎包括了人类所创造的全部物质财富和精神财富，文化旅游的内涵难以把握。

另一种观点认为文化旅游是旅游者或旅游服务者在旅游观赏或旅游服务过程中所反映出来的观念形态及其外在表现，如旅游者的观赏标准、审美体验、心理状态，以及形诸文字、形象的记载等；旅游服务者为适应旅游者审美要求而在旅游景观、设计中所注入的思想、情感，在旅游管理、旅游服务过程中所体现出来的风貌、情操等[①]。这一定义关注旅游主体与旅游客体的关系（"旅游观赏"）、旅游媒体与旅游主体的关系（"旅游服务"）及在旅游过程中形成的综合关系（"旅游过程"）。

可见文化旅游的定义主要有三种观点：其一，文化旅游是指以文化旅游资源为支撑，旅游者以获取文化印象、增长知识为目的的旅游产品；其二，文化旅游在作为一种具体的旅游产品前提下，特指民俗文化层；其三，文化旅游是指旅游者为实现特殊的文化感受，对旅游资源内涵进行深入体验，得到全方位的精神和文化享受。从时间维度上，文化旅游可分为历史文化旅游和现代文化旅游；从形态表现上，则涵盖了古迹游览旅游、民俗体验旅游、宗教文化旅游、建筑文化旅游、饮食文化旅游、艺术欣赏旅游、休闲娱乐旅游等众多领域。旅游不仅是一种物质享受，更重要的是满足精神层面的需求。文化旅游以其多样的形式、深刻的内涵而表现出特殊的魅力，特别是促进科技传播而得到普遍关注。

（二）文化旅游主体与客体关系

文化旅游是旅游主体在和旅游客体发生关系过程中的旅游经历，是以旅游主体、旅游客体和旅游介体三大要素为载体的文化现象，主要包括：其一，旅游目的地民众世代创造的文化旅游；其二，旅游客源地民众世代创造的文化旅游；其三，旅游主体与旅游客体发生关系时而产生或感受的文化差异。文化旅游依托于历史学、地理学、社会学、心理

---

① 冯乃康.旅游资源与旅游文化［M］//白槐.旅游文化论文集.北京：中国旅游出版社，1991：89.

学、管理学、经济学等诸多学科。

旅游主体和旅游客体之间的关系史就是文化旅游的演进史，这一演进过程经历不同的发展阶段：第一阶段，旅游主体和旅游客体直接发生关系；第二阶段，旅游主体通过旅游介体和旅游客体发生关系，目前科学技术水平较高国家的旅游主体已经开始通过信息技术和旅游客体发生关系[①]；第三阶段，旅游主体参与目的地居民的活动并进行创造，即创意旅游阶段[②]。

物质文化、制度文化和精神文化相互依存。如南昌滕王阁作为著名古建筑，因使用物质建材建造，属于物质文化的层面。但王勃作序的滕王阁已成为南昌象征性建筑物，具有无法替代的标志性意义，经历唐、宋、元、明、清直至当代，一千三百多年间，尽管屡遭损毁，却重修达二十九次之多。多少年来，驱动地方官员和当地士绅重修滕王阁的决定因素，就是传统，是基于被公认的约定俗成的建筑机制和文化机制。中国有尚古重文传统，山川景物因人物而显赫，因文章而传承。因而滕王阁兼具旅游文化的物质层面含义与旅游文化精神层面含义的双重内容。

文化旅游具有不同于大众旅游的特征。首先，文化旅游表现为旅游主体的文化特征，旅游活动是一种文化性很强的经济活动，旅游使游客产生"求新、求知、求乐"的追求，正是在旅游的过程中，使"读万卷书，行万里路"成为现实；其次，旅游文化表现为旅游客体的文化特征，旅游资源的文化特征极为明显：文化遗址、古代工程、皇家宫殿园林、不同民族风情的旅游资源等人文旅游资源本身就是文化的结晶，名山大川等自然旅游资源不仅与文化密切相关，而且造就了文人墨客的千古绝句，自然景观只有在人的参与和活动中才能体现其价值；最后，旅游文化表现为旅游媒介的文化特征，为旅游者提供的旅游设施与服务，在沟通游客与旅游资源的同时，本身就是可供游客欣赏或赏用的文化成果。如八大菜系本身就是文化的结晶，饭店业在诸多方面体现了民族文化特征，进而体现旅游文化的特征。

① 喻学才.旅游文化学［M］.北京：化学工业出版社，2010：4.
② 张胜男.创意旅游与城市发展［N］.光明日报（理论版），2011-2-20.

　　文化与旅游的深度融合，表现出新的功能。首先，文化内涵是旅游活动的本质，旅游成为当代世界性的社会现象，表达了一种新的生活方式，因而具有文化性质。旅游者进行旅游活动时，随着社会角色变化（从观赏者到体验者到创造者），逐渐构成一个既不同于旅游者居住地文化，也不同于旅游目的地地方文化（local culture）的旅游者文化（tourist culture)，旅游活动中渗透了丰富的文化内涵：旅游主体（旅游者）的需求，旅游客体（旅游资源）的文化价值，旅游中介（为旅游活动提供方便与服务的部门）的文化素养。其次，旅游带动文化扩散，从地理的跨越到文化的跨越，文化扩散是文化现象在空间移动过程和事件发展过程中的特征。作为跨文化交流的旅游，文化目的地就是文化的起源地域，而旅游本身就是文化扩散过程。旅游学科的探索，旅游文化首先是跨文化交流，体现在客源地的旅游主体、目的地旅游客体及其沟通二者的旅游介体中，旅游文化是对旅游学内涵的深化。最后，旅游作为一种综合性文化活动，已经不仅限于获得感官愉悦的观光旅游层面上，更是一种满足较高层次的知识增长需求。自然景观、历史遗留、民族习俗及其优质服务精神，因此而获得的文化认同，都成为重要的旅游资源，文化因素在旅游业发展过程中起着越来越重要的作用。旅游与文化传播，旅游者的迁移，伴随着物质流、信息流、文化流和经济流，促使旅游目的地与客源地发生物质的、文化的、经济关系上的相互作用。旅游，在旅游者本身得到身心满足的同时，既影响着旅游目的地东道主的生活和环境，也反作用于客源地的社会经济文化发展。旅游目的地、旅游者和旅游客源地三者，在旅游活动与实践中，经历着文化变迁与相互包容。

第三节　创意旅游内涵与核心要素探索

　　创意旅游是一新兴的旅游形式，关于创意旅游的定义依然在讨论和发展中。学术界的研究与旅游实践的发展相结合，经历了不断发展、演变的过程。

一、发展中的创意旅游内涵与外延

创意旅游基于社会经济要素，应旅游者多元需求而产生。在创意旅游探索的初期，基于创意产业的发展而展开，创意产业是在世界经济进入知识经济时代背景下发展起来的一种推崇创新和个人创造力、强调文化艺术对经济的支持与推动的新兴产业。创意旅游寓学习于旅游活动之中，以增长知识和满足个人自我发展为目的。其旅游者都是拥有良好教育背景的消费人群。比如创意旅游者通常是那些乐于自由旅行的消费阶层和传统的精英，更渴望学习和体验新知，拥有新的消费需求，希望挑战已知旅游区域之外的更加广泛的范围。创意旅游者更注重于深入到民众生活空间而不是传统的著名旅游景点。

（一）从体验经济到创意旅游

1998 年，潘（Pine）和吉尔默（Gilmore）发表论文《欢迎体验经济的到来》，基于体验经济理论，提出体验营销从消费者感官、情感、思考、行动和关联五个方面重新定义营销的新理念[1]。新时期"体验经济"和"教育旅游"背景下对体验旅游的需求在上升[2]，目前，游客正在寻找更多的互动和令人满意的体验，而不仅限于旅游服务领域[3]。创意与文化的关系备受关注，在旅游业中产生新的市场需求，带来新的旅游模式。

创意旅游的概念得到国际学术界的广泛关注[4]。早在 1993 年，皮尔

---

[1] Pine, B. J. & Gilmore, J. H. Welcome to the Experience Economy [J]. Harvard Business Review, 1998, 76(4): 97–105.

[2] Bodger, D. Leisure, Learning, and Travel [J]. Journal of Physical Education, Recreation & Dance, 1998，69(4): 28–31.

[3] Tan, S. K., Luh, D. B. & Kung, S. F. A Taxonomy of Creative Tourists in Creative Tourism [J]. Tourism Management, 2014, 42: 248–259.

[4] Richards, G. & Raymond, C. Creative Tourism [J]. ATLAS News, 2000, 23(8): 16–20. Richards, G. & Wilson, J. Developing Creativity in Tourist Experiences: A Solution to the Serial Reproduction of Culture? [J]. Tourism Management, 2006, 27(6): 1209–1223. Tan, S. K., Kung, S. F. & Luh, D. B. A Model of 'Creative Experience' in Creative Tourism [J]. Annals of Tourism Research, 2013, 41: 153–174. Kiralova, A. & Malachovsky, A. Innovating the Czech and Slovak Tourism Through Creative Tourism [J]. Skyline Business Journal, 2015, 11(1): 101–116. Richards, G. Creative Tourism: Opportunities for Smaller Places? [J]. Tourism & Management Studies, 2019, 15(1SI): 7–10.

斯（Pearce）和巴特勒（Butler）已谈到创意旅游是一种潜在的旅游形式。2000年新西兰学者格雷·理查兹（Grey Richards）和克里斯宾·雷蒙德（Crispin Raymond）首次应用"创意旅游"（Creative Tourism）的这一概念[①]，度假目的地为旅游者提供和开发一个主动参与实践和学习体验的机会，创意旅游者在假期里通过非正式的参与互动工作室，学习目的地国家或社区文化中的一项技能，与当地人密切接触，学习体验度假地的文化，从而更好地开发创意潜力能"[②]。2006年，Richards和Wilson[③]进一步认为创意旅游是旅游者主动参与的过程，同时，利用当地技能、专长和传统为旅游者提供一个学习、自我发展和自我提升的体验。创意旅游具有参与真实体验的特征，"创意旅游是一种以参与和真实体验为目的的旅游，通过对艺术、遗产或某一地方特色的学习和参与，提供了与居住在这个地方的人的联系，进而与居民一起创造鲜活的文化"[④]。

（二）创意旅游的主要特征

1. 创意旅游的参与和互动特征

创意旅游这一新兴的旅游形式成为旅游业发展的新方向，得到联合国教科文组织、世界旅游组织和欧盟旅行委员会等国际组织的关注。联合国教科文组织（UNESCO）指出创意旅游是一种通过参与性学习和与当地人及当地文化产生联系的真实体验，旅游者通过参加目的地或目的地接待者家中的实践活动，在与目的地居民近距离联系和接触中，个人创意潜能得到开发和提升。[⑤]联合国教科文组织引领创意旅游发展方向，

---

① Richards, G. & Raymond, C. Creative Tourism [J]. ATLAS News, 2000, 23(8): 16–20.

② UNESCO. Discussion Report of the Planning Meeting for 2008 International Conference on Creative Tourism [EB/OL]. http: //unesdoc.unesco.org/images/0015/001598/159811e.pdf.

③ Richards, G., & Wilson, J. Developing Creativity in Tourist Experiences：A Solution to the Serial Reproduction of Culture? [J]. Tourism Management, 2006, 27(6): 1209–1223.

④ Network, U. C. C. Towards Sustainable Strategies for Creative Tourism: Discussion Report of the Planning Meeting for 2008 International Conference on Creative Tourism [J]. New Mexico, USA, 2006.

⑤ UNESCO. Towards Sustainable Strategies for Creative Tourism: Discussion Report of the Planning Meeting for 2008 International Conference on Creative Tourism [R]. Santa Fe: New Mexico, 2006.

强调"创意旅游"的真实性和互动性，倡导创意旅游更多地接触当地文化和历史（"少去博物馆，多去广场"），真正参与城市的真实文化生活。2007 年，新西兰创意旅游组织定义创意旅游是一个具有可持续发展特征的旅游形式，通过非正式的、亲自动手的实践学习和创意经历，提供一种对当地文化的真实体验。实践学习在导师家中或工作地点的小组活动时发生。这些实践活动让旅游者在接近当地人时，开发他们的个人创意潜能 ①。

"创意旅游"是主动参与和互动的第三代旅游。第一代是放松和休闲的"海滩之旅"；第二代是参观博物馆等文化活动为特征的"文化之旅"②；而第三代"创意旅游"则是突出多方面的互动，游客感觉自己同居民一样，参与当地的文化生活，游客与目的地的居民进行情感、社交和教育等多方面的交流和互动。创意旅游时代要求管理者以发展的眼光看待和认识城市创造力这一宝贵的资源，并提供新机会满足游客不断发展的兴趣需求。

2. 创意旅游者学习目的地居民的文化和技艺

以往研究多基于供给角度探索创意旅游的概念及发展途径 ③，对于创意旅游者的参与度及影响关注不多。因而从需求角度分析旅游者对于目的地的认知和需求，对提升当地旅游形象，促进旅游发展具有重要意义。创意旅游是为旅游者提供主动参与实践和学习体验的机会，从而更好地开发创意潜质 ④。同时，创意旅游是旅游者主动参与的过程，即利用当地技能、专长和传统为旅游者提供一个学习、自我发展和自

---

① Richards, G. & Wilson, J. Tourism, Creativity and Development [M]. London, New York: Routledge, 2007: 72–157.

② UNESCO. Towards Sustainable Strategies for Creative Tourism: Discussion Report of the Planning Meeting for 2008 International Conference on Creative Tourism, 2006, 25–27. Retrieved from http://unesdoc.unesco.org/images/0015/001598/159811e.pdf. Accessed on 5 August 2017.

③ Tan, S. K., Tan, S. H., Luh, D. B. & Kung, S. F. Understanding Tourist Perspectives in Creative Tourism. Current Issues in Tourism, 2016, 19(10): 981–987.

④ Salman, D. & Uygur, D. Creative Tourism and Emotional Labor: An Investigatory Model of Possible Interactions [J]. International Journal of Culture, Tourism and Hospitality Research, 2010, 4(3): 186–197.

我改造的体验。创意旅游这种新型的旅游方式，能够利用目的地的历史、文化、创意、原居民生活方式等无形资源，为旅行者参与创意互动、增强体能创造条件，使游客能够积极参与游目的地的休闲、文化和艺术活动。特别是民间艺术和文化遗产，使游客在目的地获得更真实的体验①。因而创意旅游与目的地活动、开发创意潜力、学习以及主客之间有着联系②。理查兹（Richards）和威尔森（Wilson）③认为游客积极参与创意活动、技能发展和创意挑战构成游客体验的基础。宾克霍斯特（Binkhorst）和德克（Dekker）将创意旅游概括为"像当地人一样生活"。④理查兹（Richards）⑤进一步拓展创意旅游内涵，游客参与当地人的创意活动，与当地人进行共同创造是创意旅游的典型特征。史密斯（Smith）提到"成为一个居民"来定义具有乡土经历的游客。⑥

创意旅游是参与性学习地方的艺术、传统和特色文化，通过真实体验建立起与当地人的联系，创造出活文化⑦。

3. 创意旅游构成要素与协调机制

创意旅游由文化旅游发展而来，是一种由被动消费转向主动消费、从静态有形遗产向生活等无形文化的演变⑧。创意旅游面向学习、体验传统文化等非物质文化资源，游客在旅行中不仅满足于游览这个地区，

---

①　Brouder, P. Creative outposts: Tourism's place in rural innovation [J]. Tourism Planning & Development, 2012, 9(4): 383–396.

②　Tan, S. K., Kung, S. F. & Luh, D. B. A model of 'creative experience' in creative tourism [J]. Annals of Tourism Research, 2013, 41: 153–174.

③　Richards, G. & Wilson, J. (eds.) Tourism, Creativity and Development [M]. London: Routledge, 2007: 1–323.

④　Binkhorst, E. & Dekker, T. Agenda for Co–Creation Tourism Experience Research [J].Journal of Hospitality Marketing & Management, 2009, 18(2–3): 311–327.

⑤　Richards, G. Creativity and Tourism [J]. Annals of Tourism Research, 2011, 38(4): 1225–1253.

⑥　Smith, M. K. Issues in Cultural Tourism Studies [M]. Routledge, 2015.

⑦　Salman, D. & Uygur, D. Creative Tourism and Emotional Labor: An Investigatory Model of Possible Interactions [J]. International Journal of Culture, Tourism and Hospitality Research, 2010, 4(3): 186–197.

⑧　Richards, G. Creativity and Tourism: The State of the Art [J]. Annals of Tourism Research, 2011, 38(4): 1225–1253.

更想亲自体验和参与目的地的活动 ①。因与创意旅游相关的活动可以让游客更多地了解当地的技能、专业知识 ②，进而深入了解旅游目的地的传统与地方特色 ③。创意旅游包括三个层面的内容：其一，有创造性的游客超越观光层面，进行参与性体验与真实性体验的旅行，深入旅游目的地居民生活，置身于诸如摄影、烹饪、雕刻、音乐、舞蹈等创意活动并与目的地居民互动互助，共同开发分享创造潜能；学习并体验旅游目的地文化、艺术、传统、遗产及生活方式等社会氛围。其二，游客在度假时通过独自从事探索潜能的某一个特定活动开发技能从而提升幸福感。其三，直接参与以被动和互动形式表现的诸如建筑、电影、时尚、设计等"创意产业旅游"④。理查兹（Richards）和马克斯（Marques）进一步将创意旅游定义为：（1）游客参与目的地创意活动的一种生活方式；（2）创造性地利用现有资源；（3）加强身份和独特性的一种手段；（4）自我表现的一种形式/发现；（5）一种教育形式：教育和自我实现；（6）旅游目的地氛围的来源；（7）重建和复兴目的地的源泉。⑤

史密斯（Smith）探讨了创意在城市和目的地发展中具有越来越重要的作用，认为创意产业逐渐成为城市消费空间的再生和转型的工具，创意在开发城市和旅游空间起到越来越重要的作用。⑥ 创意旅游是创意产业与旅游产业的融合；旅游者主动参与到旅游体验的创造之中；创意旅游者在旅游过程中不断挖掘自身的创意潜力并获得自我提升。旅游目的地的传统遗产已经不适应时代激烈的竞争，亟须将重点转移到基于创意旅游理念的旅游产品开发。

---

① Grybaitė, V. & Stankevičienė, J. Motives for Participation in the Sharing Economy–evidence from Lithuania [J]. Ekonomia i Zarządzanie, 2016, 8(4): 7–17.

② Richards, G. & Wilson, J. Tourism, Creativity and Development [M]. London; New York: Routledge, 2007.

③ Richards, G. Creativity and Tourism: The State of the Art [J]. Annals of Tourism Research, 2011, 38(4): 1225–1253.

④ Smith, M. K. Issues in Cultural Tourism Studies [M]. London; New York: Routledge, 2009.

⑤ Richards, G. & Marques, L. Exploring Creative Tourism: Editors Introduction [J].Journal of Tourism Consumption and Practice, 2012, 4(2): 1–11.

⑥ Smith, M. Tourism, Culture and Regeneration: Differentiation through Creativity. In Tourism, Creativity and Development, ATLAS Reflections 2005, October 2005.

为此，理查兹（Richards）和威尔森（Wilson）强调生活方式企业家的特殊作用，尤其是选择乡村环境的成熟创意社区的企业家的作用更加重要，因资本、人才的注入，奠定了乡村新型旅游业的成功。随之而来的新型创意空间的转移，即 Lindroth 等学者所指出，一方面，产品的标准化是创意旅游的主要推动力；另一方面，个性化创新是现代人自我发展的需求，合作和交流能力是创造力的先决条件，为此基于良好的团队合作精神而建立的合作组织及各种形式的合作机制至关重要[①]。理查兹（Richards）和威尔森（Wilson）提出在创意体验中，真实性不是依靠外部的参照物，或者体验的直接环境，而是取决于体验自身以及旅游者的想象力和技能变化的潜力。[②]

个性化体验和促进个人发展，并带动目的地旅游的可持续发展。全面参与创意过程、消费与生产的合一是"创意旅游"区别于一般意义的"创意展示"的主要特征（见表 1-1），游客在主动参与的过程中提升创意潜力。因此，旅游目的地实现创意旅游，应该整合、创造和利用当地的多元化资源，为旅游者提供一个体验文化或地方特征和感受当地日常生活气息的机会，这是一个让旅游者提高自我、实现自我价值的平台。如以个人或者集体为单位进行创作的陶艺、雕塑、手工艺、烹饪等活动，不仅能够开发个人的创意潜能，而且与目的地居民形成互动。创意旅游潜在地依赖于地方技能、技术、传统以及独特性。

表 1-1　创意旅游要素构成与特征

构成要素	内容	特点	表现形式
创意空间 （创意场所， 创意氛围）	依托资源	有形、无形	目的地物理空间：建筑、街区、公园、博物馆、艺术馆、工业区、创意园区、展览、节日活动、生活方式、民俗风情
	体验过程	主动、互动	欣赏、学习、交流、共同创造

---

① Lindroth, K., Ritalahti, J. & Soisalon-Soininen, T.Creative Tourism in Destination Development [J]. Tourism Review, 2007, 62(3/4): 53–58.

② Richards, G. & Wilson, J. Developing Creativity in Tourist Experiences: A Solution to the Serial Reproduction of Culture? [J]. Tourism Management, 2006, 27(6): 1209–1223.

构成要素	内容	特点	表现形式
创意阶层	自身素质	受到高等教育，素质较高	科学家、工程师、大学教授、诗人、小说家、艺术家、演员、设计师、建筑师、处于社会思想前沿的工作人士； 知识密集型产业高科技部门的工作者、金融服务人员、法律及商业管理人员； 具有创意需求的游客，作为创意阶层的新趋势
	旅游动机	真实性，主动性	学习、求知、求奇、发挥自己潜能，并得到自我提升
创意活动	目的地提供的活动	在有形、无形资源上加入创意	各种旅游活动添加设计创意，如美国的米老鼠与迪士尼乐园
	游客自发参加活动	基于自身知识技能创造	游客参与某项创意活动，应对各项创意挑战，并将其运用到个人某项技能的获得和提高

二、创意旅游主要形式与核心要素

（一）创意旅游主要形式

　　根据每个国家的特点，在世界各地的创意旅游以各种不同方式进行分类和推广。2000 年理查兹（Richards）和雷蒙德（Raymond）正式提出创意旅游概念时，明确定义这种新型"创意旅游"的主要特征是能够为游客提供发展创意潜能的机会，游客在旅游目的地，积极参与体验和学习、主题和活动。

　　从不同角度界定创意旅游：创意旅游是旅游者主动参与有地方特色的文化活动，如陶艺、雕塑、手工艺、烹饪等，或以个人或者集体为单位进行创作，开发个人的创意潜能；或与目的地居民形成互动。创意旅游依赖于独特的地方技能、技术、传统，创意旅游并非在于为目的地生产的旅游产品增加创意元素，更重要的是通过目的地要素的创造性利用为旅游者提供发展和寻找自我的创意经历。

　　创意旅游包括有型产品和无形产品两大类型：一种为能够创造出有形创意产品的创意旅游形式；另一种为没有创造出最终产品的创意旅游形式，如创意旅游者参加考古活动中，通过触觉深入探究历史和考古知识，知识和想象力得到更好的发展 ①。每一种大的类型中，还有多种多样的形式（见表 1-2），比如在参与目的地居民活动中，深入了解和学习当地文化知识，与目的地居民深度交融等。

表 1-2 创意旅游活动形式相关研究

年份	作者	国家	活动形式	活动内容
2005	理查兹（Richards）	欧洲	学习纺织品制作	参观纺织品制作，并亲手制作自己的纺织品、纪念品
2005	理查兹（Richards）	欧洲	去原居民家做客	通过品尝当地食物和饮料，并围绕篝火周围，听原居民讲述当地的传说
2009	青山（Aoyama）	西班牙	参加当地舞蹈表演活动	参与自下而上、最具地方性和互动性的弗拉门戈活动，游客和专业演员围在一圈即兴表演，演员和观众之间的界限模糊
2016	黄（Hung）	中国台湾	学习瓷器制作	为游客提供了体验陶器制作活动的机会，提升游客创造力以及与众不同的体验
2007	米埃蒂宁（Miettinen）	纳米比亚	参加工艺品制作	向当地社区和原居民学习工艺品的制作，以当地居民为老师
2015	李（Lee）	加拿大	参观食物烹饪	在加拿大安大略省的斯特拉特福德烹饪参观者有兴趣通过实践经验学习奶酪、巧克力和糖果的制作过程
2011	普法纳（Pfanner）	英国	考古挖掘	对"莎士比亚的生活考古挖掘"进行研究，旅游者获得了许多关于考古和历史的知识，并扩展了他们对于过去以及人工制品的想象力
2015	阿里（Ali）	马来西亚	参与酒店的创意活动	在马来西亚选定的两家酒店中参与烹饪课，手工课，当地故事和"蜡染画"等活动

资料来源：依据文献整理。

创意旅游研究初期，更多地表现为创造出有形旅游产品的创意旅游形式，而最近的学术研究则更多地呈现出没有创意旅游产品的研究趋势。比较上述两种创意旅游形式，旅游者的活动过程比创造出旅游

---

① Pfanner, J. H. Archaeological Sieving as Creative Tourism? [M]. University of Warwick, 2011: 1-37.

产品更有意义 ①，奥赫里兹卡 - 奥尔森（Ohridska-Olson）和伊凡诺夫
（Ivanov）认为创意旅游包括两种形式：与特定目的地相关的创意旅游
和与创意活动相关的创意旅游。② 创意旅游形式经历了从有形到无形、
从高端文化到真实生活的转变。

　　虽然创意旅游与文化相关，但每个地方都有独特的不同文化表达方
式。例如，低座车是新墨西哥北部的一种文化表达，探戈舞是布宜诺斯
艾利斯特有的文化表达。一个对创意旅游市场有影响的是有企业家的生
活方式，他们倾向于选择农村地区和他们新的企业客户建立创意交流。
另一个是西欧发达国家的假日活动。例如荷兰《民族报》列出了 23 个
不同的创意假日活动，包括地质、绘画、烹饪、歌唱、工艺品、爵士乐
即兴创作、雕刻和马赛克。大多数的这种假日在法国、意大利、希腊、
西班牙，尤其是在农村和岛屿地区。虽然在任何地方都有可能组织创意
课程，最成功的可能就是基于内部创新和当地关注的形象资本的特定的
吸引。例如，加泰罗尼亚的许多艺术课程涉及了许多著名艺术家，激发
了加泰罗尼亚文化和景观。另外，国外一些无景点式的旅游方式体现的
是旅游者个体情感的倾情融入，这一情感交融的旅游体验，既促进了主
客体文化的交流，也进一步丰富和扩展了旅游地的文化空间。这种对旅
游体验的深层次挖掘，在一种渐变的状态中形成了旅游空间形态的立体
架构。这也是阐述的一种创意旅游的方式。对于发达国家与有些农村地
区发展创意旅游的例子，我们可以从中借鉴经验，发展城市创意旅游。

　　创意和体验二者有本质的差别。文化与创意相结合，产生了新的旅
游供给组织形式，游客看待旅游目的地的方式产生影响。创意体验是继
以博物馆、文化线路为基础的文化旅游之后而兴起的新一代旅游。创意
旅游体验大多与日常生活有关，包括传统工艺、手工艺品制作、美食、

---

① Wattanacharoensil, W., Sakdiyakorn, M. The Potential of Floating Markets for Creative Tourism: A Study in NakhonPathom Province, Thailand [J]. Asia Pacific Journal of Tourism Research, 2015: 1-27.

② Ohridska-Olson, R, V. & Ivanov, S. H. Creative Tourism Business Model and its Application in Bulgaria [C]//Proceedings of the Black Sea Tourism Forum' Cultural Tourism-The Future of Bulgaria, 2010.

香水制作、瓷画和舞蹈等方面①。

创意位于需求层次的更高一级，体验是游客实现创意的过程。许多企业公司已经从关注"功能和利益"的传统营销转向为客户创造创意体验的新型营销。比如创意体验已成为酒店和旅游业的竞争优势，有待于在行业内进一步推广应用②。参与具体的手工艺制作和创作活动，游客学习骨雕、酿酒、珠宝饰品等制作技术③。如巴黎的创意旅游形式包括视觉艺术、园艺工艺、表演艺术、音乐写作、烹饪艺术、时尚设计、多媒体、科技等方面。巴塞罗那创意旅游形式表现为为旅游者提供学习型的创意工作坊，如表演艺术，剧院艺术，美食、音乐与文学；中国台湾的创意旅游形式为表现自然生态、工艺品文化、生活教育、历史艺术、室内装饰、饮食文化等领域的创意生活网站④。新西兰创意旅游组织（CTNZ, Creative Tourism New Zealand）推广一系列基于新西兰特色的互动工作室，游客自己制作纪念品，如骨雕、酿酒、制作珠宝饰品、编制篮筐等。在学习新西兰传统文化艺术的过程中，了解毛利人的饮食主题、自然主题及艺术主题⑤，从而也了解了毛利人的世界观、价值观和传统信念。中国台湾创意旅游包括饮食文化、生命教育、自然生态、室内装修、历史艺术和工艺文化六大领域，与深度体验、高品质美学、核心知识等创意生活相关。创意旅游有助于充分调动旅游者旅游过程中的主动性和能动性，使游客获得真实的收获，实现旅行的价值和社会作用。

创意旅游在很大程度上得益于旅游目的地的大量实践活动。参与性

---

① Richards, G.& Wilson, J. Tourism, Creativity and Development [M]. London; New York: Routledge, 2007.

② Li, L. Y.& Lee, L. Y. Experiential Consumption and Customer Satisfaction: Moderating Effects of Perceived Values [J]. International Journal of Marketing Studies, 2016, 8(5)：32–40.

③ Chang, L. L., Backman, K. F., Huang, Y. C. Creative Tourism: A Preliminary Examination of Creative Tourists' Motivation, Experience, Perceived Value and Revisit Intention [J]. Tourism and Hospitality Research, 2014, 8(4): 401–419.

④ Tan, S.–K. Tan, S.–H, Luh, D.–B. Understanding Tourist Perspectives in Creative Tourism [J]. Current Issues in Tourism, 2015: 1–7.

⑤ Richards, G., Wilson, J. Tourism, Creativity and Development [J]. London: Routledge, 2007: 145.

的节日活动是重要的创意旅游形式之一。近年来开始出现关于节日和活动的研究。创意旅游被广泛理解为游客参与更多体验、学习和创新的机会，但大多数文献还只是在探索创意旅游体验及挖掘创意旅游潜能的层面[1]。创意旅游适应旅游业变革与重塑的需求，通过不同方式的创新活动，满足游客更有意义的、充实的体验创意愿望[2]。即使在21世纪初"创意旅游"刚刚兴起之时，创意旅游实践在全球范围内不断增长[3]。有待进一步探索节日和活动为游客提供学习机会、技能发展和难忘体验的背景知识及深刻内涵，针对特定空间（创意空间）游客与目的地居民交流互动的研究。中国历史文化村镇非遗传承研究更有针对性和新意。

（二）创意旅游主要特点与核心要素

尽管国内外专家学者关于创意旅游概念的表述形式不尽相同，但是各专家学者对创意旅游本质内容的认识基本上还是一致的，创意旅游具有当地文化的真实性、游客的参与性、游客居民的互动性与可持续发展性。

创意旅游作为一种新的旅游形式，主要包含互动、个性化体验和促

---

① Chen, C. F. & Chou, S. H. Antecedents and Consequences of Perceived Coolness for Generation Y in the Context of Creative Tourism–a Case Study of the Pier 2 Art Center in Taiwan [J]. Tourism Management, 2019, 72, 121–129. Nelson, V. Place Reputation: Representing Houston, Texas as a Creative Destination through Culinary Culture [J]. Tourism Geographies, 2015, 17(2): 192–207. Thimm, T. The Flamenco Factor in Destination Marketing: Interdependencies of Creative Industries and Tourism the Case of Seville [J]. Journal of Travel & Tourism Marketing, 2014, 31(5): 576–588. Wang, C., Liu, J., Wei, L. & Zhang, T. Impact of Tourist Experience on Memorability and Authenticity: A Study of Creative Tourism [J]. Journal of Travel & Tourism Marketing, 2020, 37(1): 48–63. Zhang, Y. & Xie, P. F. Motivational Determinates of Creative Tourism: A Case Study of Albergue Art Space in Macau [J]. Current Issues in Tourism, 2019, 22(20): 2538–2549.

② Richards, G. & Marques, L. Exploring Creative Tourism: Editors Introduction [J]. Journal of Tourism Consumption and Practice, 2012, 4(2): 1–11.Smith, M. K. Issues in Cultural Tourism Studies (3rd ed.) [M]. Routledge: 2016.

③ Hung, W.–L., Lee, Y.–J. & Huang, P.–H. Creative Experiences, Memorability and Revisit Intention in Creative Tourism [J]. Current Issues in Tourism, 2016, 19(8): 763–770. Remoaldo, P., Matos, O., Freitas, I., Lopes, H., Ribeiro, V., Gôja, R., & Pereira, M.. Good and not-so-good Practices in Creative Tourism Networks and Platforms: An International Review [M]// G. Richards & N. Duxbury (eds.). A Research Agenda for Creative Tourism. Edward Elgar Publishing, 2019: 167–181. Richards, G. Creativity and tourism [J]. Annals of Tourism Research, 2011, 38(4): 1225–1253. Smith, M. K. Issues in Cultural Tourism Studies (3rd ed.) [M]. Routledge: 2016.

进个人发展这三个核心要素：其一，互动要素。互动是创意旅游的核心，实现了有价值的创意互动的旅游才是真正意义上的创意旅游。创意旅游强调参与的重要性，包括旅游者和旅游目的地居民、旅游从业者的参与及互动。旅游者积极主动地参与到动态的创造过程，与目的地的人与物都产生互动，才能形成具有独特个性的旅游体验。其二，个性化体验。创意旅游具有不同于传统旅游的个性化旅游体验，这种个性化体验不仅来自于环境，更来自于互动，与旅游者自身的创意思维、能力等因素相关，在个性化旅游体验的过程中，旅游者创造出更加个性化的旅游体验。其三，促进个人发展。旅游者在参与创意活动的过程中，提高能力和技能从而提升个人素质。从供给的角度，创意旅游主要就是提供"促进转变"的东西，使旅游者通过创意体验获得满足感和成就感，或通过提高技能或文化资本，从而永久性地改变自己。创意旅游促进旅游业向纵深延伸拓展，带动目的地旅游的可持续发展。

1. 创意旅游具有主动参与的特征

21 世纪初，来自于不同国家及联合国教科文组织的学者对创意旅游的基本定义是：创意旅游是旅游者以与目的地居民密切接触的方式，主动参与目的地居民的活动，学习目的地居民的文化及记忆，从而全面提升自己的能力和创造潜能。

创意旅游是主动参与和学习过程。不同于被动的"体验"，是主动"参与"与"创造"的互动过程。理查兹（Richards）[1]认为创意旅游是旅游者主动参与的过程，创意旅游者在旅游过程中不断挖掘自身的创意潜力并获得自我提升[2]。2006 年，理查兹（Richards）和威尔森（Wilson）[3]对于理查兹（Richards）与雷蒙德（Raymond）的概念做进

---

[1]　Richards, G. Creativity: A New Strategic Resource for Tourism [M]// J. Swarbrooke, M. Smith, & L. Onderwater (eds.). Tourism, Creativity and Development: ATLAS Reflections. Arnhem: Association for Tourism and Leisure Education, 2005: 11–22.

[2]　Salman, D. & Uygur, D. Creative Tourism and Emotional Labor: An Investigatory Model of Possible Interactions [J]. International Journal of Culture, Tourism and Hospitality Research, 2010, 4(3): 186–197.

[3]　Richards, G., Wilson, J. Developing Creativity in Tourist Experiences: A Solution to the Serial Reproduction of Culture? [J]. Tourism Management, 2006, 27(6): 1209–1223.

一步研究，认为创意旅游是一个旅游者主动参与的过程，同时也是利用当地技能、专长和传统为旅游者提供学习、自我发展和自我改造的经历①。创意体验中，真实性不是依靠外部的参照物或体验的直接环境，而是取决于体验自身以及旅游者的想象力和技能变化的潜力。

具有"参与性的真实体验，允许旅游者通过与当地居民和文化的接触来开发他们的创造潜能和技能"②。因此，创意旅游本质上是一个主动参与学习体验的过程。联合国教科文组织定义创意旅游为"以参与和真实体验为导向的旅游，在艺术、遗产或一个地方的特色方面进行参与性学习，并与居住在该地方并创造这种活文化的人建立联系"。创意旅游是参与性地学习一个地方的艺术、传统或地方特色文化，这是一种真实的体验，通过体验建立起与当地人的联系，创造出活文化。真实体验当地文化，实践学习在导师家中或工作地点的小组活动时发生。这些实践活动让旅游者在接近当地人时，开发他们的个人创意潜能③。这个定义拓展了创意旅游"参与性"和"真实性"的基本要素，为游客提供学习当地技能、获得专业知识、体验传统文化和当地品质的机会，从而发展他们的创新潜力和能力。

2. 游客与原居民共同创造

随着创意旅游在世界各地的普遍兴起，逐渐超越了"学习体验"的狭窄定义④，包括广泛的兴趣和活动⑤，如音乐、戏剧、体育、烹饪、语

---

①　Greg Richards, Julie Wilson. Tourism, Creativity and Development [M].London; New York: Routledge, 2007: 153–157.

②　Richards G. Creativity and Tourism: The State of the Art [J]. Annals of Tourism Research, 2011, 38: 1225–1253.

③　Richards, G. & Wilson, J. Tourism, Creativity and Development [M]. London; New York: Routledge, 2007: 72–157.

④　Richards, G. & Marques, L. Exploring Creative Tourism: Editors Introduction [J]. Journal of Tourism Consumption and Practice, 2012, 4(2): 1–11.

⑤　Ivanova, P. Creativity and Sustainable Tourism Development [J]. Econmics, 2013, 21(2): 108–120. Wurzburger, R., Aageson, T., Pattakos, A., & Pratt, S. (eds.) A Global Conversation: How to Provide Unique Creative Experiences for Travelers Worldwide [M]. Sunstone Press, 2010.

言学习[①]。"积极参与""共同创造"[②]"与当地人的联系""技能的发展"等特征成为创意旅游具有代表性的关键要素。

越来越多的地区（主要是城市）在吸引国际游客的过程中，竞相开发创意潜力，使得旅游目的地之间的竞争更加激烈[③]。体验经济驱使商家开发难忘事件[④]有助于创造具有独特内容的地方[⑤]。游客有机会通过积极参与创意过程开发创意潜力和技能。游客希望通过使用简单的材料和想象力，获得更多的真实体验，甚至将自己制作的独特作品带回家。游客通过研讨会、开放工作室、文化活动等方式学习目的地的文化。与当地人交流互动，与当地文化融合，成为与目的地居民共同创造过程的一部分。

随着创意旅游关注度逐渐增强，其内涵外延不断拓展。尽管不同地区不同学者及组织机构对其理解程度不尽相同，但旅游者参与目的地居民的活动、与当地文化的互动、创意生产者、创意旅游对旅游者自身及目的地发展的促进作用。尽管学术界对于创意旅游的定义不尽相同，但相关内容中都包含学习（文化）、互动（与当地居民）、启发（激发游客自身的潜能）、创意（获得的旅游体验）等四个方面内容，也唯有这四个面向交集，才是创意旅游完整架构的展现。因此综合各方看法，将创意旅游定义为旅游者在旅游过程中以学习目的地的艺术、文化、技艺等相关知识为目的，在与目的地居民互动过程中提升潜能和创造力，进而获得全面的旅游收获和综合能力提升。

---

①　Richards, G. Creativity and Tourism in the City [J]. Current Issues in Tourism, 2014, 17(2): 119–144.

②　Brouder, P. Creative Outposts: Tourism's Place in Rural Innovation[J]. Tourism Planning & Development, 2012, 9(4): 383–396. Richards, G. & Raymond, C. Creative Tourism[J]. ATLAS News, 2000, 23: 16–20.

③　Yankholmes, A. K. B. & Akyeampong, O. A. Tourists' Perceptions of Heritage Tourism Development in Danish-Osu, Ghana [J]. International Journal of Tourism Research, 2010, 12(5): 603–616.

④　Pine, B. J. & Gilmore, J. H. Welcome to the Experience Economy [J]. Harvard Business Review, 1998, 76(4): 97–105.

⑤　Richards, G. Creativity and Tourism: The State of the Art [J]. Annals of Tourism Research, 2011, 38(4): 1225–1253.

3. 创意旅游具有区域性特征

创意旅游强调利用创意增值和创意元素来全面呈现目的地独特性，有效整合当地资源和文化，呈现精致的旅游产品，创造就业机会[①]，提高当地的生活质量[②]。开发当地创意产品和体验内容，振兴现有旅游产品，创造当地的氛围支持创意产业发展。同时提高游客满意度[③]，创建可持续的旅游发展环境[④]。因此，创意旅游所提供产品和服务，不仅包括参与和互动的旅游经验平台、包括基于目的地艺术、遗产、文化的教育活动内容，还应提供与社区文化、日常生活的各种联系。

创意旅游关注"人"的活动空间形式及美学内涵。生态环境与文化环境的协调，"人"与"环境"和谐成为旅游目的地重要景观[⑤]。创意旅游不仅关注寻求兼顾更多公众和日常环境的活动空间，而且还表现为关注设计物质环境的公平权利——包括建筑师的专业设计权利、行政管理者的决策权利、生活在物质环境中居民与游客的审美权利，因而具有广泛社会性和多元文化性特征。

4. 创意旅游核心要素

创意旅游不是"创意"与"旅游"的简单融合，"创造"是社会发展的重要源泉，是创意旅游的核心。创意旅游产品因双方深层体验和共同创造而具有高附加值。创意旅游不仅包含体验性的旅游形式，而且包含着主动参与和双向互动互助的动态创意过程。游客和目的地居民同时

①　Richards, G. & Wilson, J. (eds.) Tourism, Creativity and Development [M]. London: Routledge, 2007, 145–157.

②　Richards, G. Creativity and Tourism: The State of the Art [J]. Annals of Tourism Research, 2011, 38(4): 1225–1253.

③　Uhrich, S. & Benkenstein, M. Physical and Social Atmospheric Effects in Hedonic Service Consumption: Customers' Roles at Sporting Events [J]. Service Industries Journal, 2012, 32(11): 1741–1757.

④　Prentice, R. A. Ethical Decision Making: More Needed than Good Intentions [J]. Financial Analysts Journal, 2007, 63(6): 17–30.Richards, G., Wilson, J. Developing Creativity in Tourist Experiences: A Solution to the Serial Reproduction of Culture? [J]. Tourism Management, 2006, 27(6): 1209–1223.

⑤　Seburanga, J. L., Zhang, Q. Heritage Trees and Landscape Design in Urban Areas of Rwanda [J]. Journal of Forestry Research, 2013, 24(3): 561–570.

都具有创意消费者和创意生产者的地位，不仅深入到文化旅游、生态旅游、科学旅游等深层内涵，而且深入到游客及目的地居民社会生活的方方面面，与人的全面发展提升乃至社会的进步密切关联[1]。创意旅游的主要特征是旅游者更加主动地参与其中，而不只是出席观看或"在那儿"而已，而是要进行相互有回应的互动[2]，是发展创意旅游的高级形式。全面参与创意过程、消费与生产合一是"创意旅游"区别于"创意展示"与"创意空间"的主要特征，游客在主动参与的过程中提升创意潜力。因此，旅游目的地若实现创意旅游，应该整合、创造和利用当地的多元化资源为旅游者提供一个体验文化或地方特征和感受当地日常生活气息的机会，建设让旅游者提高自我、实现自我价值的体验创意环境。

　　基于目前国内外学术界对创意旅游定义域内涵的研究，表明创意旅游具有不同于其他旅游形式的显著特点与核心要素。创意旅游具备挖掘潜能、影响价值观的重要因素。价值观作为一个理想目标对人们的生活具有指导作用[3]。艾维斯（Davis）提出关于创意发展四个步骤的模型，包括意识、理解、科技、自我实现[4]。理论上每个人都有创造性思维，都有获得创意性体验的可能性[5]。创意是一种在人类生活的过程中逐步发展的活动，良好的家庭环境与氛围似乎有利于培养创造性[6]。如果对于一件事它的创造者认为并不具有创意，那它就不是一个创意体验[7]。雅拉布科娃（Jarábková）和哈曼达（Hamada）认为创意旅游包括三个

① 张胜男. 创意旅游与城市发展［N］. 光明日报（理论版），2010-2-20(7).

② Richards, G. & Wilson, J. Tourism, Creativity and Development [M]. London; New York: Routledge, 2007: 72-157.

③ Schwartz, S. H. Universals in the Content and Structure of Values; Theoretical Advances and Empirical Tests in 20 Countries [M]// M. P. Zanna (ed.). Advances in Experimental Social Psychology (Vol. 25). San Diego, CA: Academic Press, 1992: 1-26.

④ Davis, G. A. A model of Teaching for Creative Development [J]. Roeper Review, 1982(5): 27-29.

⑤ Ericsson, K. A. The Road to Expert Performance [M]. Empirical Evidence from the Arts and Sciences, Sports, and Games. Mahwah, NJ: Erlbaum, 1996.

⑥ Simonton, D. K. Creativity: Cognitive, Personal, Development, and Social Aspects [J]. American Psychologist, 2000, 55: 151-158.

⑦ Hegarty, C. B. The Value and Meaning of Creative Leisure [J]. Psychology of Aesthetics, Creativity, and the Arts, 2009, 3(1): 10-13.

要素：开发游客潜能的真实体验、通过与目的地接触学习当地文化并在这个过程中获得技能等三方面内容[①]。谭等学者也认为'知觉/意识'是创意体验的先决条件[②]，可见，创意旅游的运行方式，为个体与社会环境的协调、为创意与潜质的提升创造条件。

三、基于美学公平的创意旅游发展模式

目前创意旅游研究多依赖于地方传统及基于地方文化技能技术的独特性，以基于目的地要素研发创意产品，为旅游者提供自我发展的创意空间为主要特征，而不是为目的地增加创意元素。

旅游是国民经济与社会发展的重要组成部分，创意旅游作为国际上近二十年发展起来的新兴旅游形式，经历了大众旅游、文化旅游的大发展，得到国际学术界重点关注[③]。

1. 基于地区及民族特色的创意旅游发展模式

全球文化旅游发展曾呈现出大繁荣趋势。旅游目的地的旅游利益相关者努力开发吸引文化旅游者参观的品牌和形象。然而，参与这一过程的旅游利益相关者并没有把目的地社区的自我认知放在首位，因影响了文化的完整性而出现文化扭曲现象。

文化旅游者特别关注文化的意义，符号和标志、角色和仪式、建筑和景观都表现为具有意义的标志，因此对游客具有永恒的兴趣。这就是文化旅游的意义所在。"身临其境"的感官、情感和真实体验在任何时候都是无可替代的。后现代世界，游客仍然希望亲身体验文化符号学，

---

① Jarábková, J., Hamada, M. Creativity and Rural Tourism [J]. Creative and Knowledge Society, 2012, 2(2): 5.

② Tan, S. K., Kung, S. F. & Luh, D. B. A Model of 'Creative Experience' in Creative Tourism [J]. Annals of Tourism Research, 2013, 41: 153–174.

③ Florida, R., Tinagli, I. Europe in the Creative Age [M]. London: DEMOS/Carnegie Mellon University, 2004. Pappalepore, I. Marketing a Post–modern City: A Shift from Tangible to Intangible Advantages [M]//G. Richards and J. Wilson (eds.). Changing Places–the Spatial Challenge of Creativity, Arnhem, Netherlands: ATLAS, 2007. Richards, G., Wilson, J. Developing Creativity in Tourist Experiences: A Solution to the Serial Reproduction of Culture? [J]. Tourism Management, 2006, 27(6): 1209–1223.

建筑、文学、艺术、食物、历史和习俗等，将"意义之网"联系在一起，文化被视为一种"寻找意义的解释性科学"①。

旅游利益相关者在形象和品牌城市（或任何目的地）方面，首先应该通过优先考虑东道国社区的自我认识，努力实现旅游品牌和游客体验之间的一致性。其次，应该强调接待社区"成为"的时间成分，因为社区内的有机形象经常支撑着旅游形象和品牌。最后，在寻求文化城市的品牌和形象时，旅游利益相关者考虑形象和品牌对当地居民的影响。东道国社区需要拥有自己的身份和历史，文化身份才能成为有效的无形资产②。

国内学者关于创意旅游的研究文献数量不多，创意旅游实践处于上升发展阶段，偏重于宏观理论研究，政策指导性较强，且多从与创意产业结合的角度进行分析研究，缺乏深入国内具体情况的实地调研，尤其缺乏基于多种不同视角探索中国创意旅游具体发展方式的创新性探索。关于针对乡村创意旅游发展的探索较少。中国作为拥有丰富传统的历史文化大国，具有独特的资源优势，亟须基于创意旅游基本内涵开拓出具备中国特色的创意旅游发展方向和模式。

2. 基于创意产品研发的多元化创意管理模式

产品创新源自内生力量和外生力量。不同于一般旅游产品，创意旅游产品与知识产权相连。发展创意策略和战略需要产生创意产品，为此需要吸引创意阶层，需要保证稳固的基础设施和消费群体。增强创造力和地区之间的联系有助于目的地市场营销，积聚、固定创新资本，提升投资增长水平。兼具两种力量的创意阶层将影响内生创造力的形成与发展，但如果复制其他城市或地区的创意想法则是潜在的威胁。创意旅游发展过程中，为游客提供更多的创意机会是激发游客创意行为的有效方式之一。

多样化创意管理是解决方案之一。多样性增强一个地区的特殊性和竞争优势，弗罗里达将多元化置于创意发展的核心地位。旅游者真正体

① Geertz, C. The Interpretation of Cultures: Selected Essays [M]. New York: Basic Books, 1973.
② Walker, M. Cities as Creative Spaces for Cultural Tourism: A Plea for the Consideration of History [J]. Revista de Turismo y Patrimonio Cultural, 2010, 8(3): 17–26.

验他们所参观的地方、所从事的创意活动的程度而被创意氛围所吸引。

3. 基于美学公平的目的地规划模式

创意策略面对一系列的问题和挑战，特别是在旅游系统的整体性设计和应用中。关于创意目的地规划有三种不同的观点。其一，创意不能被规划，规划不仅可能损害创意地区的真实性，也会产生法律问题；其二，规划师提供控制创意发展过程的方案；其三，采用调停引导发展过程而不是扼杀创造力。深思熟虑的创意应用可能产生更加深入体验和参与。

第四节　基于 Citespace 文化旅游与创意旅游研究趋势比较分析

一、Citespace 文化旅游研究趋势分析

搜索科学引文索引数据库（Web of Science）核心合集科学引文索引 / 社会科学引文索引（SCI/SSCI）数据库，以文化旅游（Cultural tourism）为主题，包括文献的所有时间跨度，共搜索 5226 条文献，从中选择有效文献 5106 篇进行分析。

（一）关键词共现图谱

在表 1-3 中，关键词"旅游"最早出现于 1992 年，之后相继出现的有"影响""遗产""身份""真实性""体验""保护""文化""文化旅游"等，进入 21 世纪为"管理""中国""态度""感知""文化遗产"等关键词。主题从旅游真实性的探索，到文化旅游及其保护，再到 21 世纪微观层面的文化遗产管理，特别是关于中国的主题研究逐渐增加，一定程度上表明了文化旅游的发展趋势。

表 1-3　关键词相关信息统计

频次	中心性	年份	关键词
1380	0.19	1992	Tourism（旅游）
376	0.06	1994	Impact（影响）

续表

频次	中心性	年份	关键词
372	0.04	2000	Management（管理）
292	0.09	2002	Perception（感知）
287	0.09	1994	Authenticity（真实性）
272	0.07	1999	Experience（体验）
269	0.11	1997	Conservation（保护）
264	0.07	1994	Heritage（遗产）
261	0.06	2007	Model（模型）
243	0.09	1998	Cultural Tourism（文化旅游）
243	0.03	1997	Culture（文化）
234	0.06	2001	China（中国）
223	0.05	2008	Satisfaction（满意）
220	0.08	2007	Cultural Heritage（文化遗产）
220	0.04	2001	Attitude（态度）
209	0.09	1995	Identity（身份）

Modulărity Q = 0.3101
Mean Silhouette = 0.3908

（二）国家合作图谱

最早从事研究文化旅游研究的是美国，之后是英国、澳大利亚、西班牙、意大利等欧洲国家，2003 年以后，文化旅游研究向中国、韩国等世界更多区域拓展。

图 1-1 国家突现图表示从 1994 年到 2013 年，2014 年到 2020 年的数据，最新的突现是伊朗，近几年并没有突现产生，表明研究国家呈现多元化趋势。

Countries	Year	Strength	Begin	End	1990—2020
USA	1990	47.1731	1994	2010	
AUSTRALIA	1990	5.0597	1997	2000	
CANADA	1990	5.8269	1997	2009	
ENGLAND	1990	15.9607	1997	2007	
NEW ZEALAND	1990	5.5836	1999	2005	
SINGAPORE	1990	7.0209	1999	2007	
WALES	1990	4.6729	2001	2006	
NETHERLANDS	1990	3.8318	2002	2003	
TURKEY	1990	4.6577	2003	2007	
ISRAEL	1990	4.747	2007	2010	
ROMANIA	1990	3.9157	2008	2009	
NORWAY	1990	3.885	2009	2010	
IRAN	1990	4.1079	2012	2013	

图 1-1　国家突现图

同时可以看到，13 个国家或地区有引文突现，在文化旅游领域美国突现时间最长，呈现持续的研究态势，按照国家或地区频次排序如表 1-4 所示。

表 1-4　国家相关信息统计

频次	中心性	年份	国家 / 地区
909	0.4	1994	USA（美国）
623	0.03	2002	PEOPLES R CHINA（中国）
502	0.23	1997	ENGLAND（英国）
497	0.12	1997	AUSTRALIA（澳大利亚）
394	0.06	2000	SPAIN（巴西）
327	0.13	2001	ITALY（意大利）
227	0.05	1997	CANADA（加拿大）
162	0.01	2003	TURKEY（土耳其）
155	0.01	2006	TAIWAN, CHINA（中国台湾）
150	0.05	1999	NEW ZEALAND（新西兰）
139	0.03	2006	SOUTH KOREA（韩国）
133	0.03	1998	NETHERLANDS（荷兰）
119	0.09	2001	GERMANY（德国）

续表

频次	中心性	年份	国家 / 地区
110	0.11	2002	FRANCE（法国）
106	0.03	2001	SOUTH AFRICA（南非）
106	0.02	2011	PORTUGAL（葡萄牙）
100	0.02	1999	SCOTLAND（苏格兰）

　　其中，美国、中国、英国、澳大利亚、西班牙、意大利等国家的中心性大于 0.1，这些国家都是经济和旅游业都较为发达的国家。

　　首先，表现在发文频次，美国发文频次最多为 909 篇；位居第二位的是中国，发文 623 篇，紧随其后的是英国、澳大利亚、西班牙、意大利，发文量均在 300 以上，加拿大、土耳其、中国台湾地区、新西兰分别以 227、162、155、150 的发文频次次居于其后。由此可见，美国和中国发表文献数量远高于其他国家或地区。

　　其次，表现在中心性方面，美国和英国节点中心性都很大，分别为 0.4 和 0.23，整个共现网络中绝大部分国家或地区都与美国和英国有直接或间接的有合作关系。某个国家或地区的中心性越高，说明这个国家或地区的研究成果越重要。表明美国和英国在文化旅游研究领域影响力较大。

　　CiteSpace 中，中介中心性超过 0.1 的节点称为关键节点，并在图中以紫红色外圈的形式标注，图中中心性大于 0.1 的国家有：美国、英国、意大利、澳大利亚、法国。而发文数量位居第二的中国其中心性仅为 0.03，中国虽以发文量取胜，但在文章质量上还有待提升，同时需要加强与其他国家的合作。

　　从发文的突增性来看，美国（突增值为 47.1731），是共现网络中发文突增性最大的一个节点，其次是英国（15.0607）、加拿大（5.82），发文突增性能够反映发文量增长的指标，文献增长越多，发文突增性越大。由此可知，美国在文化旅游领域的发文量具有较大突破，且从 1994 年到 2010 年，持续了很长时间。最新的突现是伊朗，到 2013 年为止，而近几年并没有较强的突现产生。

（三）学科共现图谱（Nodes=146，Links=817）

文化旅游领域涉及的学科范围比较广泛，基于1991年以来的研究数据，总的研究趋势表现为：文献大多集中在 social sciences（社会科学）、sociology（社会学），leisure, sport & tourism（休闲与体育旅游）、hospitality（酒店与旅游业），environmental sciences & ecology（环境科学与生态学）等学科领域。1995年出现 economics（经济学）研究方向，2001年出现 cultural studies（文化研究），并发展成聚类3，curvy ugenda（字面意思为弯曲的乌干达，引用为多边主义、多维文化）；2003年出现 geology（地质学）这一研究方向，并不断发展成聚类变革问题（#2，Refunction problem）。具体而言：

（1）1992年社会科学–其他主题（social sciences–other topics）是重点研究学科，2005年出现社会问题（social issues）研究趋势，2010年发展为伦理学、社会科学、生物医学（ethics, social sciences, biomedical），并形成聚类志愿者旅游（#6，volunteer tourism）。

（2）1992年另一个学科是环境科学（environmental science），1998年为生物多样性和保护（biodiversity & conservation），发展成赋权的聚类（#5，human empowerment）。

（3）1997年出现工程学（engineering）、环境工程（environmental engineering）研究方向，发展到2013年的数学学科（mathematics），并形成餐饮服务业的聚类（#4，beverage service industries）。

（4）2003年，兴起了考古学、地球科学、地质学及多学科研究领域（archaeology, geosciences, geology, multidiscipinary），2008年出现农业经济与技术、生物技术与应用微生物学的研究领域（agricultural economics and technology, biotechnology and applied microbiology），2009年集中在化学（chemistry）、材料科学（materials sciences）、化学地质学（chemistry geology）等领域，到2016年，集中在化学、多学科、材料科学和能源科学（chemistry, multidiscipinary, energy & fuels）领域，从形成聚类2反射问题（#2，refunction problem）。

（5）2007年出现农业经济与科技（agricultural economics &

technology）、生物工艺与应用微生物学（biotechnology & applied microbiology）、健康美食（healthy signature food）等学科，并形成了绿色健康食品的聚类（#7，healthy signature food）。

（6）1992年，出现社会科学、跨学科（social sciences、interdisciplinary）的研究热点，1994年，人类学（anthropology）研究兴起；1999年，出现了区域研究（area studies），2003年，心理学（psychology）、历史学（history）、多学科研究（multidisciplinary studies）等领域，形成了公共空间的聚类（#1，public space）。

（7）1991年，地理学（geography）研究领域兴起；1992年社会学与生态商学（sociology sciences & ecobusiness）、休闲学（leisure）等学科成为研究热点；1994年，管理学（management）、城市研究（urban studies）、环境经济学（environmental economics）兴起；2012年，林学（forestry）成为研究热点，并形成了海滨旅游的聚类（#0，coastal tourism）。

可见，文化旅游领域研究不断从宏观到微观，并形成于其他学科交叉融合的研究趋势，并延伸出新的研究方向，中心性大于 0.1 的学科如表（1-5）。

表 1-5　文化旅游学科分布及研究趋势

频次	中心性	年份	学科
1411	0.33	1992	environmental sciences & ecology 环境科学与生态学
2152	0.17	1992	social sciences – other topics 社会科学 – 其他主题
83	0.15	1997	engineering（工程学）
134	0.13	1992	social sciences, interdisciplinary（社会科学，跨学科）
173	0.12	2003	geology（地质学）
215	0.11	1995	economics（经济学）

二、Citespace 创意旅游研究趋势分析

检索科学引文索引数据库（Web of Science）核心合集输入主题词

"creative tourism"或"creative travel"，截至2020年。检索结果为1505篇文献，基于Citespace软件进行分析。

从发文量年度趋势可知，外文文献中从2004年开始该领域有论文发表，并且随着时间每年的发文量都有波动，尤其在2019年达到高峰，且在这两年发文量总数呈不断上升趋势。

（一）关键词聚类分析

关键词聚类图中，排名由高到低依次为：#0创意城市、#1创造性、#2创意经济、#3创意旅游、#4创造性破坏、#5建筑学、#6人力资本、#7更好的教育（高度教育）、#8购物行为、#9下一代空中传输系统、#10叙事、#12公司规模等内容。

统计结果表明，关键词"旅游"（tourism）位居第一，出现频次214；"创意"（creativity）位居第二，出现频次94；"创意旅游"（creative tourism）位居第三，出现频率90。

关键词由上至下排序，分别是：旅游、创意、创意旅游、城市、经验、创意产业、革新升级、模型、身份、创意城市、位置、管理、文化、文化旅游、遗产、表现、工业、政策、持续性、政治、创造性破坏、社区、权威性、影响、艺术、空间、中国、创意经济、目的地、经济、企业家精神等。

不同时间段研究热点不同（图1-2），从"旅游"到"创意旅游""创意产业""体验""影响""可持续发展"的发展进程。

从1984年到2020年，每5年划分为一个阶段进行分析，每阶段关键词变化不同。关键词"旅游体验"出现的年份最早从2000年出现，一直延伸到2007年，都是创意旅游领域的研究热点。其中关键词"企业家"延续时间最长，从2001年至2011年都有研究。艺术家（2007—2015）、政治（2009—2012）、生活（2009—2013）、州（2010—2011）、地理（2012—2015）、风景（2012—2015）、创意（2012—2017）、视野（2013—2018）、创意产业（2014—2016）、知识（2015—2017）、农业旅游（2015—2016）、移动性（2015—2017）、教育（2015—2020）、旅游发展（2016—2018）、文化遗产（2016—2018）、意大利（2016—2018）、满意度（2018—2020）。

Keywords	Year	Strength	Begin	End	1984—2020
tourist experience	1984	2.57	2000	2007	
entrepreneurialism	1984	2.31	2001	2011	
artist	1984	2.65	2007	2015	
politics	1984	4.35	2009	2012	
life	1984	2.57	2009	2013	
state	1984	3.25	2010	2011	
geography	1984	3.85	2012	2015	
landscape	1984	3.49	2012	2015	
creative	1984	2.97	2012	2017	
perspective	1984	3.74	2013	2018	
creative cla	1984	2.76	2013	2015	
creative industry	1984	5.47	2014	2016	
knowledge	1984	3.33	2015	2017	
rural tourism	1984	3.27	2015	2016	
mobility	1984	2.7	2015	2017	
education	1984	2.57	2015	2020	
tourism development	1984	3.51	2016	2018	
cultural heritage	1984	2.6	2016	2018	
italy	1984	2.34	2016	2018	
satisfaction	1984	4.85	2018	2020	

图 1-2　关键词突现图

（二）"创意旅游"研究变化趋势

以 5 年作为研究区间，分析创意旅游的研究趋势，可以在每 5 年的研究特征的基础上，综合体现研究趋势和特征。

①第一阶段，从 1991 年开始（1991 年前没有数据），1991 至 1995 年只有 expert（专家）、development（发展）两个关键词，没有出现聚类标签。

②第二阶段（1996 年至 2000 年），这段时间关键词共现图中的关键词数量呈现明显增加的趋势，创意旅游领域的研究文献逐渐增多。关键词旅游者、经济、利益、管理、公共教育等关键词出现的频率很高，中心性很强。学术界开始关注创意旅游研究，但这一时期学术界关注点主要集中旅游对于经济收益的影响和贡献。这一时期仍没有聚类标签出现。

这一时期的时区图说明这段时间有连线的关键词较多，1997 年出现的关键词（比如精神、年龄、残疾、通过听力来写作）之间均有连线，但 1997 年的关键词与后几年的关键词之间并没有连线。而 1998 年、1999 年出现的关键词之间连线较多，并开始呈现多元化特征。

③第三阶段（2001 年至 2005 年）。这一时期比较重要的关键词之间有连线：指数、生物多样性（2003）；女性网络、十九世纪等（2002）；恢复、收益、注意力（2004）；社会网络、全球化、个人主义（2003）。

该时间段关键词的频次排序从高到低分别是旅游、全球化、民间表演艺术、个人主义、视野、社会网络、指数、产业、网络、非物质文化遗产、市场营销、企业家、民族建筑、B2C 电子经济、道德、注意力、政策、社区关怀、生物多样性、生活方式、恢复、海岸、电子经济等。关键词频率最高的仍是旅游（tourism），但是新出现了全球化、生活方式、个性化（globalization、life style、individualization）等重点词，说明学术界开始从全球化角度研究创意旅游及其差异化的旅游方式，特别是出现了非物质文化遗产（intangible cultural property）的研究趋势。

④第四阶段（2006 年至 2010 年）。这一时期开始出现聚类标签，community development（#0，社区发展）、creativity（#1，创造性）、furusato（#2，葡萄牙语，表示 hometown，家乡）、diaspora（#3，大移居）、Small aircraft transportation system（#4，小型飞机运输系统）、Tourism development（#5，旅游发展），越来越多的学者在上述研究该领域并获得成果。

而从关键词共现来看，城市、政策、创造性、社区发展、合作、旅游者体验、文化地区等是该领域研究中高频出现的关键词。

⑤第五阶段（2011 年至 2015 年）。这一时期的关键词共现向创意方向发展，包括 tourism（旅游）、creativity（创造力）、city（城市）、heritage（遗产）、creative industry（创意产业）、geography（地理）、politics（政策）等关键词出现的频率较高。

与上一阶段相比，新出现 2 个聚类标签，分别是网络（#0，networks）和目的地广告（#4，destination advertising）。排名第一的关键词 tourism 出现的频率明显提高，说明随着年代的发展创意旅游领域的研究越来越多。同时，创造力（creativity）、创新（innovation）等词频的提高，说明创意旅游领域的创造性和革新受到重视，也反映了该领域的研究热点，学术界开始突破常规思维寻找发展的新机遇。

从关键词时间线图中可以看出，聚类名称依次包括网络、创造性、文化、经济增长、目的地广告、激发独立思考、企业治理、公司规模等内容。

⑥第六阶段（2016 年至 2020 年）。从 1996 年开始，关键词就以 tourism 为频率最高，每五年的分析与整体分析的关键词区别不大。由于 2006 年以前每五年的分析没有聚类，说明这以前创意旅游的研究较少，进行细致的研究可以从 2006 年以后开始，因为在这以后创意旅游才逐渐成为研究的热点。且在近年来的关键词变化中可以看出，创意产业、文化旅游、创意旅游、可持续发展、创新、体验、创意、遗产等关键词出现频率逐渐上升。按照出现频率排序，分别为旅游、创意旅游、体验、创意、城市、模式、创意产业、创新、身份、创意、可持续发展、地方、文化、管理、文化旅游、演出、影响、遗产、政治、产业、经济、满意度、社区、企业家精神、中国、创意经济、目的地、动机、认知、服务业、真实性。可见，研究内容明显呈现多元化特征。

（三）国家或地区分析

美国是该领域排名第一的国家，且与其他国家的共线性最强，也是该领域开始研究最早的国家。

美国的发文量和中心性都最强，对英国、西班牙、中国等亚欧国家都产生影响。其次是中国，在近年来的影响力也呈现出上升趋势。

第五节　文化旅游与创意旅游比较分析

世界各国家纷纷将文化旅游视为最崇尚的开发选择工具之一，然而由于战略的雷同导致文化的连续复制而失去活力。本书分析了文化旅游的内涵、特色及地位，探讨基于文化旅游、创意产业发展而来的创意旅游特征及其发展趋势，比较"文化旅游"与"创意旅游"的异同，进而引发关于旅游者本质的探索。创意旅游这一近年来新兴的旅游方式，成为有效解决文化复制、实现旅游业良性运行及人的全面发展的重要途径之一。

一、创意旅游与文化旅游之异同

（一）创意旅游与文化旅游的共同点

首先，传统文化旅游与创意旅游都以文化为依托，文化不仅为目的地提供旅游资源，更成为满足消费者需要的文化环境。特殊的文化表达、异质文化的特色正是旅游吸引力的来源。创意旅游由旅游地内在的文化核心驱动而不是由外在的物化表现。特定的文化氛围是游客选择旅游目的地的决定因素。创意旅游的文化本位决定了其具有高附加值、无形性等文化旅游的特点。

其次，传统文化旅游与创意旅游的目的不仅仅是满足于观光休闲、消遣和娱乐，而是希望在旅游活动过程中获取所需要的知识和技能，寓学习于旅游活动之中。旅游是一个鼓励学习的过程。学习可能发生在正式的教育环境之外，即所谓的体验学习，旅游实践鼓励对体验的沉思和分析，从而促进学习。文化旅游以增长知识、丰富文化积累为目的，通过旅游了解旅游地的生活习惯、社会风俗、宗教、艺术、民族特点等。创意旅游以开发个人创意潜能为目的，许多人在日常生活中没有时间进行创意活动，因此越来越多人选择在假日里积极主动地参与一些特殊兴趣的旅游形式如烹饪、绘画、摄影或者手工艺，激发自身的创意潜力。二者都主要是为了满足个人自我发展的需要。

最后，传统文化旅游者和创意旅游者具有较高素质、受过良好教育及具有较好背景知识的高消费阶层组成，在 ATLAS（旅游和休闲教育联合会）对阿姆斯特丹的研究表明，艺术游客比遗产旅游者更加属于高消费市场。这可能与欣赏可视艺术和表演艺术比遗产如历史悠久的博物馆或纪念馆所需的文化竞争力或者文化资本程度更高相关。阿姆斯特丹艺术旅游者主要来自两个最高层次的社会团体，他们往往具有非常高水平的文化资本。

从体验到创意，创意旅游基于社会经济要素，应旅游者多元需求而产生。寓学习于旅游活动之中，以增长知识和满足个人自我发展为目的。

（二）创意旅游与文化旅游的本质区别

有学者认为二者都以文化为基础、围绕文化而产生的一系列活动，因而创意旅游是文化旅游的一种形式；另一种观点认为创意旅游是文化旅游的延伸，文化旅游基于观察和思考，而创意旅游基于参与、学习和创意，而不仅仅是观察体验。例如，面对一个艺术作品时，游客不满足于欣赏作品或者观看制作过程，而是要在目的地参加一个关于绘画的课程[①]。创意旅游不同于被动体验，而是发生了本质变化的主动参与。文化旅游主要是保护和宣传地方物质文化，创意旅游更加重视文化、传统、传说、美食等无形资源，重现旅游目的地原始风貌完整保护与传承。

其一，关于创意旅游的规模与范围。不同于文化旅游，创意旅游是针对带有特殊兴趣和追求的小众群体。创意旅游者通常是那些拥有良好教育背景的、乐于自由旅行的消费阶层和传统的精英，更渴望学习和体验新知，拥有新的消费需求，希望挑战已知旅游区域之外的更加广泛的范围。而熟悉的标志性吸引物对创意旅游者的吸引力非常有限。随着高等教育的普及、带薪假期的增加加速了文化旅游的发展速度和扩张，文化旅游日渐成为大众现象。创意旅游者转向公共空间寻求旅游资源，更注重于深入到民众生活空间而不是传统的著名旅游景点。

其二，创意旅游市场自然形成并非人为规划。像美国纽约的"SOHO"区、北京的"798"都是一批艺术家与设计师在原本无人居住的废弃工业厂房区，开始创意者自由的现代艺术创作，从而导致整个地区的旅游产业及相关产业的升级和旅游者的热情。伦敦的伊斯林顿地区与岸边区，都没有为刻意迎合"旅游者"而专门出台的发展旅游的政策或专门进行旅游区规划，但却因为这两个区成为"真实的伦敦"而吸引

---

① Richards, G. Creativity and Tourism: The State of the Art [J]. Annals of Tourism Research, 2011, 38(4): 1225–1253.

了意想不到的众多游客①。城市的吸引力来自于充满活力和创造力的城市民众日常生活，游客关注的是更富有意义的城市的"现实"，而不是专为游客准备的"人造"表演②。旅游目的地应该鼓励通过"自然"的自下而上的而不是外部创造的集群，为游客及其目的地居民提供感受的舞台，而不是生产和提供现成的产品，从旅游者体验出发，为使之在以自身感受和潜能开发为目的的活动中投入体验，最终达到心理、情感的满足和满意而获得游客价值。

其三，"参与"和"互动"是创意旅游与文化旅游的重要区别。创意旅游者的双重特征，不同于一般的文化旅游者，创意旅游者参与到生产过程中，更加注重旅游者的体验、参与和创造。创意旅游者关于创意体验的获得方式与渠道，不同于一般的体验旅游，创意旅游体验的获得不仅依靠旅游目的地提供，更重要的是通过旅游者自己创造而获得。2009 年，梅勒妮（Melanie）和史密斯（Smith）认为创意旅游较文化旅游，是一个更互动的形式，表现为与当地居民传统实践互动，或与更先进产业的互动。不仅来自于旅游目的地，更重要的是来自于旅游者自身的创造。塑造旅游氛围的真实性。创意旅游针对带有特殊兴趣的小群体或者个人，不会演变成规模的大众旅游，是更为生态的旅游形式。创意旅游者参与到生产与生活的实际过程中，作为生产与生活的主体，通过体力、智力和情感的投入而获得旅游体验并收获创造的成果。塑造旅游氛围的真实性，同时由于旅游目的地从业者对原真文化的较好把握且与旅游者密切接触，创意旅游促成真正的跨文化解读，建立主客之间的联系。这种旅游形式为当地从业者提供新的收入来源，极大地加强了当地居民经营旅游的能力，帮助他们成为旅游体验的共同生产者而不是局外人。

旅游者访问一个目的地不仅仅是文化体验，而是参与创意活动，这种创意活动使游客更接近目的地原居民。并在实践中得到验证，比如

---

① Maitland, R. Everyday Life as a Creative Experience in Cities [J]. International Journal of Culture, Tourism and Hospitality Research, 2010, 4(3): 176–185.

② 张胜男 . 创意旅游与城市发展［N］. 光明日报（理论版），2010–2–20(7) .

2007 年哥伦比亚全球旅游大会正式认可"美食中的创意"主题，并在 2009 年新墨西哥州的"旅游中的创意"会议上得到确认。创意旅游包括更广泛的创意体验[①]，如与当地人密切接触和互动。创意旅游者不同于传统文化旅游，追求更具互动性的创意体验[②]。这种创意体验不仅包括创意背景、创意活动、创意课程等，还特别强调游客的参与、互动和共同创造。

其四，创意旅游社区参与范围较广，不同于一般意义上的生态旅游。创意旅游作为更加生态的旅游形式，需要社区的广泛参与，进而在更大的空间内塑造旅游氛围的真实性（包括社会空间和生态空间等多重结构），形成一个大的生态圈闭环。这种新兴的旅游形式不仅为旅游产业发展注入了新的活动，为主客之间建立起有意义的联系。同时也加强了当地居民的经营旅游和综合能力，使得当地居民与创意旅游者一样具有相同的收获和提升。

其五，在旅游消费层面，创意旅游与文化旅游具有本质差别。进入 21 世纪以后，在现代意识消费趋向支配下，旅游消费变成特定生活方式和社会地位的基础及其体现方式，特别是通过消费实现符号价值，这反过来也有助于民众塑造新的身份象征；同时，消费领域非物质性的商品和服务在消费中占据越来越重要的地位。文化旅游消费动机日益强化，一方面表现为出于求知的欲望，希望学习和探索异国他乡的文化、历史、艺术、风俗、语言、宗教的旅游者日趋增多；另一方面表现为越来越强烈的渴望参与意识，旅游者更希望自己是表演者，而非一般的旁观者，可见文化旅游呈现多样性需求。20 多年前，文化旅游被视为"中产阶层"享用的小型特殊市场；而今，文化旅游已经稳固地发展成为一种主流的大型旅游活动，越来越多的民众参与，呈现多样化消费特征，成为现代旅游消费心理发展的基本趋势。

---

①　Richards, G. Creativity and Tourism: The State of the Art [J]. Annals of Tourism Research, 2011, 38(4): 1225–1253.

②　Richards, G. Creative Tourism: Opportunities for Smaller Places? [J]. Tourism & Management Studies, 2019, 15 : 7–10.

二、文化旅游：从精英阶层向大众旅游演变

全球经济已步入以知识为核心竞争力的时代，文化和创意要素成为推动经济增长的主导要素。旅游产业也逐步进入软要素驱动阶段，文化不仅是文化旅游的诱因，也是创意旅游的前提和基础。文化旅游与创意旅游由旅游地内在的文化核心驱动，而不是由外在的物化表现所驱动。文化成为旅游资源，更为旅游者提供满足其需要的文化环境。包括旅游产业在内的服务业的激烈竞争驱动企业转移价值链，衍生新的价值来源。这个过程在文化旅游中体现得更为明显，文化产品供给日益增加，在很多情况下超过需求，文化旅游已经遭受过度开发而产生恶性循环，投资回报率降低，破坏了很多目的地文化旅游的价值。[①] 文化旅游竞争日益激烈，驱动目的地寻找新的替代模式，即向生产难以复制和模仿、更富于弹性和创新的创意旅游转移。创意旅游是在创意产业发展的基础上，多种社会经济要素和旅游者多元化需求共同作用的结果，是文化旅游一种更为积极和互动的形式。

由于文化旅游需求迅猛增长，不同国家和地区在旅游市场竞争中出现一系列具有地方特色的文化景点，但各国博物馆、传统文化中心、活动等都有相似性[②]，通常都是以旅游团导游讲解文化的形式开展，这种模式在目前旅游市场十分普遍，雷同的景点和体验项目难以满足游客的需求。文化旅游产出的恶性循环越来越严重，创意旅游这一新兴的旅游方式呈现新的活力。创意旅游者主动了解周围环境，并且总是为其个人发展寻找更吸引人的体验。史密斯（Smith）[③]认为文化旅游是一种消极的消费形式，游客仅能浏览参观文物古迹或艺术奇观，而创意旅游则是一种更具互动性的活动形式，游客与目的地居民或当地特色产品产生紧密关联。

---

① Russo, A. P. The "Vicious Circle" of Tourism Development in Heritage Cities [J]. Annals of Tourism Research, 2002, 29(1): 165–182.

② Binkhorst, E. & Dekker, T. Agenda for Co–creation Tourism Experience Research [J]. Journal of Hospitality Marketing & Management, 2009, 18(2–3): 311–327.

③ Smith, M. K. Issues in Cultural Tourism Studies [M]. London; New York: Routledge, 2009.

文化旅游可是实现一种规模化生产，高等教育的普及，带薪假期的增加，加速了文化旅游发展与扩张。以往西方"文化旅游"仅是少数精英阶层的特权，偏重于对"高雅文化"（high culture）的追求，而把"大众文化"（low culture）排斥在外。文化旅游更多是指游览历史建筑和遗址、博物馆、美术馆等，包括欣赏当代绘画、雕塑或者表演艺术。[①]进入 20 世纪 80 年代，后现代理论和更为民主的政策的制定，打破了高雅文化与大众文化之间的分歧，对文化有了更广泛的、更多元的理解。文化活动更加民主化，更加倾向顾客导向，开始越来越强调流行文化或大众文化（流行音乐、爵士乐、摇滚乐、舞蹈、涂鸦、摄影、马戏、魔术等）。文化消费产业的兴起刺激了城市和区域的"符号经济"。随着文化旅游的边界与受众的逐渐扩大，使得文化旅游的增长和发展成为过去 30 年国际旅游产业最突出的现象之一。当文化作为社会和经济再生的工具时，城市与城市之间变得越来越相像，似乎出现了一种城市旅游发展的悖论。城市本身是想通过旅游的开发表现出城市独特的一面，体现与其他城市的差异而形成自身的竞争优势，但由于城市之间都采用了相似的战略，竞相模仿个别城市一些成功实践导致了文化现象的连续复制。这些连续复制的结果在增进全球化进程的同时，城市也变得更加标准化。

三、创意旅游：超越传统空间发展到创意空间

创意旅游基于创意产业的发展而展开。创意产业是在世界经济进入知识经济时代背景下发展起来的一种推崇创新和个人创造力、强调文化艺术对经济的支持与推动的新兴产业。创意旅游是为旅游者提供一个主动参与实践和学习体验的机会，从而更好地开发创意潜质[②]。同时，创意旅游是旅游者主动参与的过程，即利用当地技能、专长和传统为旅游

---

① Richards, G. Developments in European Cultural Tourism [J]. Tourism: The State of the Art, 1994: 366–376.

② Salman, D. & Uygur, D. Creative Tourism and Emotional Labor: An Investigatory Model of Possible Interactions [J]. International Journal of Culture, Tourism and Hospitality Research, 2010, 4(3): 186–197.

者提供一个学习、自我发展和自我改造的体验[①]。2006 年，联合国教科文组织提出了创意旅游的定义：创意旅游是参与性地学习一个地方的艺术、传统或地方特色文化，这是一种真实的体验，通过体验建立起与当地人的联系，创造出活文化。真实体验当地文化，实践学习在导师家中或工作地点的小组活动时发生。这些实践活动让旅游者在接近当地人时，开发他们的个人创意潜能。

从规模化生产到以"知识"为核心的智能化转型。全球经济已步入以知识为核心竞争力的时代，文化和创意要素成为推动经济增长的主导要素。旅游产业也逐步进入软要素驱动阶段。文化不仅是文化旅游的诱因，也是创意旅游的前提和基础。文化旅游与创意旅游由旅游地内在的文化核心来驱动而不是由外在的物化表现所驱动[②]。文化不仅作为目的地的旅游资源，而且形成满足旅游者需要的文化环境。基于文化环境的服务产业能够在竞争中取得优势地位，并衍生新的价值来源[③]。这一过程在文化旅游中表现得尤为明显，文化旅游因过度开发陷入恶性循环中，而更为严重的后果是降低乃至于破坏了目的地的文化旅游价值[④]。在文化旅游竞争日益激烈的时代，需要探索目的地新的可替代模式，即向生产难以复制和模仿、更富于弹性和创新的旅游体验转移。

文化旅游是一种规模化生产，旅游目的地提供的是标准化的产品。高等教育普及，带薪假期的增加，加速了文化旅游的发展与扩张。

在旅游市场运行机制有待进一步完善的背景下，当文化作为社会和经济再生的工具来使用时，文化旅游市场被相似的新的文化景点和遗产中心淹没，在解决文化连续复制和开发新的城市旅游产品的需求二者之间的矛盾中，鼓励和培养"创意"。从体验到创意，超越"迪

① Richards, G., Wilson, J. Tourism, Creativity and Development [M]. London; New York: Routledge, 2007: 153–157.

② 张胜男 . 创意旅游与城市发展［N］. 光明日报（理论版），2010-2-20(7) .

③ Pine, J. and Gilmore, J. The Experience Economy [M]. Boston: Harvard Business School Press, 1999.

④ Russo, A. P. The "Vicious Circle" of Tourism Development in Heritage Cities [J]. Annals of Tourism Research, 2002, 29(1): 165–182+178.

士尼"，游客关注的是更富有意义的"现实"生活而不是专为游客准备的、像是迪士尼的"人造"表演，目的地吸引力源于旅游目的地内在文化核心驱动而非外在的物化表现。游客更加关注日常生活中的元素，正是在这个过程中，游客能够在没有品牌的地方通过体验目的地生活而创造品牌，寻找超越"传统的旅游空间"而以创意方式构建城市的"特别的旅游空间"。

第二章　城市创意旅游运行机制研究

　　创意旅游这一个新兴的旅游方式在世界范围内迅速发展。近30年来欧美发达国家纷纷提出以推动第三产业内部结构优化升级为重点发展计划，并利用文化和旅游作为促进地区发展的主要手段，但由于缺乏创意的手法与创新的思维，使得旅游内容趋于雷同，因而失去地域性特征而没能带动经济发展。中国经济经过30多年的快速成长，因缺乏创意导致其发展的内在驱动力在减弱。旅游迅猛发展过程中遭遇瓶颈，特别表现在历史文化旅游资源过度商业化而造成的严重负面影响[①]，正在兴起的创意旅游或许可以成为一个潜在的解决方案。创意旅游在中国还是个新名词，亟待借鉴国外经验，结合我国实际现况，形成发展我国创意旅游的理论和方法。

第一节　从创意阶层到创意旅游者

一、创意阶层的兴起

（一）创意与创意产业

　　在关于创意的众多讨论中，广泛提到创造、创新、差异性与多样性等关键性因素。牛津英语字典中，创意意为"善于发明创造的、富于创造力的，既有想象力又具备常规技能"。

　　学术界定义"创意"（Creative，Creativity）是一种想法，一个过程，

---

　　①　保继刚.历史城镇的旅游商业化研究［J］.地理学报，2004, 59(3): 427–436.

一种产品，一种模式。罗兹（Rhodes）[①]基于 40 种关于创意的定义，对创意进行跨学科的总结和概括，提出创意包括人、过程、环境和产品的 4P 创意概念。其中，"人"涵盖了身体、思维、认知、行为等四个方面；"过程"适用于动机、感知、学习、思维和沟通；"环境"则指人类与环境的关系，每个人都以独特的方式来对待他周围的环境；"产品"则是通过人工制品把思想传递给他人。罗兹（Rhodes）对于创意本质的观点得到泰勒（Taylor）[②]、伦科（Runco）和耶格（Jaeger）[③]等众多学者的赞同。马丁代尔（Martindale）[④]指出创意是一种具有原创、实用特征的想法。沙特郎（Chartrand）[⑤]认为创意具有差异性、多样性及多功能性质，体现在理解与制作过程中所采用的超越传统常规的方法，其内容主要包括开创新的思考方式和行为方式，既可作为一种产品与体验，也可是一种发明革新、促进社会发展的战略。高（Kao）[⑥]将创意描述为一种思想转化价值的整个过程，进而，兰德里（Landry）[⑦]认为创意是发现和激发潜能的一种过程。斯滕伯格（Sternberg）和卢巴特（Lubart）[⑧]基于心理学角度认为创意表现为某种行为。

每个人都是有创意的，创造力是对原有数据、感觉或物质进行加工处理而生成新的有用东西的能力，有创造力的创造阶层常有创新或发明，喜欢自主灵活、充分发挥个人的创造力进行创造性的工作。

---

①　Rhodes, M. An analysis of creativity [J]. The Phi Delta Kappan, 1961, 42(7): 305–310.

②　Taylor, C. W., Sternberg, R. J. Various Approaches to and Definitions of Creativity [M]//. The Nature of Creativity: Contemporary Psychological Perspectives, Cambridge: Cambridge UP, 1988: 99–120.

③　Runco, M. A. & Jaeger, G. J. The Standard Definition of Creativity [J]. Creativity Research Journal, 2012, 24(1): 92–96.

④　Martindale, C. Personality, Situation, and Creativity [M]//Handbook of Creativity. Springer, Boston, MA, 1989: 211–232.

⑤　Chartrand, H. Creativity and Competitiveness: Art in the Information Economy [J]. Art Bulletin, 1990, 15(1): 1–2.

⑥　Kao, J. J. Jamming: The Art and Discipline of Business Creativity [J]. Strategy & Leadership, 1997, 25(4): 6–11.

⑦　Landry, C. The Creative City: A Toolkit for Urban Innovators [M]. Comedia, 2008: 1–57.

⑧　Sternberg, R. J. & Lubart, T. I. The Concept of Creativity: Prospects and Paradigms [J]. Handbook of Creativity, 1999, 1(3–15) .

考夫曼（Kaufmann）[①]认为创造力以"原创性"为基本特征，创造新颖大价值的新事物。肯特（Kent）[②]则认为创造力指一种现有文化元素的重新组合，产生意义的一种模式。哈尔胡林（Kharkhurin）[③]认为创意具有新颖性、实用性、美感和真实性等特征。

美国著名人文地理学家、城市经济学家弗罗里达把"创意"解释为"对原始数据、感觉或者物质进行加工和组合产生新的、有价值的事物的能力"[④]。兰迪（Landry）[⑤]认为"创意是一种挖掘潜力和创造价值"的工具，拥有创意这一工具能够"对事物做出准确评判，并在特定条件下寻求答案"。可见，创意的本质与人类本身息息相关。不仅表现为个人或群体，而且表现为整个社会系统的构建。

创意主要包含三层含义：其一，创意影响着每个人的生活，创意不仅是消费，也是生产的重要组成部分。其二，创意就是学习如何去解决问题，如何运用所学知识去解决新问题。其三，创意是一个普遍而持续的过程，创意过程对地方经济发展产生重要影响，有助于增强城市和区域的无形价值。文化是创意发展的基础。

具体到旅游业中，作为解决问题的一种手段和方法，可将创意运用到景观设计、遗产保护、文化旅游规划及旅游产品体验中，以创造新的消费形式和新的旅游空间。创意包含了创意人群、创意环境、创意产品和创意过程。可见，创意经历了从常规性到多样性的历程，并特别体现在旅游消费形式和旅游空间格局层面。

创意产业理念可追溯到经济学家熊彼特（Schumpeter）[⑥]所提出的创

① Kaufmann, G. Expanding the Mood–Creativity Equation [J]. Creativity Research Journal, 2003, 15(2–3): 131–135.

② Kent, T. Creative Space: Design and the Retail Environment [J]. International Journal of Retail & Distribution Management, 2007, 35(8–9): 734–745.

③ Kharkhurin, A, V. Creativity. 4in1: Four–Criterion Construct of Creativity [J]. Creativity Research Journal, 2014, 26(3): 338–352.

④ Florida, R. The Flight of the Creative Class: The New Global Competition for Talent [J]. Liberal education, 2006, 92(3): 22–29.

⑤ Landry, C. The Creative City: A Toolkit for Urban Innovators [M]. Routledge, 2012.

⑥ 约瑟夫·熊彼特. 经济发展理论 [M]. 北京：商务印书馆，2000: 67.

新理论，最早提出现代经济发展的根本动力不是资本和劳动力，而是创新；而创新的关键是知识和信息的生产、传播和使用。20世纪90年代后，英国政府进一步强调创造力在经济发展中的重要作用，并将"创意"概念写进政府的文化产业规划报告。并在《英国创意产业路径文件》中明确提出"创意产业"概念，包括广告、音乐、表演艺术、出版业、电视和广播、电影与录像、艺术和古董市场、手工艺品、时尚设计、交互式互动软件等诸多领域。弗罗里达（Florida）[①]构建文化创意产业的经济学理论框架，并首次提出创意指数（creativity index）概念，跟踪国内和地区内所含创意能量如何影响该地区的经济发展，提出"3Ts"模式，开创了评估创意经济的先河。创意产业是为人们提供包含艺术性和普遍性的文化服务和商品，或仅是纯粹的娱乐性服务，证实了创意指数与高科技指数和创新指数存在显著正相关[②]。

哈里斯（Harris）等学者则基于文化经济学角度，认为创意产业是具有娱乐价值的产品和服务，通过创意而增强体验性[③]。创意的增长通常与体验经济的发展相联系，竞争力的增加导致生产者通过开发体验增加服务的价值。体验经济主要依靠主题和表演体验的发展，强调符号生产[④]。陶斯（Towse）[⑤]提出创意产业是文化产业的组成部分，强调人的创造力是创意产业的主要特点，为此需要培育高素质的专业技术人员，使之具有创造性价值。

周蜀秦等[⑥]认为创意产业作为一种将文化要素和文化价值观相结合的新兴商业形态，其特征是以人的创造性为中心，快速发展新兴经济形

---

① Florida, R. The Rise of the Creative Class: And How It's Transforming Work, Leisure, Community and Everyday Life [M]. New York, NY: Basic Books, 2002.

② Florida R. Cities and the Creative Class [M]. Routledge, 2005.

③ Harris, L. C. & Metallinos, G. The Fact and Fantasy of Organizational Culture Management: A Case Study of Greek Food Retailing [J]. Journal of Retailing and Consumer Services, 2002, 9(4) : 201–213.

④ Lash, S. & Urry, J. Economies of Signs and Space [M]. London: Sage, 1994.

⑤ Towse, R. Creativity Copyright and the Creative Industries Paradigm [J]. KYKLOS, 2010, 63(3): 461–478.

⑥ 周蜀秦，李程骅.文化创意产业促进城市转型机制与战略路径［J］.江海学刊，2013(6): 84–90, 238.

态。创意产业具有高增加值特征能够更好地融入相关行业，涵盖的行业越来越多，内容也越来越丰富。

迈克尔·波特（Michael Porter）[1]等提出"钻石模型"，以此探讨国外发达国家文化创意产业中竞争优势理论。文化创意产业在知识经济时代，具有重新确定新老媒体与文化产业之间的关系的潜力。文化创意产业成为独立的文化产业部门并迅猛发展。

创意产业在中国是新兴产业，主要集中在创意产业定性研究、国外个案研究，文化创意产业发展研究等方面。金元浦主张创意产业和创意经济（或创造性产业）是一种在全球化消费社会的背景中发展起来，推崇创新和个人创造力；徐清泉认为创意产业狭义等同于内容产业、文化产业的高端，体现了知识经济时代和信息时代的鲜明特征。目前国内关于创意旅游的概念仍有不同认识，周蜀秦等认为创意产业作为一种将文化要素和文化价值观相结合的新兴商业形态，其特征是以人的创造性为中心，快速发展新兴经济形态[2]。创意产业具有高增加值特征，能够更好地融入相关行业，涵盖的行业越来越多，内容也越来越丰富。

（二）创意阶层特点及构成要素分析

随着经济全球化和向知识经济的转变，随着物质生活的极大丰富，以及消费者知情权和话语权的增强，创意阶层（Creative Class）、文化创意者（Cultural Creative）等创意消费群体在社会生活中的作用日益增强[3]。美国社会阶层构造发生根本性变化，在劳动阶层（working class）和服务阶层（service class）之外，又兴起了一个新的创意阶层（creative class）。

2002年，弗罗里达（Florida）首次提出"创意阶层"概念，即经

① Porter, M. E. & Kramer, M. R. The Competitive Advantage of Corporate Philanthropy [J]. Harvard Business Review, 2002, 80 (12): 56–69.

② 周蜀秦，李程骅.文化创意产业促进城市转型机制与战略路径［J］.江海学刊，2013(6): 84–90, 238.

③ Ray, P. H., Anderson, S. R. The Cultural Creatives: How 50 Million People are Changing the World [M]. Broadway Books, 2001: 197.

济发展对于创意的渴求衍生出来的一个新的阶层[①]。2006年，弗罗里达（Florida）等进一步提出创意阶层不只是那些受过高等教育的人，更是那些旨在"创造有意义的新形式"的人[②]。2011年，坎贝尔（Campbell）认为创意阶层不只是从事艺术文化产业的人员，而是一群独立思考、并能从职业中获得经济补偿的人[③]。2014年，弗罗里达（Florida）进一步补充和完善了关于创意阶层的概念，将创意阶层定义为城市中从事传统文化和艺术类职业以及创意类职业的一群人，并且他们更喜欢富有自主性的、更能够参与其中的体验。弗罗里达（Florida）系统提出创意阶层的价值观的三个基本点：个性化、精英化、多样性与包容性[④]。提出"创意阶层"概念和创意城市所具备的"3T"要素，即技术（Technology）、人才（Talent）和包容（Tolerance），描述了有才华和有创造力的人才被吸引到特定地区并随后使这些地区更具竞争力的现象。至此，创意阶层的定义及基本特点在学术界达成共识，即创意阶层是具有创新精神，注重工作独创性、个人意愿的表达以及对创新的不断渴求的一类群体。

创意阶层对城市和区域发展产生影响。创意阶层是从事于"创造有意义的新形式"工作的阶层。随着经济全球化和向知识经济的转变，美国社会阶层构造发生根本性变化，在劳动阶层（working class）和服务阶层（service class）之外，又兴起了一个新的创意阶层（creative class）。所谓创造力，是对原有数据、感觉或物质进行加工处理而生成新的有用东西的能力，有创造力的创造阶层常有创新或发明，喜欢自主灵活、充分发挥个人的创造力进行创造性的工作。创意阶层分为两类，一类是"具有特别创造力的核心群体"（super-creative core），包括科

① Florida, R. The Rise of the Creative Class: And How It's Transforming Work, Leisure, Community and Everyday Life [M]. New York, NY: Basic Books, 2002.

② Florida, R., Gates, G., Knudsen, B., et al. The University and the Creative Economy [J]. Working Paper, 2006.

③ Campbell, P. You Say 'Creative', and I Say 'Creative' [J]. Journal of Policy Research in Tourism, Leisure & Event, 2011, 3(1): 18–30.

④ Florida, R. The Rise of the Creative Class: The Creative Class [M]. New York: Basic Books, 2002: 67–82.

学家、工程师、教授、文学家、艺术家、演艺员、设计师、建筑师、引领潮流的编辑、文化人士、咨询公司研究院及其他影响社会舆论的人士等；另一类是"创意专家"（creative professionals），包括高科技行业、金融、法律、医疗、商务管理等知识密集领域的人才。前者的发明可以广泛应用于生产和传播；后者则致力于解决创造性的问题。2002 年，美国创造阶层已有 3000 万人，占劳动力市场的 30%，因富有科技含量而成为塑造美国经济的主导力量。"创造阶层"以其创造能力及其因创造能力而对城市和区域未来发展产生深远作用为特征，是中产阶级特征深化的表现。

弗罗里达（Florida）认为创意阶层基于教育程度作为人力资本的衡量标准过于宽泛[1]，因而排除了没有获得大学学位的有创意的人才（比如苹果创始人乔布斯和微软创始人比尔盖茨）。凯夫（Caves）提出在创意发展过程中，大部分创造都是由许多不同职业的人员共同进行，而每位工作者都会针对创作品质或形象展现出不同的风格，这需要集体的互动和创意群体的集聚。[2]

地方的质量对吸引和留住创意阶层至关重要。这种质量受到各种因素的影响，如社区设施、环境质量、市政文化生活、休闲娱乐设施的本地化、消费者机会等。许多创意阶层成员更喜欢能提供真实体验和积极生活方式的地方，巴塔比亚（Batabyal）[3]等学者认为创意阶层产生的想法、使用的产品、信息、享受的服务等因素会促进地方创造力的发展，对城市、地区的创意产业发展有重要作用。

创意阶层理论在美国大城市地区发展而来，在人口较少的地区能否使用该理论引起学界广泛讨论。因为许多创意阶层更喜欢前往能够提供真实体验和积极生活方式的地方。因而创意阶层对某个地方的质量有不

[1] Florida, R. The Creative Class and Economic Development [J]. Economic Development Quarterly, 2014, 28(3): 196–205.

[2] Caves, R. E. Contracts between Art and Commerce [J]. Journal of Economic Perspectives, 2003, 17(2): 73–83.

[3] Batabyal, A. A. & Nijkamp, P. Creative Capital in Production, Inefficiency, and Inequality: A Theoretical Analysis [J]. International Review of Economics & Finance, 2016, 45: 553–558.

同看法，而并不总是集中在城市地区[①]，因而一些研究人员开始在农村背景下实施弗罗里达（Florida）的想法[②]，比如麦格纳罕（McGranahan）和沃扬（Wojan）[③]认为，许多创意阶层成员更喜欢乡村的特点和生活方式，从大都市中心转移到乡村工作和生活。

随着信息技术的飞速发展以及经济形态信息化、知识经济化的转变，具有知识、创意、创造力的人正逐渐成为现代经济增长和城市发展的主要动力。

西方学界对"创意"的研究也不断延伸，逐渐从"创意"本身扩展到以创意为核心的组织及生产活动，即"创意产业"。又随后扩展到以创意为基本动力的经济形态和社会组织即"创意经济"。之后，学界逐渐聚焦在具有创意的人力资本即"创意阶层"（见表2-1）。

表2-1 创意阶层特点

特点	主要内容
具有创造力	从事"创造性"工作，经常有创新的想法并发明新技术[④]
对地方质量要求高	地方质量对吸引和留住创意阶层至关重要。地方质量受到多种因素影响，如社区及本地特色的休闲娱乐设施、环境质量、文化生活、消费者机会等[⑤]
对地方发展影响力	创意阶层的想法、使用的产品、获取的信息、享受的服务等对促进地方创造力、创意产业发展有重要作用[⑥]

① McGranahan, D. A., Wojan, T. R. & Lambert, D. M. (2011). The Rural Growth Trifecta: Outdoor Amenities, Creative Class and Entrepreneurial Context [J]. Journal of Economic Geography, 2011, 11(3): 529–557.

② Ström, P., Nelson, R. Dynamic Regional Competitiveness in the Creative Economy: Can Peripheral Communities Have a Place?[J]. The Service Industries Journal, 2010, 30(4): 497–511.

③ McGranahan, D. & Wojan, T. Recasting the Creative Class to Examine Growth Processes in Rural and Urban Counties [J]. Regional studies, 2007, 41(2): 197–216.

④ Florida, R. 2002. The Rise of the Creative Class [M]. New York: Basic Books.

⑤ Jarábková, J. & Hamada, M. Creativity and Rural Tourism [J]. Creative and Knowledge Society, 2012, 2(2): 5–15. Waitt, G., Gibson, C. Creative Small Cities: Rethinking the Creative Economy in Place [J]. Urban Studies, 2009, 46(5–6): 1223–1246. Glaeser, E. L., Kolko, J., Saiz, A. Consumer City [J]. Journal of Economic Geography, 2001, 1(1): 27–50.

⑥ Markusen, A. Creative Cities: A 10–year Research Agenda [J]. Journal of Urban Affairs, 2014, 36(2): 567–589.

续表

特点	主要内容
互动性、集聚性	注重集体的互动和创意群体的聚集①
呈现向农村发展趋势	创意阶层理论向乡村拓展，更喜爱乡村特点，追求乡村的传统生活方式②

二、新的旅游主体——创意旅游者

创意阶层的兴起，带来社会结构分化及其"新旅游者"的出现。20世纪90年代初，已出现具有成熟消费者特征的"新旅游者"，包括"深思型"和"聪慧型"两种旅游者类型。其中"深思型"旅游者（"附加价值的探索者"），其旅行消费强调旅游者对旅游吸引物的兴趣从"被动"地获取休闲兴趣和娱乐，而转到"主动"的学习思考和收获；"聪慧型"旅游者，将旅游看作是一笔交易，其中经济交易的价值是其关键特征，"聪慧型"旅游者本质上不是单纯的旅游者③。如果说"深思型"旅游者主要伴随着后现代知识的增加而出现的话，那么"聪慧型"旅游者则主要是后现代知识商品化特征的产物。

随着创意旅游的兴起，创意旅游者具有不同于一般旅游者的新特征。比如教育水平和文化素养都较高，在旅行中注重自我提升和自我发展，进行深度游且重游率较高，具有生产者和消费者的双重特征。

（一）创意旅游者维度

不同学者针对创意旅游者的不同类型进行分类，比如谭（Tan）④等

---

① Caves, R. E. Contracts between Art and Commerce [J]. Journal of Economic Perspectives, 2003,17(2): 73–83.

② McGranahan, D. & Wojan, T. Recasting the Creative Class to Examine Growth Processes in Rural and Urban Counties [J]. Regional Studies, 2007, 41(2): 197–216. Strom, E. 2002. Converting Pork into Porcelain: Cultural Institutions and Downtown Development [J]. Urban Affairs Review 38: 3–21.

③ ［英］艾伦·法伊奥，［英］布赖恩·加罗德，［英］安娜·利斯克.旅游吸引物管理——新的方向［M］.郭英之，主译.东北财经大学出版社，2005: 175.

④ Tan, S., Luh, D. & Kung, S. A Taxonomy of Creative Tourists in Creative Tourism [J]. Tourism Management, 2014, 42: 248–259.

学者基于旅游者对于创意体验有不同观点，将中国台湾创意生活产业创意旅游者划分为五种类型（寻求新奇事物、学习知识和技能、追求在旅行中成长、关注绿色环保、放松休闲）。之后，基于游客与目的地的互动因素，进而将创意旅游者分为三种类型（放松休闲、寻求刺激、真实存在）[①]。上述划分方法主要在强调个别性和主观性的前提下，对旅游者进行细分，并不包括艺术家等重要的创意旅游者。

　　学者关于创意旅游维度的探索取得不少学术成果。创意体验创意旅游者的消费形式之一，创意旅游者的体验由旅游者和旅游目的地共同创造。创意旅游者体验维度学者进行不同程度的探索，谭（Tan）等学者提出创意旅游者体验的三个维度：成就感、独特的学习、与导师的互动；李（Lee）[②] 在探究旅游情绪、创意体验与行为意向之间的关系时，采用了谭（Tan）等学者的维度划分；阿里（Ali）等学者[③] 在认可学者关于体验维度划分的基础上，增加了互动这一维度；苏哈坦托（Suhartanto）等学者在以上学者维度划分的基础上，将创意旅游者体验维度划分为五个因素：逃逸、心灵的平静、参与、学习和认知[④]；陈（Chen）等学者[⑤] 将酷感作为 Y 一代游客创意旅游的主要目的地体验，并提出酷感的三个维度：独特性、认同感和吸引力；张（Zhang）等学者通过实证研究探索出游客的参与性、动机与真实性感知是创意旅游体验重要的内涵，其中游客动机主要包括观光、社交、自我提升和逃

①　Tan, S., Luh, D., et al. Understanding Tourist Perspectives in Creative Tourism [J]. Current Issues in Tourism, 2016, 19(10): 981–987.

②　Lee, Y. Tourist Emotion, Creative Experience and Behavioral Intention in Creative Tourism [J]. World Academy of Science, Engineering and Technology, International Journal of Hospitality and Tourism Sciences, 2017, 4(8): 221–228.

③　Ali, F., Ryu, K., Hussain, K. Influence of Experiences on Memories, Satisfaction and Behavioral Intentions: A Study of Creative Tourism [J]. Journal of Travel & Tourism Marketing, 2016, 33(1): 85–100.

④　Suhartanto，D., Brien, A., Sumarjan, N., et al. Examining Attraction Loyalty Formation in Creative Tourism [J]. International Journal of Quality and Service Sciences, 2018, 10(2): 163–175.

⑤　Chen, C. F. & Chou, S. H. (2019). Antecedents and Consequences of Perceived Coolness for Generation Y in the Context of Creative Tourism–A Case Study of the Pier 2 Art Center in Taiwan [J]. Tourism Management, 2019, 72: 121–129.

避[①]。萨尔曼（Salman）和维格（Uygur）探讨有创意的旅游者可以以特别的方式改变在城市饭店的服务待遇，并利用建立的城市空间模型，用以分析有创造力的旅游者在创造力和标准型的空间之间移动时对酒店业的影响[②]。由此可见，创意旅游体验维度不断扩展和丰富，大多数学者认为心境平静、逃避现实、学习、参与、认同感和真实性感知是创意旅游体验的关键要素。

（二）创意旅游者主要特征

2006 年 Salman 和 Uygur 总结创意旅游者具有以下共同点：（1）愿意尝试超越文化旅游传统方式的旅游者；（2）在寻找传统文化旅游的替代品的旅游者；（3）寻找一种真实主动的、吸引人的、可参与的、可学习的并能改变旅游者的旅游体验者；（4）愿意为个人技能发展而参与创意活动的旅游者；（5）主动参与旅游体验，能够与当地社区进行频繁地、相互有回应的互动；（6）将旅游体验作为实现自我认同形成、自我发展过程的一部分。根据旅游者需求，Salman 和 Uygur 认为，不同于传统文化旅游者，创意旅游者不只是游览文化，而是深度沉浸在文化之中，参与到文化中，与创造这些文化的人产生互动，创造真实的体验来改变并重新定义他们自己[③]。

创意旅游者与一般旅游者需求明显不同，源于马斯洛层次需求定论，需求分为生理需求、安全需求、社会需求、尊重需求和自我实现需求五类，依次由较低层次到较高层次。其中，自我实现的需要是实现个人理想、发挥个人能力的最高层次需要。创意旅游者需求已达到自我实现的需求高度，希望在旅行不断了解自己、探寻真正的自己、不断修正自己并努力实现自己的价值。

---

① Zhang, Y., Xie, P. F. Motivational Determinates of Creative Tourism: A Case Study of Albergue Art Space in Macau [J]. Current Issues in Tourism, 2019, 22(20): 2538–2549.

② Salman, D. & Uygur, D. Creative Tourism and Emotional Labor: An Investigatory Model of Possible Interactions [J]. International Journal of Culture, Tourism and Hospitality Research, 2010, 4(3): 186–197.

③ Salman, D. & Uygur, D. Creative Tourism and Emotional Labor: An Investigatory Model of Possible Interactions [J]. International Journal of Culture, Tourism and Hospitality Research, 2010, 4(3): 186–197.

评价创意旅游者行为意向是创意旅游消费研究的重要领域之一。李（Lee）通过对中国台湾台南地区手工制作古代糖果的 400 名游客的情绪、体验及对行为意向的影响进行研究，发现游客情绪及体验感越强烈，对该景点的重游意愿和推荐意愿越强烈[①]；舒哈坦托（Suhartanto）等学者提出包含体验质量、满意度和动机的创意旅游忠诚度模型，并提出该模型在游客与居民之间的差异并不显著[②]；黄（Hung）等学者在对中国台湾陶瓷创意旅游研究中发现，游客记忆能力在创意体验和回访意向之间发挥中介作用，记忆能力可以更好地预测旅游者的重游意向，该研究与以往研究的不同之处在于用记忆性取代了满意度的概念[③]；迪恩（Dean）等学者在研究创意旅游者的行为意向中，引入了推动动机和拉动动机两个因素，这两个因素成为直接或间接影响游客重新体验和推荐创意景点的重要因素[④]。

1. 创意旅游者深入目的地生活

创意旅游基于特定的创意空间，与创意风景、创意空间、创意过程、创意旅游者密切关联。表现为目的地可读性、旅游者面对的挑战难度和感知技能之间的关系。可读性强的旅游目的地，有感知技能的创意旅游者将以新的方式组合目的地创意资源，进而开拓目的地本土文化新内涵，乃至于填补某些空白并有助于对目的地的整体理解和把握。在旅游市场运行机制有待进一步完善的背景下，文化作为社会和经济再生的重要因素，鼓励和培养"创意"。从体验到创意，超越"迪士尼"，寻找超越"传统空间"，以创意方式构建的"创意空间"。"创意风景"对创意消费者技能及创意之家产生挑战。创意城市吸引技能消费者，技能

---

① Lee Y. Tourist Emotion, Creative Experience and Behavioral Intention in Creative Tourism [J]. World Academy of Science, Engineering and Technology, International Journal of Hospitality and Tourism Sciences, 2017, 4(8): 221–228.

② Suhartanto D., Brien A., Sumarjan N., et al. Examining Attraction Loyalty Formation in Creative Tourism [J]. International Journal of Quality and Service Sciences, 2018, 10(2): 163–175.

③ Hung, W., Lee, Y., Huang, P. Creative Experiences, Memorability and Revisit Intention in Creative Tourism [J]. Current Issues in Tourism, 2016, 19(8): 763–770.

④ Dean, D., Suhartanto, D. The Formation of Visitor Behavioral Intention to Creative Tourism: The Role of Push–Pull Motivation [J]. Asia Pacific Journal of Tourism Research, 2019, 24(5): 393–403.

消费者有对某一城市或地区的体验，寻找城市创意资源与自己创意技能相联系的创意空间。比如伦敦新旅游区的游客趋于老龄化，有经验的成熟旅游者更加热衷于寻找熟悉的、平凡的、传统的具有某种"意义"的地方或氛围——成为目的地吸引力的一部分，将成为越来越重要的一部分。成熟旅游者中的一部分成为创意旅游者（不同于一般旅游者），具有更多的想象力、创造力和能力。

　　游客参与城市的发展改造及城市品牌的重塑。城市与乡村互动发展的驱动力是孕育于日常生活中的创意旅游。城乡风光，更多地体现为城乡的原貌及"人"的素养与生活方式。吸引力来自于充满活力和创造力的民众日常生活。游客关注的是更富有意义的"现实"生活而不是专为游客准备的像是迪士尼的"人造"表演。游客能够在没有品牌的地方通过体验目的地生活而创造品牌，而城市在差异性竞争中因各具特色都成为胜利者。目的地吸引力源于旅游目的地内在文化核心驱动而非外在的物化表现。创意旅游在更大的范围内拓展城市与乡村的内容，使之成为更具包容性的旅游者与旅游目的地和谐发展的理想城市。城市为旅游者提供创意潜能的环境，构建激发旅游者参与创意的灵感空间。城市旅游已经不再是以往有明确定义的景区景点等旅游区域，而是带给游客体验和收获真实城市的更多机会。游客更加关注日常生活中的元素，寻找超越"传统的旅游空间"而以创意方式构建城市的"特别的旅游空间"。正是在这个过程中，游客参与城市的发展改造及城市品牌的重塑。城市发展的驱动力是孕育于日常生活中的创意旅游。人的潜能与创造力的源泉，存在于平凡而充满情趣的日常真实生活中，这正是城市吸引力的核心。

　　随着国外学者对创意旅游的深入研究，创意旅游者日益关注日常生活，而不是以往常去的目的地景点。梅特兰（Maitland）[①]提出，创意旅游者对伊斯林顿和泰晤士河畔这类"不是旅游者常去的"地方有很大兴趣，并着重关注这个地区当地日常、普通的建筑和当地气息，而不是着重关注像莎士比亚全球剧院这种标志性建筑，创意旅游者认为这个地区

---

　　① Maitland, R. Everyday Life as a Creative Experience in Cities [J]. International Journal of Culture, Tourism and Hospitality Research, 2010, 4(3): 176–185.

的日常生活是核心吸引力。

积极创造条件吸引创意阶层。创意旅游战略与以文化为导向的文化旅游发展战略，二者在结构和内容上都有很大不同。创意政策营造创意氛围，创意旅游活动，并不是趋于迎合游客而是基于城市居民的惯常生活方式。一些城市和地区采取支持旅游创意的经济发展政策，比如新加坡的旅游成果推动了创意政策的实施。正如文化旅游作为大众旅游的替代品之一，创意以基于创新精神的可再生资源为基础，是一种更加可持续的方式。

基于城市或地区的竞争环境驱动，通过改善基础设施增加竞争力难以获得理想的效果。创意空间不同于体验空间，其范畴超越"沉浸型"体验，包括民族聚居地的多样性、国际性空间和生活方式、创意资源等附带空间。创意空间为创意阶层及创意旅游者提供多样性生活方式的环境和条件。不仅包括生活设施等物质因素，具有适合进行创意旅游的环境条件；还包括历史文化及目的地居民等多方面的因素。因而，保持和协调多元化创意的空间氛围和提高目的地居民的生活质量是重要的前提，以往的实践却没能注重目的地居民的生活质量。本研究将关注历史文化村镇原住民生活质量和幸福感置于首要地位。

2. 创意旅游者与目的地居民共同创造价值

旅游者与目的地居民的深入交流，有助于创意旅游活动向更多方向深入和拓展。创意策略在特定的组织或团体实行，比如积极参与创意活动需要居民和游客的积极参与。居民和游客的差别越来越小，同样，居民在自己生活的城市也越来越像游客。而创意的发展促使目的地居民更加融入自己的文化方式，即向游客提供看待自己环境的新视角。

创意旅游实践中，游客参与作用得到加强，游客成为对自己有独特价值的共同创造旅游体验的合著者，为不可重复的不可复制的独特旅游体验做出贡献[①]。随着游客需求增强，表现为与目的地的地点和人都建立联系的互动性活动。而且，游客有如目的地居民，与目的地居民及目

① Pine, B. J. & Gilmore, J. H. Welcome to the Experience Economy [J]. Harvard Business Review, 1998, 76(4): 97–105.

的地的其他游客进行教育、情感、社会等方面的参与性互动。具体表现为"像目的地居民一样生活"[①]，乃至于"成为目的地居民中的一员"（Smith, 2016）[②]。

3. 创意旅游者促进旅游业转型升级

创意旅游者不仅被动地消费，而且积极参与并生产自己的体验。因此，对于创意旅游目的地而言，不仅需要从事生产和开发产品，更需要从旅游者体验和创造出发，为其提供感受的舞台，通过亲自参与和感受而提升创意潜能。面对当今时代旅游业发展过程中的旅游项目、旅游线路、经营模式、旅游商品等"克隆"现象，创意旅游需要文学、美术、摄影、工艺、表演、动漫、影视、建筑、设计、古玩、民俗、文化传统等组成的综合性极强的产业链体系，并与知识产权与创新密切相关。知识产权保护通过赋予创造者对其智力成果的垄断权利，从而能够充分发挥创造者的热情。保护知识产权是解决创意生产力转换和经济价值实现的重要途径。以创新思想、技巧技术等知识智力密集型要素为主的创意旅游，将带来旅游业功能的转型。

三、基于生产与消费的创意旅游者研究

（一）创意旅游者消费特征比较

1. 旅游消费意识比较

旅游消费意识以及由此而形成的旅游消费习惯是旅游消费的基本动因。旅游消费性质同一般消费一样，具有消费的自然过程和社会过程的双重性质。在旅游活动过程中，人们需要消费一定的物质产品和服务来满足人们的生理性需要，是旅游消费的自然过程。旅游消费又不能脱离

---

① Binkhorst, E. & Dekker, T. Agenda for Co–Creation Tourism Experience Research [J]. Journal of Hospitality Marketing & Management, 2009, 18(2–3): 311–327. Richards, G. Creativity and Tourism in the City [J]. Current Issues in Tourism, 2014, 17(2): 119–144. Stolarick, K., Denstedt, M., Donald, B. & Spencer, G. M. Creativity, Tourism and Economic Development in a Rural Context: The Case of Prince Edward County [J]. Journal of Rural and Community Development, 2010, 5(1/2): 238–254.

② Smith, M. K. Issues in Cultural Tourism Studies (3rd ed.) [M]. Routledge, 2016.

社会而孤立进行，必然与一定的生产关系相联系。在不同的生产关系下，人们的价值观念、消费意识不同，就决定了不同的旅游消费方式、消费结构和消费效果，反映了不同旅游消费的社会过程和性质特征。进入 21 世纪以后，在现代意识消费趋向支配下，旅游消费变成了特定生活方式和社会地位的基础。因此人们通过他们消费的东西将自己与别人相区别，特别是通过消费实现符号价值，这反过来也有助于他们塑造新的身份象征[①]。

同时，消费领域非物质性的商品和服务在消费中占据越来越重要的地位，文化旅游动机明显得到强化。一方面表现为出于求知的欲望，希望学习和探索异国他乡的文化、历史、艺术、风俗、语言、宗教的旅游者日趋增多；另一方面表现为渴望参与的意识越来越强烈，旅游者更希望自己是表演者，而非一般的旁观者。根据马克思的消费理论，旅游本来是人类自身的自我实现过程，这个过程是对人的全面自由发展而言。我们的社会只有真正把旅游作为一种自由个性发展的方式，才会超越商品经济阶段，进入一个"以个人的全面发展为基础，并以他们的社会生产能力作为共同社会财富"的新型社会。创意旅游是以互动参与为形式，在开启智力、提升精神享受的基础上以开发个人创意潜能为目的，满足个人成长和自我实现的需要。

2. 旅游消费层次比较

文化旅游具有多样性需求的特征，20 世纪末，文化旅游还被视为"中产阶层"享用的小型特殊市场；而今，文化旅游已经稳固地发展成为一种主流的大型旅游活动。众多普通人萌生了文化旅游的念头，文化旅游的消费档次呈现多元化特征，这是公众参与文化旅游的必然结果，也是现代旅游消费心理发展的基本趋势[②]。这种多样性需求一方面与旅游者间不同的经济收入水平差异有关，另一方面也与旅游者消费的场景

---

① Wynne, D. Leisure, Lifestyle, and the New Middle Class: A Case Study [M]. London: Routledge, 1998.

② 李琼英，方志远. 旅游文化概论（第二版）[M]. 广州：华南理工大学出版社，2008：214.

有关。比如，旅游者表现出转向公共空间寻求资源而不是某一个具体旅游景点的趋势。

创意旅游者往往接受良好教育、素质较高，是旅游经验丰富的消费阶层[①]。ATLAS（旅游和休闲教育联合会）对阿姆斯特丹的研究表明，艺术旅游者的消费水平比遗产旅游者的消费水平更高，比如阿姆斯特丹艺术旅游者主要来自两个最高层次的社会团体，具有高水平的文化资本[②]。这种趋势一方面源于欣赏可视艺术和表演艺术，比游览历史悠久的博物馆（纪念馆）等遗产所需要的文化资本更高；另一方面也源于游客希望参与动态的文化和艺术的趋势在增强，从而体现出更强的文化竞争力。熟悉的标志性吸引物对重游体验来说吸引力有限，创意旅游者拥有新的消费需求，希望挑战已知旅游区域之外的更加广泛的范围。

3. 旅游消费结构比较

创意旅游者因消费结构发生变化而转向技能消费。旅游是人类自身的自我实现过程，创意旅游是以互动参与为形式，在开启智力、提升精神享受的基础上，以开发个人创意潜能为目的，满足个人成长和自我实现的需要。旅游消费结构是旅游消费发展到一定时期的结果，反映旅游者消费中旅游产品的质量、数量及其比例关系，是衡量一个国家或地区旅游业发展水平的重要标志之一。提勃尔·西托夫斯基在《无快乐的经济》（*The Joyless Economy*）研究中提出"技能消费"的概念[③]，根据旅游消费结构的变化，现代消费者正从非技能消费转向技能消费，从外部导向消费转向内部导向消费。针对尽管美国生产大量消费产品，但美国人似乎还是对其体验不满意的情况，研究表明：由于大多数非技能消费是基于外部刺激的活动（如看电视）；而技能消费则是基于内部刺激和能力的增长及消费者自身的能力和技能的开发。因而，短期非技能消费

---

①　Russo, A. P. The "Vicious Circle" of Tourism Development in Heritage Cities [J]. Annals of Tourism Research, 2002, 29(1): 165–182, 178.

②　Richards, G. & Bonink, C. Marketing Cultural Tourism in Europe [J]. Journal of Vacation Marketing, 1995, 1(2): 172–180.

③　[美] 提勃尔·西托夫斯基. 无快乐的经济 [M]. 北京：中国人民大学出版社，2008：200–202.

的缺憾日益显现，技能消费将逐渐增长。

而以往大部分传统文化旅游主要基于外部刺激的非技能消费，由于其持续刺激能力不强，难以引起旅游者的重复消费。创意旅游源于消费者内部刺激与需求，创意活动需要高水平的技能，并且为学习新技能提供机会。创意参与者继续通过重复的体验获得刺激作为新的挑战。以此循环往复不断提升。例如新西兰创意旅游组织（CTNZ，Creative Tourism New Zealand）推广一系列基于新西兰特色的互动工作室，游客在学习新西兰传统文化艺术的过程中，了解毛利人的饮食主题、自然主题及艺术主题[①]。游客自己制作骨雕、酿酒、珠宝饰品、篮筐等纪念品，从而也了解了毛利人的世界观、价值观和传统信念。创意旅游有助于充分调动旅游者旅游过程中的主动性与能动性，使游客获得真实的收获，实现旅行的价值和社会作用。

（二）从"新型旅游者"到创意旅游者

旅游者发生变化，源于旅游者的日益成熟。新旅游者"消费"的是旅游者在"自己头脑中所形成的东西"，其意义在于收获知识或实践的思考及其所引发的想象，进一步激发想象，并从中获得乐趣，"新消费者"可以被视为极具想象力的艺术家。这一点在 20 世纪 80 年代所进行的伦敦杜莎夫人蜡像馆的研究中得到证实，旅游者在参观蜡像馆时获得的满足感不是由于蜡像的逼真，而是源于他们对蜡像所代表的具体个人的回忆、感觉和感情。知识经济的到来不仅提高了旅游者的文化素质和修养，对旅游目的地景观功能也提出了更高的要求[②]。

1. "新型旅游者"

旅游者不仅需要通过观赏游览景区景点放松身心、缓解压力，同时更渴望在参与和体验具有较高文化内涵的旅游项目时学到新知识、拓展视野。在旅游实践中，应根据新型旅游者的心理特征、生活方式、生活态度和行为模式等需求设计旅游产品，使旅游产品和旅游服务能够引发

---

① Richards, G. & Wilson, J. Tourism, Creativity and Development [M]. London; New York: Routledge, 2007: 145.

② 马东升. 论"新型旅游者"[J]. 旅游管理，2007, (3): 31—35.

旅游者的思考并产生共鸣。

　　基于此，引起对旅游本质的新思考。麦肯奈尔认为"旅游者是一个实际意义上的人，或者这样说，真实的人才是实际意义上的旅游者"，强调旅游对人生意义的贡献，尤其是在某种近乎宗教意义上的贡献。[①]随着中国社会结构的发展变化，旅游者及广大民众的生活方式及旅游方式都在发生变化。将旅游活动作为一种文化体验、探寻和认同，成为旅游业进入科学发展的重要体现之一。一方面，在产品开发中要注重对文化的策划和体现，另一方面还要注重产品开发中文化符号的嵌入和彰显，体现不同的品位和趣味，正确使用空间的社会意义。"在经济资本相似的情况下，能显示出人们'尊贵'身份的，非文化消费上体现出来的品位莫属"[②]。这是因为人们普遍接受了这样的观点：文化系统提供着具有共享意义的符号，定义了一个社会角色及其期望的模式化或制度化体系，从而使不同的文化取向因社会地位和社会群体的不同而呈现系统性变化[③]。

　　文化的经济化就是文化进入市场和进入产业，即文化中渗透经济的、商品的要素，使文化具有经济力，从而成为社会生产力中的一个重要组成部分。解放文化中的商品属性，增强文化的造血功能，从而使文化进入良性循环的发展机制。

　　2. 创意旅游者具有生产者和消费者双重身份

　　随着社会结构化和创意阶层的兴起，旅游者出现了新类型，新旅游者的出现是旅游日趋成熟的结果。新型游客不仅希望通过观赏景点放松身体心理，还希望可以参加和体验文化旅游活动，同时也越来越重视与目的地的文化和旅游相关的当地手工产品[④]。他们是自身体验的积极创

　　①　Dean MacCannell: The Tourist: A New Theory of the Leisure Class [M]. Schocken Books, 1976, 1. 转引自谢彦君. 旅游体验研究——一种现象学的视角［M］. 南开大学出版社，2005: 221.

　　②　周晓虹. 中国中产阶层调查［M］. 社会科学文献出版社，2005: 259.

　　③　［美］约翰·R. 霍尔，［美］玛丽·乔·尼兹. 文化: 社会学的视野［M］. 周晓红，徐彬，译. 商务印书馆，2002: 259.

　　④　Li, L. Y. & Lee, L. Y. Experiential Consumption and Customer Satisfaction: Moderating Effects of Perceived Values [J]. International Journal of Marketing Studies, 2016，8(5)：32–40.

造者，因此应该被视为一群对自己的创作体验有主观看法和感受的共同创造者[①]。创意旅游者追求具有参与和真实的体验，主要目的是创造自己的独特体验[②]，通过共同创造来打造属于自己独一无二的记忆。

理查兹（Richards）[③]认为创意旅游者是一种特别的旅游人群，同时具有生产者和消费者两种身份，而创造力是他们具有生产者身份的重要能力。创意旅游者通过在目的地制作手工艺品或产品（例如，手工艺品、美食、艺术等）参与当地文化，成为创意活动的共同创造者、共同生产者和消费者的角色[④]。不仅如此，创意旅游者还希望通过积极参与当地居民日常活动，通过接触和了解当地特色文化，提升自身能力和自我发展[⑤]。创意旅游者在与目的地居民进行深度情感交流、学习体验的过程中提升和发展。

四、创意旅游者与文化旅游者比较研究

学界对创意旅游者的定义仍在探讨中，现有研究多依据创意旅游的兴起演变，基于参与创意活动人群的特点探索创意旅游者的特征。

最初对于创意旅游者的定义和分类仅局限于社会人口学统计，2000年初，雷蒙德（Raymond）[⑥]基于新西兰的一项案例研究，根据一般人口概况对创意旅游者进行细分，提出了三个群体：婴儿潮时期出生和退休人员，学生和背包客等30岁以下游客，以及对本国文化的不同方面感

① Tan, S. K., Tan, S. H., Luh, D. B. & Kung, S. F. Understanding Tourist Perspectives in Creative Tourism [J]. Current Issues in Tourism, 2016，19(10)：981–987.

② Prahalad, C. K. & Ramaswamy, V. The Future of Competition: Co-creating Unique Value with Customers [M]. Harvard Business Press, 2004: 40.

③ Richards G., Wilson J. Developing Creativity in Tourist Experiences: A Solution to the Serial Reproduction of Culture?[J]. Tourism Management, 2006, 27(6): 1209–1223.

④ Peters, M., Frehse, J. & Buhalis, D. The Importance of Lifestyle Entrepreneurship: A Conceptual Study of the Tourism Industry [J]. PASOS.Revista de Turismoy Patrimonio Cultural, 2009, 7(3): 393–405.

⑤ Peters, M., Frehse, J. & Buhalis, D. The Importance of Lifestyle Entrepreneurship: A Conceptual Study of the Tourism Industry [J]. PASOS. Revista de Turismoy Patrimonio Cultural, 2009, 7(3): 393–405.

⑥ Raymond, C. Case Study–Creative Tourism New Zealand [J]. Creative Tourism New Zealand and Australia Council for the Arts, 2003: 1–5.

兴趣的新西兰人。第一个群体是潜在的有创造力的游客是婴儿潮一代和刚退休的人。在获得了物质上一定程度的舒适（通常是以把主要精力放在工作上为代价的）后，这部分游客在寻找提升智力和智慧的新机会，做一直感兴趣但从未抽出时间做的事情。第二个群体是 30 岁以下的游客，通常来自于到新西兰度欢度"间隔年"的学生和背包客。创意旅游吸引那些思想开放的人，尤其是在经历了一系列身体的冒险旅行之后，他们开始进一步寻找生活的道路，寻找拓展身心的体验。第三个群体包括有兴趣更多地了解本国不同方面文化的各年龄段的新西兰人。有创意的游客不仅是被动的消费者，而且更积极地参与到他们所游览的国家和社区的文化中去。文化旅游者喜欢参观陶艺工作室或品尝当地食物，而创意旅游者则参加陶艺课程或学习烹饪当地菜肴。有创造力的游客是参与者，是在实践中学习的人，是在发展新能力中找到乐趣和满足的人。因此，有创意的游客更接近他们所访问国家的文化和人民。用中国谚语说："我听而忘，我看而记，我做而懂"（I hear and I forget, I see and I remember, I do and I understand）。

2005 年，理查兹（Richards）对欧洲纺织旅游的研究中发现游客对积极参与学习自己制作纺织品比被动观察纺织品生产技术更感兴趣[1]。游客围绕着篝火，听原居民讲述当地的传说，使游客对当地文化有了更生动的印象，并更直接地了解了当地纺织和工艺品、当地环境和当地社区之间的联系。中国台湾莺歌镇通过组织游客参观陶瓷厂、在工作室制作陶瓷纪念品等形式，将陶瓷制造业转变为服务业，成功地将游客带到了该镇，带动了当地旅游业的发展[2]。

2009 年，坎贝尔（Cambell）对英国两个创意旅游试点活动的 13 个艺术消费群体进行调查[3]，发现两个群体对参与艺术感兴趣。一个群

---

① Richards, G. Textile Tourists in the European Periphery: New Markets for Disadvantaged Areas? [J]. Tourism. Review International, 2005, 8(4): 323–338.

② Hung, W. L., Lee, Y. J. & Huang, P. H. Creative Experiences, Memorability and Revisit Intention in Creative Tourism [J]. Current Issues in Tourism, 2016, 19(8): 763–770.

③ Campbell, C. Creative Tourism Providing a Competitive Edge [J]. Tourism Insights, 2010 (February).

体是由 35 岁以下高素质的比较富裕的年轻人组成，处于职业生涯的上升阶段，是最活跃的艺术参与者，具有舞蹈、计算机艺术、摄影、音乐、创意写作等广泛的兴趣；另一个群体大多数是女性，年龄多在 45 岁到 74 岁之间，受过高等教育，对于艺术的兴趣延伸到纺织艺术、摄影、演奏乐器、绘画等方面。

2009 年，青山（Aoyama）对西班牙学习弗拉门戈舞蹈游客的研究中发现游客认为演员和观众之间的界限模糊，游客高度参与，才是纯粹和正宗弗拉门戈[①]。这些创意旅游者侧重于参与日常的区域文化，并寻求独特的体验，并且这种独特体验通常由该地区独家提供。

2011 年，杰西卡（Jessica）等学者研究英国"莎士比亚的生活考古挖掘"项目，参加活动的旅游者获得了许多关于考古和历史的知识，并扩展了他们对于过去以及人工制品的想象力，知识和想象力能够通过触觉、通过指导老师以及探究好奇心得以发展[②]。

当地手工艺品传承人是游客学习知识和技能重要途径，具有重要作用。2015 年阿里（Ali）等学者研究游客参与马来西亚两家酒店组织的烹饪课程、手工课程、"蜡染画"等创意活动，提出了创意旅游体验具有逃避与认同、内心平静、独特参与、互动和学习等五个维度[③]。

旅游者是旅游的主体，创意旅游是一种高层次的旅游，创意旅游者素质要求较高。创意旅游追求的是文化，创意旅游者通过旅游活动，使自己的思想得到提升，获得传统旅游活动所不能给予的自我提升机会。同时，创意旅游是一种参与性极强的活动，旅游者在消费过程中与当地居民互动、自我创造创意体验、体验活动多样，不可避免需要旅游者有

① Aoyama, Y. Artists, Tourists, and the State: Cultural Tourism and the Flamenco Industry in Andalusia, Spain [J]. International Journal of Urban and Regional Research, 2009, 33(1): 80–104.

② Pfanner, J.H.Archaeological Sieving as Creative Tourism? [M]. University of Warwick, 2011: 1–37.

③ Ali, F., Ryu, K. & Hussain, K. Influence of Experiences on Memories, Satisfaction and Behavioral Intentions: A Study of Creative Tourism [J]. Journal of Travel & Tourism Marketing, 2016, 33(1): 85–100.

一个强健的体魄足以参加各种活动。而且，创意旅游不是简单的走马观花，需要旅游者融入其中，创意旅游者参加的每一项活动都是属于自己独有的体验经历，就是旅游产品的创造者。

创意旅游者的出游动机不同于文化旅游者。创意旅游者的自身素质高于普通的观光旅游者，按照马斯洛需求理论来看，在满足了其他需求之后就要提升需求，创意旅游者更注重的是自我提升。通过参加各种活动，深入地了解旅游目的地，文化、历史、民俗、居民生活方式等无形的吸引物。在人类身边有一只"看不见的手"推动人类的前进，创意旅游者追求的就是更高层次的理解，对于身边每一件事物的了解、对于自身的理解、对于社会的理解、对于世界的理解，对于更高层次的理解。

创意旅游是一种较高层次的文化追求，对参与其中的创意旅游者提出新的挑战。创意旅游者这一特殊的旅游群体，在旅游动机、旅游方式、行为模式、自身素质等方面都与传统文化旅游者有明显的区别（见表 2-2）。

表 2-2　文化旅游者和创意旅游者比较

维度	文化旅游者	创意旅游者
消费方式	消极的，被动消费的，难以引起重复消费[1]	积极、主动消费，重复消费意愿强[2]
依托资源	名胜古迹、建筑、文化中心等有形的物质文化遗产，具有固定性特征[3]	特色民俗文化、当地日常生活等无形的非物质文化遗产，具有高流动性[4]

---

[1]　Smith, M. K. Issues in Cultural Tourism Studies (3rd ed.) [M]. Routledge, 2016.

[2]　张胜男. 创意旅游发展模式与运行机制研究 [J]. 财经问题研究，2016, 387(2): 123-129.

[3]　Binkhorst, E. & Dekker, T. Agenda for Co-Creation Tourism Experience Research [J]. Journal of Hospitality Marketing & Management, 2009, 18(2-3): 311-327. 赵玉宗，潘永涛，范英杰，孙艺惠，卢松. 创意转向与创意旅游 [J]. 旅游学刊，2010, 25(3): 69-76.

[4]　Richards G. and Wilson, J. (eds.) Tourism, Creativity and Development [M]. London: Routledge, 2007. 赵玉宗，潘永涛，范英杰，孙艺惠，卢松. 创意转向与创意旅游 [J]. 旅游学刊，2010, 25(3): 69-76.

续表

维度	文化旅游者	创意旅游者
参与形式	基于观察和思考的观光、休闲和娱乐活动[①]	参与目的地居民的生活和学习，提升自身知识技能和创造力[②]
体验感受	被动体验，比如听导游讲解文化知识[③]	主动参与，来自于旅游者自身创造的互动性体验，更具有个性化特征[④]
旅游动机	观光、考察、游学：对目的地或文化感兴趣[⑤]	体验、自我发展、提升能力：追求自我提升与自我发展[⑥]
旅游方式	被动；参观或游览：在目的地文化景点欣赏地方文化；停留时间较短，重游率较低[⑦]	主动；学习、创造性参与、能力提升、与目的地居民互动。主动参与目的地活动，创造自己的独特体验[⑧]；在目的地停留时间较长，重游率较高[⑨]

---

① Richards, G. & Marques, L. Exploring Creative Tourism: Editors Introduction [J]. Journal of Tourism Consumption and Practice, 2012, 4(2): 1–11.

② Richards, G. & Marques, L. Exploring Creative Tourism: Editors Introduction [J]. Journal of Tourism Consumption and Practice, 2012, 4(2): 1–11.

③ Binkhorst, E. & Dekker, T. Agenda for Co–creation Tourism Experience Research [J]. Journal of Hospitality Marketing & Management, 2009, 18(2–3): 311–327.

④ Tan, S. K., Kung, S. F. & Luh, D. B. A model of 'Creative Experience' in Creative Tourism [J]. Annals of Tourism Research, 2013, 41: 153–174.

⑤ Binkhorst, E. Creativity in Tourism Experiences: The Case of Sitges [M]//Tourism, Creativity and Development, Routledge, 2007: 147–166. Ratten, V. & Ferreira, J. J. Future Research Directions for Cultural Entrepreneurship and Regional Development [J]. International Journal of Entrepreneurship and Innovation Management, 2017, 21(3): 163–169.

⑥ Richards, G. & Raymond, C. Creative Tourism [J]. ATLAS News, 2000, 23(8): 16–20. Richards, G. & Wilson, J. (eds.) Tourism, Creativity and Development [M]. London: Routledge, 2007,145–157.

⑦ Duxbury N., Richards G. Towards a Research Agenda for Creative Tourism: Developments, Diversity, and Dynamics [M]. A Research Agenda for Creative Tourism. Edward Elgar Publishing, 2019,11.

⑧ Prahalad C. K., Ramaswamy V. The Future of Competition: Co–creating Unique Value with Customers [M]. Harvard Business Press, 2004: 40.

⑨ Duxbury, N. & Richards, G. Towards a Research Agenda for Creative Tourism: Developments, Diversity, and Dynamics [M]. A Research Agenda for Creative Tourism. Edward Elgar Publishing, 2019,11.

续表

维度	文化旅游者	创意旅游者
旅游体验	一般体验，感受旅游资源：简单感受，没有形成心理共鸣与认同[1]	深度体验，知识上的收获，精神的升华。深度体验当地生活，与目的地居民深度交流和互动[2]
自身素质	一定的素质和知识[3]	较高的知识素养、洞察力和追求。自身素质和知识水平较高，且有创造力[4]

在创意过程中，即使游客在实践中创造一个最终的产品，但是创意过程中的意识活动产生的创造力同样有价值。全球范围内消费者流动性日益增强，旅游已成为大众消费的"产品"，标准化的旅游产品随处可见，因而区别于其他城市的创意旅游活动，将成为一种独特的城市文化资源，有效吸引世界游客促进经济增长和城市发展。然而文化却往往导致一系列的复制[5]，因为这种复制，文化独特性这一曾经的目标消失了，文化旅游正在走向大众旅游。创意旅游成为避免文化复制的有效方式。

第二节　创意阶层驱动下景德镇旅游功能转型

中国是陶瓷的故乡，英文"China"（瓷器）与中国（China）同为一词。瓷器的发明是中华民族对世界文明的伟大贡献，体现了中国人民的智慧和伟大创造。"瓷都"景德镇因宋景德年间（1004—1007）年间为宫廷生产瓷器得名。千余年来，景德镇制业集历代名窑之大成，汇各

---

① Richards, G. & Wilson, J. Developing Creativity in Tourist Experiences：A Solution to the Serial Reproduction of Culture? [J]. Tourism Management, 2006, 27(6)：1209–1223.

② Richards, G. From Cultural Tourism to Creative Tourism: European Perspectives [J]. Tourism, 2002, 50(3)：225–233.

③ Tan, S. K., Kung, S. F. & Luh, D. B. A model of 'Creative Experience' in Creative Tourism [J]. Annals of Tourism Research, 2013, 41: 153–174.

④ Ray, P. H. & Anderson, S. R. The Cultural Creatives: How 50 Million People are Changing the World [M]. Broadway Books, 2001: 197.

⑤ Richards, G. & Wilson, J. Developing Creativity in Tourist Experiences: A Solution to the Serial Reproduction of Culture? [J]. Tourism Management, 2006, 27(6): 1209–1223.

地技艺之精华，形成了独树一帜的手工制瓷工艺生产体系，技艺精湛、品种齐全，创造了中国陶瓷史上最辉煌灿烂的历史。2006 年，景德镇手工制瓷技艺成为第一批国家级非物质文化遗产。2018 年 5 月 21 日，景德镇手工制瓷技艺入选文化和旅游部、工业和信息化部制定的第一批国家传统工艺振兴目录。享誉世界的千年瓷都景德镇，集传统陶瓷文化和现代陶瓷艺术于一体，是发展创意旅游的理想空间，必然成为更具特色和优势的世界著名旅游目的地，以创意旅游为切入点而引领中国乃至于世界旅游产业的发展方式及广大民主生活方式的变革，成为中国文化走向世界的重要传播方式。

游客需要怎样的创意旅游产品？"自我实现"是马斯洛需求理论的最高需求，旅游作为这一需求实现的手段之一，创意旅游需要为游客实现"自我实现"而进行产品开发。从传统的大众观光游到创意旅游，意味着旅游者需求从量到质的改变与提升。从观光到体验，进而从事创造，表明旅游者关注点的重大转变，创意旅游是旅游业高速发展的必要产物。

一、从传统旅游产品到创意体验产品

进入 21 世纪以来，生活水平的提高使旅游者已从最初丰富阅历需求提升到自我实现的需求，体现在旅游者在旅游活动中的所见、所闻、所感、所想所激发的一种感受，成为超越物质追求的精神感受。为此，传统观光旅游产品已不能满足旅游者的需求，新型的创意旅游产品应运而生。

因创意旅游产品是一种新型的旅游产品，对于"创意旅游产品"的定义仍在不断探索中，创意旅游产品不同于一般的旅游服务商品和旅游纪念品，是文化创意产业与旅游产业结合的产物，是旅游文化的独特载体，具有文化含量高、参与创新性强等特点。对旅游目的地而言，旅游产品是通过为旅游者提供必要的基础设施、旅游吸引物来满足旅游者在旅游活动中所需的全部服务，即包含食、住、行、游、购、娱六方面；对于旅游者来说，旅游产品是其花费一定的时间、收入、精力参加旅游活动而获得的一次旅游经历 ①。创意旅游产品同样体现为旅游者提供的旅游经历中的全面服务。

创意旅游产品是在满足旅游者在旅游活动中诸多需求外，旅游者可以通过积极参与创意活动，与旅游目的地互动以感受旅游目的地文化，达到自我实现目的的综合旅游产品。因创意旅游是以文化为前提和基础，以互动式的学习、体验与参与为实现路径和形式，实现旅游者与目的地的互动、旅游者与目的地居民的全面发展及社会的进步 ②。可见创意旅游产品开发需要涉及文化氛围、互动、体验、自我实现等诸多要素。景德镇具有独特的创意空间，游客可以深度体验、参与活动使自己融入当地的文化氛围。

一个旅游目的地之所以吸引人是因为其包含丰富的旅游吸引物，即旅游资源。旅游资源指凡是能够造就对旅游者具有吸引力环境的自然事物、文化事物、社会事物或其他任何客观事物 ③。旅游资源有无形资源与有形资源之分，有形旅游资源包括自然旅游资源和人文旅游资源；无形旅游资源包括社会事物和其他任何客观事物，例如民众生活方式等。

景德镇创意体验活动具有独特优势。创意旅游产品不是将旅游目的地当作一种景观去观赏，而是通过与旅游目的地的互动参与、体验，深入感受旅游目的地的文化、生活等。开发创意旅游产品不是简单地延长旅游天数，也不是简单地提升接待标准将酒店从四星变五星，而是将当地资源——旅游景点，旅游目的地居民、文化等一切有形和无形的资源创意性地纳入旅游活动中，为旅游者提供创意体验。

在旅游活动中，旅游者结合创意产品主动挖掘自己的感知和创建自己的旅游阅历，不是在旅行社等其他外在因素的刻意安排下的有准备的体验，而是如同景德镇当地居民一样成为旅游体验的共同生产者而不是局外人，这种旅游体验是独一无二的，使得创意旅游产品具有不可替代性、不可同质化。旅游者通过参加陶艺活动，了解到景德镇悠久的历史

---

① 王南枝，陶汉军．旅游经济学［M］．天津：南开大学出版社，2000：30．
② 张胜男．创意旅游与城市发展［N］．光明日报（理论·实践），2011-2-20(7)．
③ 李天元．旅游学概论［M］．南开大学出版社，2003：119．

与文化、看到了当地居民的生活状态、生活方式；同时，游客深度体验陶艺文化和技艺，旅游者所见、所闻、所感及所想都置于感动的情绪中，是"自我实现"的一种体现。创意旅游产品正是具有这样的特征：其一，创意旅游产品强调参与和互动，意味旅游者需要和当地人之间更加直接的交流，旅游者通过参加创意旅游产品可以转变和当地人的关系，彻底转变主客之间的力量对比关系，形成一次个性化的、专属于自己的独特旅游体验及旅游经历的旅游产品。其二，体验和参与的活动日益拓展，实现与旅游目的地的互动。在已有的得到创意旅游欢迎的创意产品基础上，进一步增强与目的地的全方位的互动。

不仅如此，旅游目的地为了达到给创意体验旅游提供一个文化内涵丰富、地区特色明显、满足旅游者需要的场地，打造结合自身的特色的有吸引力的旅游胜地。文化是创意旅游的前提和基础，独特的创意体验是创意旅游者的原动力，互动式体验和体验交流是创意旅游的实现手段，促进旅游目的地社会经济发展是创意旅游的目的。无论对于旅游者还是旅游目的地来说，开发创意旅游产品必定是今后旅游产品开发的必然趋势。

基于发展阶段创意阶层可分为三种类型：其一，从事艺术文化部门的专业创作人员；其二，从事传统文化、艺术类职业或其他创意类职业的人员，更喜欢富有自主性的独立思考、参与其中的创作活动并获得经济补偿的工作者；其三，作为游客到具有历史文化价值的旅游目的地，学习当地的文化历史及标志性的手工创作的创意旅游者。"景漂"则是介于艺术人员和创意旅游者之间的第二类群体[①]。作为最具有代表性的创意阶层，"景漂"兼具生产者和消费者的双重特征。主要包括三大类：外来艺术家、发烧友和以陶艺家自居的店主、作坊主；在景德镇创业的非景籍高校毕业生；外地来景陶瓷商户和景德镇周边地区的作坊主、工匠和工人，并且以第一类群体为主[②]。"景漂"作为独特的创作群体具有

[①]　James, W., Kevin, H.Journey of Inspiration: Working Artists' Reflections on Tourism [J]. Annals of Tourism Research, 2014: 65–75.

[②]　齐彪. "景漂"怎么漂？[J]. 美术观察，2014（9）：32–33.

如下特点：首先，"景漂"多是从事陶瓷艺术或者与陶瓷艺术相关的创作或创意产业，体现了创意阶层的特性；其次，"景漂"在景德镇不是待几天，而是在景德镇长期生活几个月、几年乃至于更长时间，在这个过程中与景德镇民众交流、学习，无论是在陶瓷文化还是日常生活方面，都已经与当地人融为一体，这种体验超越了一般的创意旅游者。创意旅游者在目的地参与、学习当地人的文化，他们的生活方式和创意成果本身也成为重要的创意旅游资源。"景漂"是参与构建景德镇陶瓷人文艺术景观的社会行动者，景德镇的人文艺术景观作为人类社会之展现，其建构必然无法脱离传承、掌握并主动和自觉运用源自其本体的智慧的社会行动者们而独立存在，社会行动者们在建构人文艺术景观的过程中即成为此文化现象构成的一部分①。"景漂"已经从最初的旅游者转变为创意旅游者，并且具备创意阶层的显著特性。

创意旅游反映了旅游与不同地理位置战略的日益一体化，包括对创意产业、创意城市和创意阶层的促进。创意旅游的重要因素是旅游者积极参与目的地的活动并与目的地居民互动，游客深度参与艺术、文化、历史、城市空间等社会动态活动，由此通过吸引创意阶层来增强创意产业与旅游业之间的联系②。其一，创意旅游者是"深度体验"的积极共同创作者，创意旅游者的旅游活动的组成部分是不断寻求体验③，不只是停留在一个地方观光游览，而是学习技能、创造手工艺品、参与手工作坊的过程中，帮助当地人共同创造价值和文化④。其二，创意旅游者兼具参与者和学习者的身份，创意旅游者是体验的积极共同创作者或联

①　邝蓝岚.奥斯曼与鲁米：外籍"景漂"与景德镇陶瓷人文景观建构的互动关系 [J].民俗研究，2016（6）：147-160.

②　Booyens I., Rogerson C. M. Creative Tourism in Cape Town: An Innovation Perspective [J]. Urban Forum, 2015, 26(4): 405-424.

③　Gretzel, U.The Rise of the Creative Tourist Class: Technology, Experience and Mobilities [J]. Tourism Analysis, 2009, 14(4): 471-481.

④　Maitland，R. Conviviality and Everyday Life: The Appeal of New Areas of London for Visitors [J]. International Journal of Tourism Research，2008，10 (1): 15-25. Tan, Orientalist Obsessions: Fabricating Hyper-Reality and Performing Hyper-Femininity in Thailand's Kathoey Tourism [J]. Annals of Leisure Research, 2014: 145-160.

合制作人，在开发新的能力上享受并获得乐趣，不再满足于对文化活动的纯粹观察，而是积极寻求参与整个过程。其三，创意旅游者的生活方式和创意成果成为重要的创意旅游资源，意味着创意旅游者不仅是旅游目的地的消费者，同时也具有生产者的身份[①]的双重身份。

二、创意空间与创意阶层交互影响

（一）创意空间类型的学术探索

1. 创意空间具有综合学科特征

空间是与社会生产生活相联系的集群概念和综合范畴，不仅表现为地理学、建筑学等传统意义上的物理空间，还包括社会空间、心理空间等多方面内容。"空间类型"一般表现为特定时间开展特定活动的专用空间[②]，"空间认知"是人们基于对该区域的主观感知[③]。Kong 认为空间包括文化空间、创意空间、社会空间等方面[④]。列斐伏尔（Lefebvre）认为空间是由物理空间、社会空间和表征空间共同构建的"空间系统"，每一种生产方式会生产自己的空间，因而每个地方都有其空间实践[⑤]。迈纳尔（Meinel）等学者认为空间包括放松空间、自由空间、涂鸦空间、不寻常/有趣的空间等四个层面[⑥]。因而进行空间研究需要首先理解当地的起源、形式、特定的生活节奏和其活动中心。

随着创意旅游的兴起，学术界开始关注创意空间（Creative Space）

---

① Richards, G.Creative and Tourism: The State of the Art [J].Annals of Tourism Forum, 2011, 38(4): 1225–1253. 张胜男. 创意旅游发展模式与运行机制研究［J］. 财经问题研究，2016, (2): 123–129.

② Thoring, K., Desmet, P., Badke–Schaub, P. Creative Environments for Design Education and Practice: A Typology of Creative Spaces [J]. Design Studies, 2018, 56: 54–83.

③ Hospers, G. J. Creative Cities: Breeding Places in the Knowledge Economy [J]. Knowledge, Technology & Policy, 2003, 16(3): 143–162.

④ Kong, L. Making Sustainable Creative/Cultural Space in Shanghai and Singapore [J]. Geographical Review, 2009, 99(1): 1–22.

⑤ Lefebvre, H. The Production of Space [M]. Blackwell, 1991.

⑥ Meinel, M., Maier, L., Wagner, T., et al. Designing Creativity–Enhancing Workspaces: A critical Look at Empirical Evidence [J]. Journal of Technology and Innovation Management, 2017, 1(1): 1–12.

的探讨①。创意空间最初被定义为旅游者在室内进行创意体验的固定场所②③，基于某种目的而建造的静态的固定空间，或者是为吸引游客而在特定空间划分的创意飞地，是充满活力的非正式创意空间④；另有观点认为创意空间是景观和消费场所⑤；基于规划、建筑和设计进行划分，齐尔克（Zielke）和怀贝尔（Waibel）认为创意空间是经过翻新的旧工业区或废弃场所⑥。克斯伯里（Duxbury）和默里（Murray）⑦认为创意空间是文化设施、创意环境、飞地、集群、区域、创意中心等同义词。进而"创意空间"除了具有物理结构的空间类型之外，还具有抽象虚拟空间特征⑧。

2. 创意空间要素与分类

理查兹（Richards）和威尔逊（Wilson）认为创意空间具有灵活性、多功能性等特征⑨。感官参与、社交和互动以及共同创造，是创意空间创造力的重要体现⑩。斯特里贾基维奇（Stryjakiewicz）⑪认为创意空间在

---

① Richards, G. & Raymond, C. Creative Tourism [J]. ATLAS News, 2000, 23(8): 16–20. Duxbury, N. & Murray, C. Creative Spaces [J]. Cultural Expression, Creativity and Innovation, 2010: 200–14. Li, P. Q. & Kovacs, J. F. Creative Tourism and Creative Spaces in China [J]. Leisure Studies, 2022, 41(2): 180–197.

② Richards, G., Raymond, C. Creative Tourism [J]. ATLAS News, 2000, 23(8): 16–20.

③ Richards, G. Creativity and Tourism. Annals of Tourism Research, 2011, 38(4) , 1225–1253.

④ Richards, G. & Wilson, J. (eds.) Tourism, Creativity and Development [M]. London: Routledge, 2007: 1–323.

⑤ Hannigan, J. From Fantasy City to Creative City [M].Tourism, Creativity and Development. Routledge, 2007: 70–78.

⑥ Zielke, P. & Waibel, M. Comparative Urban Governance of Developing Creative Spaces in China [J]. Habitat International, 2014, 41: 99–107.

⑦ Duxbury, N. & Murray, C. Creative Spaces [J]. Cultural Expression, Creativity and Innovation, 2010: 200–14.

⑧ Baker, S., Bennett, A., Homan, S. Cultural Precincts, Creative Spaces: Giving the Local a Musical Spin [J]. Space and Culture, 2009, 12(2): 148–165.

⑨ Richards, G. & Wilson, J. Developing Creativity in Tourist Experiences: A Solution to the Serial Reproduction of Culture? [J]. Tourism Management, 2006, 27(6): 1209–1223.

⑩ Kent, T. Creative Space: Design and the Retail Environment [J]. International Journal of Retail & Distribution Management, 2007, 35(8–9): 734–745.

⑪ Stryjakiewicz, T. Anthropogenic Landscape, Creative Spaces and Tourism [J]. Works of the Cultural Landscape Commission, 2010, 14: 52–62.

独特的物体和民俗文化活动的基础上产生，通过对象、活动和创意人三要素的融合，创造出独特的场所氛围。创意空间具有丰富性和本地化特征[1]，在创意空间能够实现创意旅游体验[2]。

基于理查兹（Richards）和迪夫（Duif）[3]的观点，创意空间是由一系列资源、意义和创意组成的集聚空间，具有静态和动态相结合的特征，其地理范围比一般意义上的创意空间更加广泛，其空间数量包括系列创意中心及周边区域，而不是指某个集群。

根据创意空间功能，关于创意空间有几种不同的分类方法。基于创意旅游者的角度分为两类：其一是包括住宿单元在内的标准化空间；其二是与当地人真实交流和互动的创意活动空间[4]。但创意旅游者在公共空间往返移动并未给出明确定义。进而，布兰得利（Bradley）等学者提出比较宽泛的第三空间概念，即"通过关系、社会活动和其他网络支持来促进个人学习、享受和发展的非正式空间"[5]。

托林（Thoring）通过教育案例分析把创意空间分为五类，分别是个人空间（单独学习或工作的空间）、协作空间（与工作伙伴、同学、老师共同学习和工作的空间）、展示空间（演示、展示创意的空间）、制造空间（实验、制造物品）、公共空间（过渡或休息空间）[6]。

中国学者关于创意空间的探索，多集中于创意城市、创意产业领域，针对某一个区域、集群、文化设施等方面进行创意空间的界定。宋

①　Duxbury, N. & Murray, C. Creative Spaces [J]. Cultural Expression, Creativity and Innovation, 2010: 200–14.

②　Marques, L. & Richards, G. Creative Districts Around the World [M]// Creative Districts (2014th ed.) . Breda: NHTV, Breda, 2014: 1–245.

③　Richards, G. & Duif, L. Small Cities with Big Dreams: Creative Placemaking and Branding Strategies [M]. Routledge, 2018: 1–252.

④　Salman，D., Uygur, D. Creative Tourism and Emotional Labor: An Investigatory Model of Possible Interactions [J].International Journal of Culture, Tourism and Hospitality Research, 2010, 4 (3): 186–197.

⑤　Bradley, J., Moore, E., Simpson, J., et al. Translanguaging Space And Creative Activity: Theorising Collaborative Arts–Based Learning [J]. Language and Intercultural Communication, 2018, 18(1): 54–73.

⑥　Thoring, K., Desmet, P., Badke–Schaub, P. Creative Environments for Design Education and Practice: A Typology of Creative Spaces [J]. Design Studies, 2018, 56: 54–83.

祎从城市的层面来定义创意空间，认为创意空间是一种特殊的系统，在此基础上不同学者对创意空间进行概念的延伸①。孙倩提出文化创意空间概念，认为创意空间是一种活动场所和环境②。马仁峰认为创意空间是与创意产业关联的功能空间③，这种关联在何春花工厂遗产改造④中有所体现。

（二）景德镇的波西米亚新优势

创意空间、创意阶层、创意过程与创意旅游相互关系在景德镇得到充分体现。景德镇创意空间不仅具有包容性等特征，其邻里社区、基础设施、文化活动所构成的场景还体现出特定的价值取向，并与创意阶层的内在价值观相关。在创意空间兼具包容性、特定场景价值取向且满足创意阶层价值需求的条件下，才能最大限度挖掘创意阶层的创造潜能，从而促进城市创意产业和社会经济的发展。

基于创意阶层的空间理论探索。近年来国外学者已经开始基于创意阶层角度研究旅游，比如提出创意阶层的成员身份多是对文化感兴趣的游客，他们在旅游过程中体验、参与和学习目的地文化，并且选择了长时间在目的地生活并从事与目的地传统手工制作密切相关的工作，逐渐完成了游客—创意旅游者—创意阶层的转变，这一转变模糊了日常生活和旅游活动的界限。"景漂"正是创意阶层这类群体的典型代表。弗罗里达（Florida）将影响创意阶层选择就业和居住空间的因素归结为人才、技术和包容三个要素，即3Ts⑤。前二者一直是政府关注的重点，而"包容"是最容易被忽略的因素，但这一因素对吸引创意阶层又尤为重

---

①　宋祎.创意空间理念下的城市特色街区设计研究 [D].合肥工业大学，2009.

②　孙倩.基于台北市历史建筑再利用的文化创意空间设计研究 [D].天津大学，2012.

③　马仁锋，邱高根深，廖蕊.从创意企业集聚到创意空间：理论架构与核心概念 [J].云南地理环境研究，2012, 24(3): 1–5.

④　何春花，马仁锋，徐本安，王腾飞，吴丹丹，张舵.鉴于文化创意空间理念的宁波和丰纱场工业遗产改造 [J].工业建筑，2017, 47(1): 50–55.

⑤　Florida, Richard.The Rise of the Creative Class：Technology, Talent and Tolerance [M].New York: Basic Books, 2002: 249–266.

要①。马莱（Marlet）和沃尔肯斯（van Woerkens）在检验创意阶层与城市属性关系时，同样以城市包容性、城市美学、城市便利性、工作机会作为城市属性的指标②。尤迪斯蒂拉（Yudistira）也根据空间与地点的基本概念分为三类：第一类是"物理场所"（physical place），具有固定的物理结构；第二类是"空间"（space），人类在特定的时间通过解读物理场所中的特定元素而建构；第三类是"地方"（place），该空间被赋予某些价值和意义，这些价值和意义是与空间相关的人所创造。只有空间的所有者对其使用者进行适当授权，才能吸引大量的目的地居民和游客前来，大量的居民和游客才能在空间参与活动并实现价值③。可见，包容是创意空间吸引创意阶层的关键，景德镇正是具备这样一个重要因素的城市。

场景理论成为重要的实现方式。以芝加哥大学教授西尔弗（Silver）和克拉克（Clark)④为代表的研究团队提出场景理论，以消费为基础、以城市的便利性和舒适性为前提，把空间看作是汇集各种消费符号的文化价值综合体。该理论从消费的角度出发，认为个体消费时间和金钱而寻求的不是产品，而是娱乐、休闲和体验等人生价值的实现方式。场景理论的突出贡献在于提出了新的学术语法体系，用以对具体场景与新兴创意阶层之间的吸附关系进行分析和测评，该体系包括5个要素：（1）邻里；（2）物质结构；（3）多样性人群；（4）前三个元素及其活动的组合；（5）场景中所孕育的文化价值。其中前四个要素的有机组合，体现了场景所孕育的价值观，而此价值观正是将创意阶层聚集在一起的纽带，包括层次递减的三个空间纬度。基于上述概念又提出"事件空

---

① 刘奕，田侃.国外创意阶层的崛起：研究述评与启示［J］.国外社会科学，2013,(4): 118–126.

② Marlet, G., Van Woerkens, C.Tolerance, Aesthetics, Amenities or Gobs? Dutch City Attraction to the Creative Class. Discussion Paper Series/Tjalling C [J]. Koopmans Research Institute, 2005, 33(5): 55–68.

③ Yudistira, F. Creative Strategy for Creating Public Space for Creative Tourism (Case: Pasar Kaget at Sunda Kelapa Mosque) [M]. Springer Nature Singapore PteLtd, 2017: 41–50.

④ Silver, D. A., Clark, T. N. Scenescapes: How Qualities of Place Shape Social Life [M]. The University of Chicago Press, 2016: 8.

间"（event space）概念，这是公众创新性利用各种资源要素并创造价值的空间，由"物理场所—空间—地点"转变而来，是实现创意旅游的策略之一。

景德镇具有优越的熔炉指数和波西米亚指数，熔炉指数是指一个地方的外来者或者在国外出生者所占人口的比例[1]。景德镇自古以来就是移民城市，移民数量众多。景德镇常住人口将近170万人，是江西省仅次于南昌的第二大外来人口城市，与省会南昌一起被国家统计局定性为江西省两个人口正输入城市，即景德镇的文化熔炉程度较高。波西米亚指数是指一个地区的作家、设计师、音乐家、演员/导演、画家、雕塑家、摄影家和舞蹈家等从事艺术创作的相对人口。景德镇拥有完整的陶瓷制作产业链，有众多的世代相传的陶瓷"学院派"专业人士和"景漂"等众多群体。不同的群体秉承着对陶瓷艺术的热爱，从事着陶瓷艺术的创作，就是景德镇的波西米亚。

"景德镇是一个治愈系的城市，当你的心灵被工业化蹂躏之后，你到这儿来治愈。杭州是舒缓系，丽江是麻醉系，只有景德镇是治愈系。因为每个人来景德镇的目的是不一样的，当别人问我为什么来景德镇，我说我是'景德米亚'，是景德镇加波西米亚。是一群自外于主流社会的人，不被主流价值观左右、过着一种自由自在的生活。我们追求的是一种放纵不羁爱自由的生活方式，我自己说我是景德米亚"[2]。

发展"创意旅游"这一系统性工程，需要基于一定的特殊区域，用创新的思维方式整合旅游资源、创新旅游产品、锻造旅游产业链。基于景德镇特有的创意空间，开发旅游产品，以旅游者与旅游目的地之间互动为核心要素，旅游者通过此过程实现知识或技能的输入，开发个人创意潜能。创意产业与文化旅游产品整合发展，在旅游产品设计、旅游市场营销、创意产业链等环节充分利用创意手段创新旅游产品，将带来旅游业功能的转型。

---

[1]　Florida, R.The Rise of the Creative Class：Technology, Talent and Tolerance [M].New York: Basic Books, 2002: 249–266.

[2]　景德镇陶溪书馆章武先生访谈。

三、景德镇旅游目的地审美环境构建

（一）景德镇创意旅游产品开发

创意实践需要旅游客体、旅游主体及介体三方面的条件。创意旅游者从事旅游，不仅需要旅游目的地开发并发展到一定的程度，更需要旅游者的思想、能力到达一定程度，两者之间共同作用才可产生出最佳的创意旅游产品；同时，还需要通往目的地的途径、在目的地的住宿、参与体验与创造所依托的旅游介体的配合。

其一，打造具有自身独特魅力的品牌形象及特有的旅游基础设施建设为目的。文化是创意旅游的前提和基础，文化内涵与外延十分广泛。景德镇这一作为千年瓷都的文化空间，具有宜居的生活环境特色，随着越来越多的城市和地区加入到发展旅游城市中时，却出现很多问题。一是采用公式化的机构和模式来对旅游和文化进行生产和宣传，使这些城市和地区创造的"独特性"在减少，走向"连续文化复制""无地方性""非地方特色的"的同质化特征；二是游客过多对历史遗迹的破坏，导致游客对游客体验和目的地文化标志价值低评价[①]。景德镇特有创意空间。深度互动体验丰富了旅游产品的内涵。如何将传统旅游产品提升为创意旅游产品？旅游者通过陶艺活动。景德镇具有使旅游者产生心理共鸣的内在氛围，景德镇的生活状态及方式。游客融入与旅游目的地共同营造的环境当中。墨菲（Murphy）[②]认为地方的友好、居民的文化、生活方式等都属于旅游产品的成分。居民参与创意旅游不仅丰富了旅游产品的种类，更能营造真实的民族文化氛围，带给旅游者深刻的文化体验[③]。城市需要考虑如何通过旅游者和城市的互动让旅游者自己创造独特的体验。

其二，创意旅游实践的发展模式。旅游产品开发是根据目标市场需要，对旅游资源、旅游设施和旅游业人力资源进行规划、设计、开发、

---

①　原勃，白凯. 创意旅游理论及实践［J］. 城市问题，2008, 160(11): 97–101, 30.

②　Murphy, P. Tourism: A Community Approach (RLE Tourism) [M]. Routledge, 2013.

③　Maitland, R. Everyday Life as a Creative Experience in Cities [J]. International Journal of Culture, Tourism and Hospitality Research, 2010, 4(3): 176–185.

组合。包括旅游地的规划开发和旅游线路的设计和组合两个方面，以保护旅游目的地环境合理规划为前提。创意旅游产品与观光旅游产品比较而言，创意旅游产品更注重无形的旅游吸引物及其所承载的文化背景。保护旅游目的地的自然环境、历史遗迹；提高当地居民的生活质量，因为当地居民是旅游目的地的一部分，其生活方式也是旅游吸引物之一。创意旅游产品游客参与性的创意旅游产品组合设计策略。创意旅游与传统旅游的本质区别在于：创意旅游强调创意元素，强调与旅游者的互动，以创意思维、创意手段使创意旅游产品更加生动而富有生命力。设计旅游产品是旅游产品开发中的重中之重。

　　创意旅游产品属于高端旅游产品，其开发、考察都需要都入巨大精力和财力。然而能够参加高端旅游的创意旅游者却是少之又少，对于以利润最大化为目标的旅行社就不可能大规模开发此类产品，只能是涉及创意元素，以自费方式融入旅游产品中，即"主题型"旅游产品。这种创意旅游产品尽管还只是初级的创意旅游产品，但相信将有较大的发展趋势。创意旅游是一种打破传统观光旅游形式和被动旅游体验，对于旅游目的地保持持续、创新、健康协调发展，对于旅游者进行创意体验并实现自我提升，都具有重要意义。

　　目的地不仅表现为建筑物等物质元素，也表现为人、网络及其他无形的元素，如记忆、历史、社会关系、情绪体验和文化认同。开发创意旅游的重要基础是识别与特定地区密切联系的活动，寻找目的地资源和游客需求之间的联系，以搭建供给和需求之间的桥梁[①]。创意旅游具有解决文化创意产业实践问题的潜力，西班牙萨拉戈萨米拉数字创新生态系统将建筑文化遗产和城市公共区域相结合，通过物理介体、社会文化和数字联通三个层面的设计，创造游客参与的友好空间，成功地扩大了公众参与度。

（二）从"创意景观""创意空间"到"创意旅游"

　　从"创意景观""创意空间"到"创意旅游"，这三个层次从被动

---

　　① Richards, G. Textile Tourists in the European Periphery: New Markets for Disadvantaged Areas? [J]. Tourism Review International, 2005, 8(4): 323–338.

到主动、从低级向高级逐渐递进，游客在主动参与中提升创意潜能。为此，发展创意旅游不仅要兼顾美学规划与环境设计的视角，实现"人""环境"及二者的和谐这一重要景观；而且还要兼顾多方权利，包括政府的权利、旅游目的地设计者的权利及参与目的地居民和游客的权利等。只有兼顾建筑师、城市居民乃至于来自于不同国家和地区旅游者等群体参与审美和创造性活动的权利，才能促进具有社会性和多元化特征的中国创意旅游向纵深层面拓展，提升目的地竞争力。

相对外国研究而言，中国创意旅游理论研究尚处于初步发展阶段，研究内容主要集中于创意旅游策略、创意旅游对目的地影响的宏观理论方面，多从与创意产业结合的角度进行分析研究，主要集中在学习国外经验，引用国外创意旅游概念、内涵、发展形式，探讨发展创意旅游对于当地旅游及社会发展的意义、各地发展创意旅游的优势及对策分析。但对于创意旅游发展的理论基础、政策制定和产业布局等原创性深度研究较为薄弱，特别是缺乏结合中国优势深入实地，从多种不同视角探索中国创意旅游的具体发展方式。因而，以景德镇作为最佳经典案例地，进行创意旅游理论与实践的创新性思考、深度挖掘区域创意旅游资源，基于景德镇的时空优势探索切实可行的科学发展规划，从根本上摆脱目前景德镇发展进程中的某些遗憾，促使景德镇旅游状况不仅赶超周边的黄山、庐山、婺源等旅游目的地，而且要与其独一无二的世界知名度相称。中国作为拥有丰富传统的历史文化大国，具有独特的资源优势，通过现象学分析、场景理论等研究方法，探索东方视野下创意阶层和创意空间在景德镇发展的特殊路径，开拓出具备中国特色的创意旅游发展方向和模式，进而引领中国旅游业功能转型。

第三节　基于民众与游客共同创造的北京城市创意体验研究

北京各城区景区景点旅游休闲分布表现了区域社会经济文化特征，为北京游客、中外游客提供了丰富的具有内涵的旅游资源要素和创意体验场景。北京景区景点旅游休闲业态在地域性、文化性、动态性等方面都展现不同特征。

针对过于强调现代科技而忽视真实性内核，过于追求艺术呈现而脱离原真性表达的问题，应采取的对策包括：其一，提升休闲服务内涵，实现参与性体验；其二，挖掘主客互动模式，融入目的地生活；其三，基于城乡交融的民宿主人文化传承，进而探索旅游者参与目的地艺术、文化、历史等动态活动的模式，以及与目的地居民深度交融互动的途径，进而获得持续的社会效益、经济效益和文化效应，实现北京旅游休闲的科学可持续发展。

新时代广大民众不仅关注生活水平及消费方式的提升，更关注精神文化领域的参与和创新活动。北京景区景点的旅游休闲体现新的特征和发展态势。新兴的产业，在带给民众旅游方式多样化选择的同时，更带给民众更多的文化空间。发展北京旅游休闲是满足游客日益增长的文化需求，保留文化原真性的有效途径。

一、北京休闲景区业态特征与分类体系

北京各城区景点旅游休闲分布与区域社会经济文化特征相吻合。包括自然风景、城市休闲、公园、遗产古迹、文化体验、博物馆、寺院、传统手工艺、奥体公园、革命圣地、酒庄、工业旅游等多业态形式。

（一）景区业态主要特征

1. 地域性特征

北京各区所分布的景区业态与文化历史、区域经济发展水平等因素密切相关。城市休闲、文化古迹等景区多集中在北京城市核心地区，具有老北京的故都特征，也有现代国际化的特征。比如分布了拥有浓郁北京特色的大栅栏商业街、北海公园及 798 艺术区等。

2. 文化性特征

游客有主动了解地区历史文化遗产的需求 [1]，而参加严肃休闲活动

---

[1] Ellis, A., Park, E., Kim, S. and Yeoman, I. What is Food Tourism? [J]. Tourism Management, 2018, 68: 250–263.

的游客就是为了学习知识技能和追求发展^①。通过休闲活动，参与者在与其他参与者建立社会关系的同时，培养了对服务环境美学的鉴赏力^②。在消费过程中更加活跃和互动^③。因此，通过游客参与严肃休闲的欲望水平可预测其参与共同创造的程度^④。北京作为国际化的历史文化名城，彰显北京八百年建都史的文化底蕴。即使是休闲的北海公园、红色的革命纪念馆等都具有明显的文化特征。

3. 动态性特征

首都北京的各类各级景区都处于不断变化之中。改革开放初期，北京的景区主要局限于旅游的"吃、住、行、游、购、娱"六要素需求；后来，业态内容日益丰富，旅游六要素向深度拓展，发展为沉浸式餐厅、精品酒店、深度旅行和基于游客与目的地互动的新兴旅游方式。

4. 综合性特征

景区发展呈现出新旧交替与交融的状态。不仅关注游客的基本需求，更是关注完整体现目的地居民的生活方式，满足多方利益群体的多元化需求，进而带来旅游业功能的转型。

5. 创意性特征

差异化和特色化是旅游业发展的核心竞争力，景区业态创新要具有令游客印象深刻的主题 IP、独树一帜的景区形象。特别是与目的地文化的情感互动，是推动景区传统业态转型升级、解决业态同质化问题的重要途径，对于提升品牌实力、增强游客吸引力、增加社会效益等方面都具有重要意义。

---

① Stebbins, R.A. Serious Leisure: A Perspective for Our Time(2nd ed.) [M].Aldine Transaction, Piscataway, NJ, 2007: 5.

② Curran, R., Baxter, I.W.F., Collinson, E., Gannon, M., J. and Yalinay, O. The Traditional Marketplace: Serious Leisure and Recommending Authentic Travel [J]. The Service Industries Journal, Vol. 2018, 38 (15/16): 1116–1132.

③ Walter, P. Culinary Tourism as Living History: Staging, Tourist Performance and Perceptions of Authenticity in a Thai Cooking School [J]. Journal of Heritage Tourism, 2017, 12 (4): 365–379.

④ Grissemann, U.S. and Stokburger-Sauer, N.E. Customer Co-creation of Travel Services: the Role of Company Support and Customer Satisfaction with the Co-creation Performance [J]. Tourism Management, 2012, 33(6): 1483–1492.

（二）北京景区业态分类体系

1. 基于环境因地制宜

比如山地型景区依托自然资源，古树、山峰、湖水等自然风光弥补场地空间限制，进行业态创新，游客能够从多角度、深层次体验景区自然风光。

2. 基于文化精准定位

在寻求文化城市的品牌和形象时，旅游利益相关者应重点考虑形象和品牌对当地居民的影响。东道国社区需要拥有自己的身份和历史，文化身份才能成为有效的无形资产[①]。北京的景区承载了丰富的地域文化和民俗文化，挖掘文化内涵，创新表达方式，让游客在参与非遗创作的过程中，与景区深度互动。

3. 基于政策业态创新

宽松、完善、包容的政策是业态创新的根本保障。比如政府支持绿色乡村产业的发展，杜绝低俗业态产品。通过吸引资本、人才、技术、信息、文化进行业态创新，带动相关产业的发展。

二、创意旅游驱动下北京休闲景区发展趋势

科技是业态创新重要驱动力，但大数据、人工智能等新技术带来了景区发展的新局势，但同时也应该与传统景区的真实性相吻合，赋予新奇、个性、多样化的旅游体验。当下存在过度渲染科技的融入效应，在虚拟与现实结合同时，也带来了一些负面影响。未来发展方向应该基于区域真实的空间和环境，科技作为辅助手段来实现景区的真实性，而非脱离真实性。

（一）从追求艺术呈现到原真性内涵的实践探索

1. 民众生活方式与旅游需求变化

从 2015 年到 2021 年北京农业观光园与乡村民俗旅游的游客数量的发展变化图表（见图 2-1），并没有呈现出理想的发展状态。

---

① Walker, M. Cities as Creative Spaces for Cultural Tourism: A Plea for the Consideration of History [J]. Revista de Turismo y Patrimonio Cultural, 2010, 8(3): 17–26.

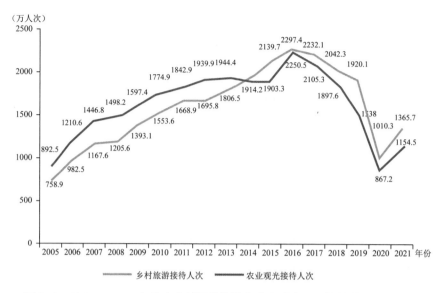

（万人次）

图 2-1　2005—2021 年北京乡村民俗旅游和农业观光园展接待游客人次态势

数据来源：北京市统计局 2021 统计年鉴（2005—2020）（http://nj.tjj.beijing.gov.cn/nj/main/2021-tjnj/zk/indexch.htm）。

根据上述接待人次数据可知，2014 年前，农业观光园的游客比乡村民俗旅游的游客数量多；但 2014 年后，乡村旅游的接待游客略多于农业观光游客，且农业观光园的游览人次变化趋势与乡村旅游大致相同，主要表现在：其一，2005 年至 2013 年间，二者都经历了 2005 年至 2007 年的大幅增长，其中农业观光园由 892.5 万人次发展至 2007 年的 1446.8 万人次，乡村民俗旅游由 758.9 万人次发展至 1167.6 万人次；其二，二者在 2008—2016 年共同经历了缓慢小幅上升之后，在 2016—2019 年之后迅速下滑至 5 年前的发展水平，2019 年乡村旅游 1920.1 万人次，大约与 2014 年游客人次持平；2019 年农业观光客 1911.2 万人次，约与 2014 年游客人次持平；其三，但在 2020 年疫情之后，2021 年乡村旅游和农业观光旅游都表现出不同程度的增长态势。

之所以出现 2016—2021 年北京乡村民俗旅游和农业观光园接待游客人次较少的态势（即使没有 2020 年新冠疫情的冲击，农业观光和乡村旅游的旅游市场情况也会表现出不容乐观的情况），主要原因在于没能凸显乡村的生活环境，也没能深度挖掘乡村文化的内涵及基于乡村地域特征的主客互动。新冠疫情后民众更加珍视乡村拥有的优势及游客对于健康的重点关注，因而，高于农业观光、乡村民俗之上的基于深度体验和参与创意活动是未来的发展趋势（见图2-2）。

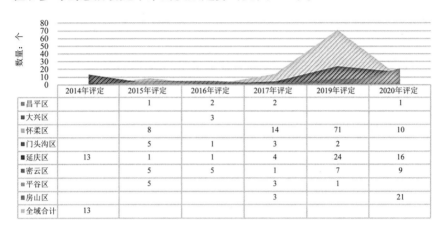

	2014年评定	2015年评定	2016年评定	2017年评定	2019年评定	2020年评定
■昌平区		1	2	2		1
■大兴区		3				
◪怀柔区		8		14	71	10
▣门头沟区		5	1	3	2	
▨延庆区	13	1	1	4	24	16
■密云区		5	5	1	7	9
▥平谷区		5				
▦房山区				3		21
▥全域合计	13					

图 2-2　北京市 2014—2020 年四、五星级乡村民俗旅游户分区评定数量

数据来源：北京市文化和旅游局 2020 年评定结果（http://whlyj.beijing.gov.cn/zwgk/tzgg/202103/t20210322_2313677.html）。

2019 年评定结果（http://whlyj.beijing.gov.cn/zwgk/tzgg/202003/t20200312_1738155.html）。

2017 年评定结果（http://whlyj.beijing.gov.cn/zwgk/tzgg/201803/t20180306_1791827.html）。

目前北京市四、五星级民俗旅游户中，怀柔区占比最多，其次是延庆区、密云区等。2014 年仅延庆区的 13 所民俗旅游户评定为四、五星级；而在 2015 年时，怀柔区、门头沟区、密云区、平谷区等新增星级民俗户均在 5 户以上，昌平区和延庆区也分别新增 1 所民俗旅游户。在 2017 年和 2019 年怀柔区的民俗户增长均排第一，可以看出怀柔区民俗旅游潜力巨大；延庆区在经历 2014 年的初步评审位数量第一，在 2015 年至 2017 年间新增 9 所并无太大变化；但延庆区在 2019 年和 2020 年分别评选上 24 所和 16 所，冬奥会场促进了延庆地区民俗旅游的发展。冬奥民俗村的建立，同时促进了延庆区四、五星级民俗户的标准化发展。

2014—2020 年，北京地区四、五星级民宿的发展表现出明显的区域性特征。尤其是 2017—2019 年，怀柔区和昌平区的四、五星级民俗旅游户（民宿）增长数倍之多；延庆区表现出较为平稳的发展态势；房山区 2020 年这一年增长较快，满足房山区乡村旅游和提升地区经济的发展需要；大兴区最少，只有 3 户四、五星级民俗户，民俗旅游资源有待进一步挖掘和补充。

北京城乡的景区景点蕴含着丰富的地方文化、地域民俗、历史典故等，原真的文化自信长期以来符合民众追求和消费心理。但过于追求渲染的实景式演艺形式不一定符合民众的心理需求和认知，从而也难以展示真实的中国文化。真正的高雅艺术应该与大众审美吻合。

2. 提升休闲服务内涵，实现参与性体验

经过体验经济的发展时代，已经日渐进入创意旅游时代。旅游目的地的旅游利益相关者努力开发吸引文化旅游者参观的品牌和形象。在这一过程应首先将目的地的认知放在首位，才能保持文化的完整性、经济的持续发展及社会效益的实现。

创意旅游作为国际上近 30 年发展起来的新兴旅游形式，经历了大众旅游、文化旅游的发展，得到国际学术界关注并付诸实践[1]。创意旅游的主要特征是利用当地技能、专长和传统为旅游者提供主动参与实践和学习体验的机会，从而更好地开发创意潜质[2]，激发游客怀旧、新奇和代入感，目的地融入更多的生活元素。

由图 2-3 可知，2017—2019 年游客占比最多的景区是城市公园型景区、历史文化观光型景区、现代娱乐型景区。但这三年间有新变化：

---

[1] Florida, R., Tinagli, I. Europe in the Creative Age [M]. London: DEMOS/Carnegie Mellon University, 2004. Pappalepore, I. Marketing a Post-Modern City: A Shift from Tangible to Intangible Advantages [M]//G. Richards and J. Wilson (eds.). Changing Places-the Spatial Challenge of Creativity, Arnhem, Netherlands: ATLAS, 2007. Richards, G., Wilson, J. Developing Creativity in Tourist Experiences: A Solution to the Serial Reproduction of Culture? [J]. Tourism Management, 2006, 27(6): 1209-1223.

[2] Salman, D., Uygur, D. Creative Tourism and Emotional Labor: an Investigatory Model of Possible Interactions [J]. International Journal of Culture, Tourism and Hospitality Research, 2010, 4(3): 186-197.

城市公园型景区由 2017 年的 404.6 万人次下降到 2019 年的 349.9 万人次；历史文化观光型景区则在 2018 年上升至 314.3 万人次之后，2019 年又降至 2017 年同期水平；同样下降的还有自然山水型景区三年来逐年下降，由 2017 年的 35.2 万人次下降至 2019 年的 23.6 万人次；奥运遗产型景区在这期间也缓慢下降。

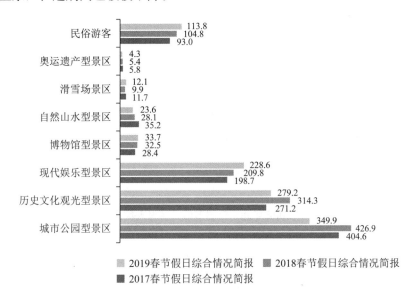

图 2-3　2017—2019 年春节假日游览景区类型变化

数据来源：北京市文化和旅游局。

2022 年数据 http://whlyj.beijing.gov.cn/zwgk/xwzx/gzdt/202202/t20220206_2605226.html。

2021 年数据 http://whlyj.beijing.gov.cn/zwgk/xwzx/gzdt/202102/t20210217_2282851.html。

2019 年数据 https://www.mct.gov.cn/whzx/qgwhxxlb/bj/201902/t20190212_837251.html。

2018 年数据 https://www.sohu.com/a/225088813_545092。

2017 年数据由 2018 年数据增长比率测算出 https://www.sohu.com/a/225088813_545092。

　　在 2017 年至 2019 年间，现代娱乐型景区有较大增幅，从 198.7 万人次上升至 228.6 万人次；同样上升的还有民俗游和博物馆旅游，民俗游逐年从 2017 年的 93.0 万人次上升至 2019 年的 113.8 万人次；博物馆旅游也呈现上升态势，达到 28.4 万人次；滑雪场景区经历了 2018 年的小幅下降之后又在 2019 年增加到高于 2017 年的水平，游客达到 12.1 万人次。

同理，从 2022 北京市"春节"假日游客人次前十景区游客中（图
2-4），占比最多的为前门大街、南锣鼓巷、王府井，分别占比 23%、
18%、17%；其次是旅游休闲街区共计 27%；其中乐多港假日广场 9%、
中粮祥云小镇 8%、北京首创奥莱休闲景区 5%；玉渊潭公园、北海公
园、朝阳公园均占 5%，天坛公园也占 5%。可见民众对于目的地生活
的城市休闲具有越来越多的热情和投入。

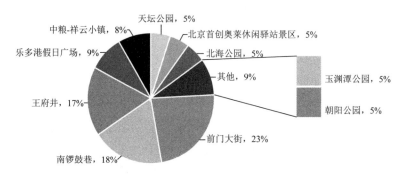

图 2-4　2022 年北京市春节假日游客人次前十景区

数据来源：北京市文化和旅游局。
2022 年数据 http://whlyj.beijing.gov.cn/zwgk/xwzx/gzdt/202202/t20220206_2605226.html。
2021 年数据 http://whlyj.beijing.gov.cn/zwgk/xwzx/gzdt/202102/t20210217_2282851.html。
2019 年数据 https://www.mct.gov.cn/whzx/qgwhxxlb/bj/201902/t20190212_837251.htm。
2018 年数据 https://www.sohu.com/a/225088813_545092。
2017 年数据由 2018 年数据增长比率测算出 https://www.sohu.com/a/225088813_545092。

北京城市休闲和北京休闲公园都是北京旅游休闲空间分布的主要业
态。其中北京城市休闲包括前门大街、南锣鼓巷、王府井、大栅栏、南
新仓等代表性街区。

大栅栏是国家第六批文物保护单位，位于天安门广场以南，前门
大街西侧，是北京市前门外一条著名的商业街，地处老北京中心地
段，中轴线的重要组成部分。自 1420 年（明朝永乐十八年）以来，经
过 500 多年逐渐发展为店铺林立的商业街。在大栅栏分布着 11 个行业
的 36 家商店。现在经过整体改造工程已经复原民国初期风貌，清雅的
青砖路面和古香古色的建筑店铺形成独特的历史文化空间氛围。"老北
京"老字号大多汇集在大栅栏：买鞋内联升、买帽马聚源、买布瑞蚨

祥、买表亨得利、买茶张一元、买咸菜六必居、买点心正明斋、小吃青云阁、立体电影大观楼、针头线脑长和厚。大栅栏成为具有大众化特征的商业聚集地。

南新仓位于平安大街"龙头"（东城区东四十条22号），以文化创意为特征，"新的在旧的中，时尚在历史中"。30余家商铺不仅有艺术画廊、会所，还有中外特色风味餐厅、酒吧和茶苑等。有艺术文化、演出文化、美食文化等活动内容，特别是"皇家粮仓"上演昆曲《牡丹亭》，具有600年历史的非物质文化遗产成为文化休闲旅游的热点。"南新仓"使历史文化遗产与街区建设有机融合，按照人与自然和谐、人与遗产和谐、环境与遗产和谐、传统与现代和谐的理念，使文物保护与商业运营有机结合、均衡发展、和谐共生。

北京休闲公园是北京旅游休闲空间的主要业态，包括玉渊潭公园、北海公园、朝阳公园、日坛公园、地坛公园、颐和园等代表性公园。

日坛公园是位于北京朝阳门外东南的明至清时期古建筑。原为明清两代帝王祭祀大明之神"太阳"的处所。新中国成立以后，北京市人民政府决定将日坛扩建开辟为公园。

地坛是仅次于天坛的北京第二大坛，始建于1530年，是明清两朝帝王祭祀"皇地祇"的场所，也是我国现存的最大的祭地之坛，为国家文物保护单位。公园占地37.4公顷，草坪面积14.52万平方米，绿化覆盖率达78.8%，园内多古树，古树群落已成为公园的一道独特景观，还有方泽坛、皇祇室、宰牲亭、斋宫、神库等古建筑景观。

颐和园其前身为清漪园，始建于1750年（清乾隆十五年），坐落在北京西郊，与承德避暑山庄、拙政园、留园并称为中国四大名园。被誉为"皇家园林博物馆"，体现了中国人民的智慧和创造，展示出中国造园艺术的精华。

基于此，突破沉浸式体验，增强游客与目的地居民的互动，还原目的地真实的场景和内容成为未来发展的主要趋势。全球文化旅游发展曾呈现出繁荣趋势，舒适的服务环境能够刺激感知和提升服务质量，提升学习的情感和想象力，进而服务质量成为参与者评估学习认知程度的重要因素①。北京作为具有悠久历史和文化的历史文化古都,亟须基于现代城市文明与厚重文化底蕴相结合的地域优势,实现民众深度参与性的科学发展道路。

三、北京传统手工艺创意体验传承

(一)挖掘主客互动模式,融入目的地生活

北京这座有 800 多年建都史的古都,同时兼具历史文化和现代文明的双重特征。北京传统手工艺拥有侧记陶瓷艺术馆、中国石雕艺术园林等区域。北京陶瓷艺术馆、文化体验馆、酒庄、滑雪场等丰富的设施与服务。其中主要代表性的景区景点有传统手工艺类如北京陶瓷艺术馆、中华石雕艺术园;文化体验类如老舍茶馆、滑雪场基酒庄创意体验等。

北京陶瓷艺术馆是以艺术传播和文化推广为核心的大型艺术机构,场馆面积 3500 平方米,旨在打造艺术交流平台,包括陶瓷博物馆、综合展览馆、陶瓷生活馆、陶艺体验中心、陶瓷原创馆、闽龙书院、多功能厅等多个展馆区域。主办古今中外陶瓷及相关艺术品的文化活动,包括收藏、研究、展览陈列、销售、国学传播等。特别是立足于艺术场域,以举办展览、提供互动平台的形式,实现较广泛的陶瓷及多种形式的艺术文化交流。

中华石雕艺术园位于北京市房山区大石窝镇,总面积 50000 平方米,总投资 4500 万元。整个园区集观光、旅游、服务、接待、会议、娱乐为一体,既可供游人观光、娱乐,又可展示传统精美石雕艺术。国家 4A 级景区云居寺就坐落在园区北边的白带山谷之中,每年可接待游客 500 万人次,具有区域特色的观光、采摘、休闲。房山是石文化的故乡,是出名的石雕艺术文化之乡和优质石材的产地,为北京城的建设提供了大量的石材,堪称北京之基、故宫之基。房山大石窝以其独产物——汉白玉名扬中外,汉白玉被国家编制为石材 001 号,堪称"国宝一号",早在公元 605 年(隋唐大业时期),大石窝汉白玉就被云居寺

---

① Kokkos, A. Transformative Learning through Aesthetic Experience: Towards a Comprehensive Method [J]. Journal of Transformative Education, 2010, 8(3): 155–177.

用来雕刻石经，历经隋、唐、辽、金、元、明六个朝代，所用石料达1000多吨；故宫、天安门前金水桥、颐和园、天坛、卢沟桥、十三陵等宏伟建筑所有汉白玉石料都取自大石窝；人民大会堂抱柱石、人民英雄纪念碑浮雕、毛主席纪念堂以及近年落成的中华世纪坛题字碑等所采用的汉白玉石材均取自大石窝。另外大石窝的石材还走出国门、远渡重洋，在异国他乡大放异彩，日本北海道的天华园、新加坡御华园、加拿大枫华园等工程均有出自大石窝的石材。

老舍茶馆建于1988年，陈设古朴典雅，京味十足。大厅内整齐排列的八仙桌、靠背椅、屋顶悬挂的宫灯、柜台上展有龙井、乌龙等各种名茶的标牌以及墙壁上悬挂的书画楹联，有如一座老北京的民俗博物馆。在老舍茶馆可以欣赏到曲艺、戏剧名流的精彩表演，同时品用名茶、宫廷细点和应季北京风味小吃。老舍茶馆开业以来接待了很多中外名人，享有很高的声誉。

北京石京龙滑雪场于1999年建成，位于国家生态环境示范区——北京夏都延庆，距北京市区80公里，是北京周边地区规模大、设备设施齐全、全国较早采用人工造雪的滑雪场。石京龙滑雪场占地600亩，10条雪道包含1条高级道、4条中级道、4条初级道和1条残疾人专属无障碍雪道，另外还设有道具公园、儿童戏雪乐园和树林野雪区，能够让不同水平的滑雪爱好者都在此找寻到这项高雅的户外运动带给人们的乐趣。

北京龙徽葡萄酒博物馆是首家葡萄酒博物馆，是北京市唯一一家讲述北京葡萄酒百年文化及历史发展的葡萄酒博物馆，北京市工业旅游示范点之一。

北京莱恩堡国际酒庄位于华北平原与太行山交界地带的北京房山产区，正处于北纬40度左右的"酿酒葡萄种植黄金线"上，温带大陆性气候及独特的山前小气候适宜酿酒葡萄生长。优越的地理位置和优美的自然环境，拥有多项成熟的娱乐功能，集酒庄体验、餐饮、家庭聚会、团队建设、会员活动、草坪婚礼、影视拍摄等多种功能，以美景美食和美酒为承载，让来到莱恩堡的人在自然中享受快乐和安心。

游客参加具有体验特征的"娱乐"活动能够为游客带来非凡的乐趣[1]。而活动所处的物理环境对感知体验价值的感官维度具有吸引力。新颖、干净且吸引顾客感官的物理环境，将产生重要价值[2]。

探求目的地居民的生活追求，在主人与游客的深度交互中，传递当地的文化符号和技能技术。探索旅游者参与艺术、文化、历史等动态活动的模式及与目的地居民深度互动的方式。在个性化设计及服务体验中增强主客关系，进而获得持续的社会效益、经济效益和文化效应。

2019 年和 2021 年，前门大街、王府井大街、南锣鼓巷景区游览人次都进入前三名（见图 2-5）；王府井大街在疫情前后变化不大，2019年和 2021 年分别为 119.8 万人次和 110 万人次；前门大街景区变化较大，由 178.5 万人次下降至 93.7 万人次。

特别值得关注的是：2021 年跌出 2019 年游览前十景区的有北京世园会、大运河森林公园、故宫博物院、八达岭长城，尽管部分原因是疫情影响外来游客减少，但同时也体现了疫情常态化背景下，北京民众对于旅游休闲街区日益增长的偏好。2021 年国庆节，新进入接待游客前十的景区有乐多港假日广场、北京首创奥莱休闲驿站景区、奥林匹克森林公园，分别占 47.1 万人次、43.6 万人次、33.5 万人次，其中乐多港假日广场、北京首创奥莱休闲驿站景区被定为 2021 北京市级旅游休闲街区。可见，近 5 年间旅游休闲街区发展趋势良好。

---

① Taheri, B., Jafari, A. and O'Gorman, K. Keeping Your Audience: Presenting a Visitor Engagementscale [J]. Tourism Management, 2014, 42: 321–329.

② Adongo, C.A., Anuga, S.W. and Dayour, F. Will They Tell Others to Taste? International Tourists' Experience of Ghanaian Cuisines [J]. Tourism Management Perspectives, 2015, 15: 57–64.

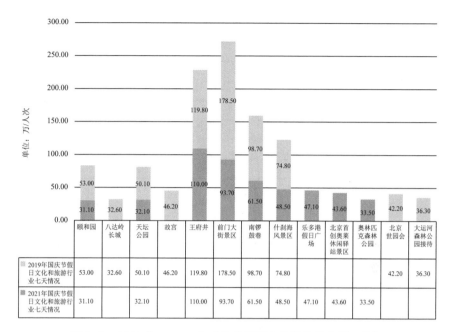

图 2-5 2021 年、2019 年疫情前后国庆前游览前十景区数据

数据来源：北京市文化和旅游局。

2021 年 http://whlyj.beijing.gov.cn/zwgk/xwzx/gzdt/202110/t20211007_2507641.html。

2019 年 http://whlyj.beijing.gov.cn/zwgk/xwzx/gzdt/201910/t20191007_1744493.html。

　　2018—2021 年，北京景区排名发生较大变化（图 2-6），主要表现为王府井、乐多港假日广场等民众生活场所的排名向前跃进。北京景区旅游人次排名变化比较大的是乐多港假日广场，2018 年开园时是旅游景区第十的位置，到 2021 年乐多港假日广场旅游人数排名跃升至前五，王府井景区在 2018 年并未进入前十景区，在 2019 年和 2021 年排名上涨，2019 年旅游人数第二名和 2021 年第一名。

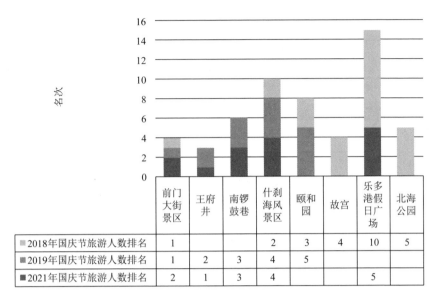

图 2-6　2018—2021 国庆节旅游人数前五景区排名

数据来源：北京市文化和旅游局。

2021 年 http://whlyj.beijing.gov.cn/zwgk/xwzx/gzdt/202110/t20211007_2507641.html。

2019 年 http://whlyj.beijing.gov.cn/zwgk/xwzx/gzdt/201910/t20191007_1744493.html。

2018 年 http://whlyj.beijing.gov.cn/zwgk/xwzx/gzdt/201810/t20181007_1792134.html。

　　文化水平较高的游客拥有更高的自我效能、胜任能力和管理能力，从而表现出参与角色创造的能力和共同创造体验的能力，因而文化知识水平直接影响参与度[①]。在 2020 年后，景区排名发生较大变化，从 2017—2018 年春节倾向于故宫博物院、什刹海风景区等历史文化型景区，转变为 2022 年春节倾向于游览前门大街、王府井、南锣鼓巷等生活型景区（见图 2-7）。同时，在冬奥会成功举办的前提下，2021 年北京首创奥莱休闲驿站五年来进入春节假日景区前五名。

　　① Meuter, M.L., Bitner, M.J., Ostrom, A.L. and Brown, S.W. Choosing among Alternative Service Delivery Modes: An Investigation of Customer Trial of Self-service Technologies [J]. Journal of Marketing, 2015, 69(2): 61–83.

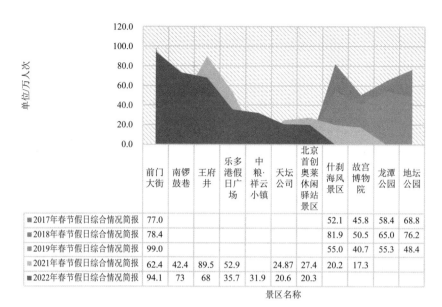

图 2-7　北京市 2017—2022 年春节游览景区排名

	前门大街	南锣鼓巷	王府井	乐多港假日广场	中粮·祥云小镇	天坛公司	北京首创奥莱休闲驿站景区	什刹海风景区	故宫博物院	龙潭公园	地坛公园
■2017年春节假日综合情况简报	77.0							52.1	45.8	58.4	68.8
■2018年春节假日综合情况简报	78.4							81.9	50.5	65.0	76.2
■2019年春节假日综合情况简报	99.0							55.0	40.7	55.3	48.4
■2021年春节假日综合情况简报	62.4	42.4	89.5	52.9		24.87	27.4	20.2	17.3		
■2022年春节假日综合情况简报	94.1	73	68	35.7	31.9	20.6	20.3				

景区名称

数据来源：北京市文化和旅游局。

2022 年数据 http://whlyj.beijing.gov.cn/zwgk/xwzx/gzdt/202202/t20220206_2605226.html。

2021 年数据 http://whlyj.beijing.gov.cn/zwgk/xwzx/gzdt/202102/t20210217_2282851.html。

2019 年数据 https://www.mct.gov.cn/whzx/qgwhxxlb/bj/201902/t20190212_837251.htm。

2018 年数据 https://www.sohu.com/a/225088813_545092。

2017 年数据由 2018 年数据增长比率测算出 https://www.sohu.com/a/225088813_545092。

（二）北京景泰蓝创意体验研究

1. 民众参与和创作的平台

典型的旅游目的地在具有代表性文化的同时，有目的地的特色文化，为旅游者提供亲自动手的实践学习机会，并提供游客进行主动参与和体验，并与目的地居民或从业者共同创造的旅游产品，在此过程中激发旅游者的创意潜能。

北京是中国非物质文化遗产景泰蓝（又称"铜胎掐丝珐琅""珐蓝""嵌珐琅"）的发祥地，景泰蓝这项传统手工艺品已有 600 多年的历史。因在明朝景泰年间盛行，且制作技艺已达到比较成熟的高度，使用珐琅釉多以蓝色为主，故称"景泰蓝"。北京珐琅厂是中国景泰蓝的顶级制造厂，依托自身优势，发挥国家级非物质文化遗产生产性保护示范基地、"京珐"艺苑工厂店和北京市离境退税商店、"北京礼物"旗舰店的优势，积极围绕景泰蓝艺术博物馆、景泰蓝技艺互动体验中心在文化传承中的"中枢"作用，为民众和游客打造了集艺术性、休闲性、趣味性、交流性等多元化的"老字号夜间文化休闲地"，成为老百姓周六夜间休闲购物、品鉴学习的好去处。游客在这里可以参观学习景泰蓝的制作过程，可以在凝蓝掐丝珐琅工作室亲自体验点蓝的步骤，利用想象力自己设计图案，并在老师引导下动手制作出自己的珐琅作品，更加深刻细致地体验珐琅工艺的精美。目的地居民或从业者共同创造旅游产品的过程中激发创意潜能，达到深度体验。

2022年8月20日至9月17日的每周六晚上，在位于北京市东城区永外安乐林路10号的北京市珐琅厂景泰蓝艺术博物馆和体验中心，举行北京市珐琅厂"第四届梦幻景泰蓝夜场文化体验季"活动。院内提供免费停车位。京珐景泰蓝、北京市前进鞋厂、北京制帽厂、北京剧装厂、红星二锅头、百花蜂蜜、料器、石画等十余家中华老字号、非遗项目、民间工艺等团体，共同组织了吸引众多市民光顾的老字号文化夜市。

室外的商品琳琅满目，"银晶蓝"烟灰缸、代表年轻时情怀的"前进鞋厂的鞋""红星二锅头的酒""百花牌的蜂蜜"，都是"老北京的就是好这口儿"。

楼内的活动丰富精彩，不同于一般博物馆，夏日夜市中的景泰蓝艺术博物馆面向市民开放，市民全面参观景泰蓝生产制作车间、景泰蓝艺术博物馆、珍宝馆，能够深度了解景泰蓝文化知识。特别是景泰蓝体验中心在夜间开启"梦幻景泰蓝体验会"活动，市民亲手体验作为"大国工匠"的乐趣，更为难得的是现场有高级技师一对一教学，喜爱景泰蓝的朋友们获得特别的惊喜。

2. 景泰蓝——大国外交舞台上的闪耀明珠

景泰蓝已经从北京名片、中国名片成为世界名片，在国际舞台上发扬光大。

景泰蓝《盛世欢歌》永久珍藏于联合国总部万国宫。2017年1月

18 日，中国最高领导人习近平主席在联合国总部万国宫首次发表主旨演讲，阐述构建人类命运共同体这一中国方案，将景泰蓝《盛世欢歌》赠予联合国总部，并正式解读赠礼内涵：盛世欢歌瓶，它既富有中国的文化底蕴，又承载着一种美好的寓意，主题图案是由孔雀、牡丹、玉兰、和平鸽构成，在中国传统文化中这都象征着安静、祥和、繁荣、发展，瓶身部分的一些纹样是中西兼用的，体现了中国文化相互交融的理念。[①]

中国第一夫人彭丽媛邀请"一带一路"国际合作高峰论坛的外方团长配偶在景泰蓝《和平颂宝鉴》点蓝。2017 年 5 月 15 日，中国第一夫人彭丽媛邀请出席首届"一带一路"国际合作高峰论坛的外方团长配偶参观世界文化遗产——故宫博物院。在御花园北京"非物质文化遗产"项目展示区，彭丽媛及各外方团长配偶与国家级非遗传承人钟连盛等亲切交流，并亲自在景泰蓝"和平颂宝鉴"上点蓝[②]。

当代景泰蓝"和平尊"，主体以造型各异、色彩多变的和平鸽、吉祥花及百鸟纹样交相辉映。绵延不绝的缠枝莲图案通贯作品，形成主脉，寓意中华民族五千年文化在新时代焕发新的生机。底部三尊金牛托起瓶身主体，在明示《和平尊》作于牛年的同时，褒扬了中国人民勤劳、顽强的民族性格。

作品在突出景泰蓝工艺稳重、大气风格的同时，运用以精细、小巧为特色的花丝、錾铜等工艺。从作品顶部栩栩如生的凤凰、傲立于尊盖两侧的鹦鹉、作品颈部的和平鸽配饰，到瓶身下部的花丝孔雀，都在向观赏者展示景泰蓝与花丝、錾铜工艺相结合的绝妙美感。独具匠心的创意及高水准的精心制作，成就了《和平尊》这一景泰蓝艺术中的旷世杰作。2019 年 12 月 31 日，《和平尊》由中国国家博物馆永久馆藏，成为首个荣登这一最高艺术殿堂的当代景泰蓝作品。

---

① 钱美华.撑起了新中国景泰蓝的半边天[EB/OL]（2021-05-18）.https://www.takefoto.cn/viewnews-2492451.html.

② 钱美华.撑起了新中国景泰蓝的半边天[EB/OL]（2021-05-18）.https://www.takefoto.cn/viewnews-2492451.html.

　　第一批国家级非遗传承人钱美华，上承梁思成、林徽因两位先生教海，深受周总理、沈从文、郭沫若赞赏，下启米振雄、戴嘉林、钟连盛三位中国工艺美术大师。在 60 年景泰蓝从艺生涯中，取得了艺术创作的丰硕成果丰硕[①]。中国非遗传播走向世界。

---

　　① 钱美华.撑起了新中国景泰蓝的半边天[EB/OL]（2021–05–18）.https://www.takefoto.cn/viewnews–2492451.html.

第三章　创意旅游驱动下城市可持续发展模式研究

第一节　创意空间形态与城市文化管理

创意旅游作为国际上近十年发展起来的新理念，对旅游产业的发展、旅游研究的深入以及以创意为核心的城市建设，特别是为实现"把旅游业培育成为人民群众更加满意的现代服务业"目标，都具有积极推动意义。

一、创意旅游与城市吸引力

（一）旅游带来民众生活方式变革

世界城市在努力借鉴同时代其他城市旅游发展模式的连续复制中，城市日趋标准化而导致更激烈的竞争，诸如美国巴尔的摩近海发展模式、澳大利亚约克角的遗迹挖掘模式、西班牙巴塞罗那事件重振模式等一系列的发展模式。一座座现代城市的标志性建筑及基本相同的设施，掩盖了城市特色，似乎与城市所在地区关系不大。近 30 年来欧美发达城市纷纷提出以推动第三产业内部结构优化升级为重点的城市再造计划，特别是把利用文化和旅游促进地区发展为主要的文化经济手段，但由于缺乏创意而使旅游内容趋向于雷同，因失去地域性特征而没能带动经济发展。中国经济经过 30 年的快速发展，随着工业化、城市化的扩张进程，城市内部自然环境、资源能源状况面临新的问题，城市发展的内在驱动力在减弱。21 世纪初，"创意产业""创意旅游"的兴起成为城市转型与复兴发展的关键，成为持续城市生命力的关键。

旅游发展方式已经发生根本性变化。在民国时期的 1936 年春季，"友声旅行团"提倡"养成旅行习惯，研究自然兴趣"，组织 1000 余名上海儿童乘坐 10 余列专车、30 艘游艇前往无锡蠡园、鼋头渚、小其山等地旅行，堪称当时"集团旅游"的壮举。目的地广大民众纷纷出门观看，交头接耳，成为一时奇观。显然，当时游客与目的地居民差别巨大。而今，全球化过程中，旅游者的数量和质量都发生了深刻的变化，旅游已经成为广大民众重要的生活方式，旅游业、旅游实践及游客都在发生迅速衍变，游客的需求已经日益接近于目的地居民，甚至寻找在目的地的归属感。旅游行为与旅游体验成为城市生活的重要部分，游客与城市居民日渐融合。在这样的背景下，城市居民审美需求与游客基本相同。

城市旅游的重要影响，是城市扩展的经济与地理因素、对国家经济的贡献，旅游业也不例外地成为城市中心的大门。伴随着全球化的进程，后现代和工业化城市景观将具有重要的地位。休闲经济（包含旅游、休闲和更广泛的文化产业）的发展，塑造了城市消费与生产的新地理，而城市旅游的新形势和休闲活动尚未被预期或其概念将会发展。

城市风光，更多地体现为重新追寻呈现历史建筑与街区的城市原貌，构建满足城市民众休闲与体验的城市文化设施，以及每一个"城市人"的素养与生活方式。首先，城市的吸引力来自于在自然发展中保护和恢复历史文化城市原貌，否则将导致"恶性循环"。如威尼斯开发历史城市遗迹旅游，造成原本为高层次消费者提供的旅游产品，却因大规模游客参观圣马可大教堂而被一日游的大众游客所替代，导致了游客对目的地文化标志性价值的低评价，与开发的初衷相违。其次，城市的吸引力来自于充满活力和创造力的城市民众日常生活。游客关注的是更富有意义的城市的"现实"而不是专为游客准备的像是迪士尼的"人造"表演。游客能够在没有品牌的地方通过体验目的地生活而创造品牌，而城市在差异性竞争中因各具特色都成为胜利者。最后，城市吸引力源于旅游目的地内在文化核心驱动而非外在的物化表现，运用高科技、融于青山绿水的《印象刘三姐》等空间舞台表演系列带来了广泛的经济效益和社会影响，但仍有待于在创意观光和创意空间基础上，进一步发展为互动空间而将旅游创意向前推进。

（二）城市吸引力——从静态到动态的发展

1. 城市为什么吸引游客？

城市旅游已经成为世界范围的旅游形式，得到旅游界和城市专家不同程度的专注。阿什沃斯（Ashworth）[①]提出城市旅游研究规模维度，通过光谱学术分析，提供主题范围及出现程度。

城市旅游内容纷繁复杂，具有明显的多元化特征。旅游是城市环境所关注的社会经济现象之一，包括旅游业管理，游客对旅游产品体验，游客的动机、爱好及文化视野与城市社区居民的辩证结合，其结果对旅游者、社区居民和产业都产生影响。即使城市旅游与其他环境旅游不同，城市旅游在本质上不同于农村、山区、海边及其他以地理划定的旅游，城市与"文化""节事""艺术""历史""会展""运动""美食学""夜生活""购物"等都有密切的联系。旅游开启了一个新的城市地理单元，"城市为什么吸引游客"与"谁是城市旅游者"，二者密切联系。

（1）旅行与旅游。过去30年间，旅行活动不断增长，其中的大部分不可避免地与城市有关，因为城市是交通、住宿以及其他跟旅游有关的基础设施的集中地，这在世界城市及非世界城市的表现是同样的。广大民众旅行次数更多，不仅仅是为了旅游，一个被非城市旅游经历吸引的游客，也会不可避免地花一些时间在城市旅游上；反之则不然。因此可以说，所有在城市观光的客人都是城市旅游者。城市观光有两种，一种是恰巧坐落在城市区域的旅游景点的观光，这些景点能够带来与参观非城市环境的同样的享受；另一种是游客以城市观光的特殊性为主要动机。

---

① Ashworth, G. J. The Tourist-Historic City: Retrospect and Prospect of Managing the Heritage City [M]. Amsterdam; New York: Pergamon, 2000.

（2）"为什么去参观城市？"城市在功能、设施、建造形式、文化、民族等方面被赋予高密度和多样性特性，也是城市不同于乡村的"城市生活的特征"。"观光""闲逛""了解这座城市""融入这座城市的人们当中"反映了城市旅游的动机和关键要素。

（3）游客与城市居民需求越来越接近。尽管在许多城市，游客与当地居民的经济、社会、文化和行为之间有明显的差异，但却很难区分游客与城市居民在使用城市功能上的不同。源于其动机和行为方面，很难有效区别游客与城市居民，城市旅游是一个"特殊兴趣"的行为，只是在假期中的习惯性的"兴趣"和"行为"。"游客"是假期中的"居民"，"居民"是旅行之间的"游客"。而且，居民和游客使用相同的城市设施，无论是商店、文化表演、交通设施。同时，城市的管理不可避免要涉及主体的多样性、利益相关者的多样性，以及角色的多样性。这通常会阻止任何与众不同的城市文化、旅游政策或管理的形成与实行。因此，城市旅游者不能简单地通过旅游动机、活动类型、管理政策等进行单独定义，旅游者已经越来越接近目的地城市居民。

城市旅游与一般景点景区旅游不同，具有区域性多功能特征。在城市内部的具有多功能城市特征的旅游，旅游活动的多样化、普遍性已经难以用增加城市景观来识别"城市旅游"这个标签。多功能、多样性正是城市的重要特色。相比之下，海滨胜地和遗产主题公园等虽然很是诱人，但不可能建立一个绝对的度假地和非度假地城市，甚至旅游区和非旅游区，一些城市或地区吸引很多的游客。

2. 旅游成为标准化的行业——美国城市基础设施建设

美国城市投入大量的资金进行全新的基础设施建设，以吸引游客，增强竞争力。旅游是一项重要的经济要素，在全美几乎向所有大城市推广。城市试图建立一个良好的形象吸引游客及相关机构，而形象的建立通常是由一个专业有序的产业完成，特别是在地域营销方面有很强的专业性。美国城市一直以来都在城市基础建设上投入大量资金，以此来支持旅游业。到1861年，铁路建设中城市提供了3亿美元的补助，相比之下，州政府提供了2.29亿美元，联邦政府只提供了6500万美元。

1866 年到 1873 年间，29 个州的立法机关为当地政府对铁路建设的援助签订了 800 份授权书。①

从 20 世纪 80 年代早期开始，城市开始了激烈竞争，就好像一个多世纪之前的铁路战争一样。1981 年，里根政府快速减少或消除了限制城市的政策，试图帮助陷入困境的城市。城市投入大量资金来进行基础建设，以此来支持当地的娱乐和旅游经济。到布什在任期间，花费攀升至 1200 万美元，促进美国旅游业发展。1993 年世界旅游及旅行理事会（WTTC）上，代表们希望美国商务部长为旅游设立一个专门的内阁级职位。所有城市都热衷于举办行业会议。1993 年 9 月，5000 个美国旅行社协会的代理商在密苏里州圣路易斯会面。加利福尼亚的一个旅行社表示"来这儿之前我对圣路易斯的印象很不好……非常脏，非常乱"，但是参观以后改变了自己的看法，现在认为这个城市可以作为全美旅行的一部分②。

打造适合游客居住的目的地城市。在美国一些城市尤其是旧金山、纽约，甚至西雅图和菲尼克斯等正以这种方式吸引游客。有些地方，因为城市的衰退或一些社会问题使得城市的某些方面并不适合游客居留，因而这些地方都明确说明要为游客预留合适的地方。游客没有必要去看当地人生活和工作的私人空间。城市的旅游场所一般建在这样一些地方，在这些地方建立一个怀旧的或是理想化的主题。比如纽约南街海港市场增强娱乐的功能，通过制造有特殊风格的主街或工作港来吸引游客。为此，仅仅 30 年时间，市中心已经从批发零售的中心转变成高水平企业服务的中心。政府出资或公共补贴所建的娱乐设施与公司办公大厦互相依赖共存，商场、餐馆、酒吧等也迎合了工作人员和游客。

工作和娱乐设施越来越标准化，以至于成为振兴经济的模板，在全美的城市迅速被复制，希望能够带动旅游及娱乐业的发展。为了准备1990 年欧洲文化城市的相关活动，格拉斯哥建了一个博览会场地，并沿着克莱德河的沿岸铺设数英里的砖路。1980 年，利物浦获得大量的

① Judd, D. R. Promoting Tourism in US Cities [J]. Tourism Management, 1995, 16(3): 175–187.
② 同①.

国家补助，拆除了废弃的码头和仓库，取而代之的是购物娱乐设施以及大量的公寓，还有一个长廊、一个池塘、一个海洋博物馆及其他旅游设施。自从 1976 年开放昆西市场，波士顿几乎重建了它的港口。旧金山则长久以来以广场及沿海岸线数英里的旅游景点而闻名。

被称为 "20 世纪 80 年代的灰姑娘城市" 的巴尔的摩已经通过替换那些荒废的建筑来改建它的海港，这些建筑曾经沿着它的海滩，有很好的开放远景。内港计划的一个主题就是 Harbor Place，由两个 James Rouse 设计的透明展馆组成。1980 年，开放的第一年赚取 4200 万美元。第二年，国家水族馆也建成。在之后的 10 年间，吸引 1500 万名旅客。在 1980 年至 1986 年间，参观内港的旅客人数以及旅馆房间的数量升了 3 倍。城市的人力资源部门安排了 1300 个工作岗位在内港，其中 40% 是少数族裔。

对于这种风格的沿岸开发，圣路易斯相对来说是一个后来者，尽管它的拱门及地面早在 1975 年就开放了。城市中心有密西西比河流过，被高速公路所隔，组成了一个大公园。拱门的北面，是坐落在密西西比河岸边、经过翻新的 19 世纪小商店，河两岸没有风景。拱门的南面是一排化工厂。1994 年 3 月，城市政府宣布了 2.5 亿美元的沿河开发计划，采用一种其他城市惯用的风格：沿河建筑长廊、公园、码头、运动及娱乐设施，而河船赌场是这个计划的新元素。圣路易斯试图从旅游热中获利，很快蔓延到整个美国。到 1992 年，会议组织者将赌博排在娱乐活动的第 5 位，仅排在网球和水上运动之后。城市必须在所有或大部分的旅游项目中投资，而不是仅一两项。旅游区因形成面面俱到的服务和商业而提升地区吸引力，从而增强经济凝聚力。

旅游基础设施建设方面，城市与城市之间各不相同。印第安纳波利斯建设了大量的体育设施，有奥运会级别的游泳池、网球场和举重室等，因而举办大量的体育赛事，一年一度的印第安纳波利斯 500 赛事是这座城市的一项重要赛事。在新奥尔良，同样有一个独一无二的旅游体验。旅游策略在美国已经成为一个非常标准的行业。

3. 创意旅游运行机制促进城市发展

全球范围内创意产业的繁荣开启了城市创意发展的时代。运用文化及创意凸显城市特色已经是城市发展之路。旅游业作为城市内部关联度最高的产业，为了避免客观条件下旅游目的地文化旅游的同质化和商业化，城市引进了创意发展，创意旅游成为城市实现特色化的有效载体。发展城市创意旅游，不仅能够突破城市有形资源的硬性约束，而且能够塑造城市特色文化品牌，为城市发展注入持续活力。

城市是文化聚集地，但又不是简单的量的积累，而是质的升华。格迪斯和布兰福德都曾指出，"关于城市，一个最核心最重要的事实是，城市作为一种社会器官，通过它的运行职能实现着社会的转化进程。城市积累着、包含着本地区的人文遗产，同时又以某种形式、某种程度融汇了更大范围内的文化遗产——包括一个地域、一个国度、一个种族、一种宗教，乃至全人类的文化遗产。因此，城市的含义一方面是一个个具有个性的城市个体——它像是一本形象指南，对你讲述其所在地区的现实生活和历史记录；另一方面，总括而言，城市又成为人类文明的象征和标志——人类文明正是由一座座富有个性的具体城市构成的"[1]。现代工业文明又制约了城市作用的发挥。

21世纪，城市正在发生深刻的转型，从以生产性增长为导向转换为以消费性增长为导向来发展。因此，为了迎合与适应当今城市发展的潮流，一个繁荣发展的城市必须密切关注服务产业的生产，如金融、科技和创新活动[2]。近年来，随着全球范围内创意产业的崛起，"创意"也成为现代城市发展的理念与方向。旅游业作为服务业中关联度最高的产业，在城市的转型发展中起着举足轻重的作用。城市旅游发展走创意之路也就应运而生。

当今，旅游业与文化的协同发展已成为地区抓住特色的一种办法，

---

① ［美］刘易斯·芒福德. 城市文化［M］. 北京：中国建筑工业出版社，2009: 5.

② Currid, E. New York as a Global Creative Hub: A Competitive Analysis of Four Theories on World Cities [J]. Economic Development Quarterly, 2006, 20 (4): 330–350.

这是一种创造收入和就业机会的新方式。[①] 但是，随着更多的城市和地区使用了相同的文化发展机制，它们所体现独特创造力减少了，经常导致文化的"serial reproduction"[②]。同样，罗耶克（Rojek）观察到"不管在世界的哪个角落，大众化的文化空间"的增长提供了相同的审美和空间参考[③]。由于城市中心已经从生产导向转向消费导向发展，城市必须创造活动、景观和空间来供居民和游客消费。游客和当地居民应"享受同样的活动，消费新的城市文化"[④]。在这个环境下，城市需要重新思考对游客体验的方法，因此需要努力创造独特的结构和新的空间。

创意使城市产业凸显特色，形成纽约以版权产业为主题，东京以动漫为主题，巴黎以时尚为主题的特色创意产业体系，创意旅游以其强大的渗透力和融合功能，促进城市传统产业转型和升级，使城市拥有持续发展的活力。创意旅游融入城市产业部门，优化传统产业结构，培育未来的消费群体。拓展消费空间而形成新的产业链。创意旅游产业是内涵外延丰富的产业群，因各城市区域特色与文化特色不同，只有形成城市的产业特色，才能在城市主题化、个性化、品牌化的基础上实现城市持久的生命力。城市原本的建筑风貌与社会文化氛围，便捷的工作设施，宜居和宜游的生活环境，才是彰显城市个性并使各城市异彩纷呈的关键。创意旅游产业将城市取之不尽的无形资源转化为旅游吸引物、旅游体验和旅游消费产品，提供适宜个人创造力与潜能全面提升的软硬环境，从而促进城市的发展和社会的进步。

创意旅游对城市、城市居民及旅游者都有更高的要求，创意需求作为一种更多更高层次需求的结合体，深入到马斯洛"需要层次理论"的生理需求、安全需求、社交需求、尊重需求和自我实现需求的各层面，

---

① Richards, D. Reciprocity and Shared Knowledge Structures in the Prisoner's Dilemma Game [J]. The Journal of Conflict Resolution, 2001, 45(5): 621–635.

② Richards, G. & Wilson, J. Tourism, Creativity and Development [M]. London; New York: Routledge, 2007: 2.

③ Rojek, C. Leisure and Culture [M].New York: St. Martin's Press, 2000.

④ Maitland, R. Everyday Life as a Creative Experience in Cities [J]. International Journal of Culture, Tourism and Hospitality Research, 2010, 4(3): 176–185.

而不仅仅遵循先追求较低层次的生理需求然后在向高层次进展的规律。创意旅游在更大的范围内拓展城市内容，使之成为更具包容性的旅游者与旅游目的地和谐发展的理想城市。城市为旅游者提供创意潜能的环境，构建激发旅游者参与创意的灵感空间。城市旅游已经不再是以往有明确定义的景区景点等旅游区域，而是带给游客体验和收获真实城市的更多机会。游客更加关注日常生活中的元素，寻找超越"传统的旅游空间"而以创意方式构建城市的"特别的旅游空间"。正是在这个过程中，游客参与城市的发展改造及城市品牌的重塑。

在旅游市场运行机制有待于进一步加强和完善的特定国情背景下，当文化作为社会和经济再生的工具来使用时，文化旅游市场被相似的新的文化景点和遗产中心淹没，在解决文化连续复制和开发新的城市旅游产品的需求二者之间的矛盾中，鼓励和培养"创意"，通过比较国际英国伦敦、美国纽约、韩国首尔及其国内北京、上海和香港特别行政区等城市创意旅游发展的不同路径，探索中国创意旅游可行的发展规律，并以此为指导，探索中国式创意旅游的发展模式。

同时，旅游的地位与意义发生深刻变化，对旅游促进经济发展的过程认识也在不断发展变化中。第二次世界大战时期，欧美等国通过发展旅游赚取外汇，支持战争。美国人在英国各属地游览消费，不仅帮助了英国，而且英国人拿美国人的钱购买美国军火，美国游客在英国的消费又回到了美国，在旅游娱乐中实现"主客两利"。而今，旅游业不仅表现为经济上的作用，已经从追求经济效应发展到关注生态旅游、文化旅游和科学旅游，进而发展到创意旅游。旅游正在更深更广的层面上塑造城市，旅游已经成为决定当代城市形象的主要推动力之一，为游客提供的设施已经越来越多地与城市其他结构交织在一起，特别是世界旅游城市。

基于此，城市发展的驱动力是孕育于日常生活中的创意旅游。旅游的实质价值在于游客置身其中，而不是简单的游览活动。随着旅游形式与日常生活内容的日益接近，旅游内涵日益拓展，创意旅游使"行万里路"胜于"读万卷书"真正成为现实。旅游者期待挑战传统景区之外的旅游区域，旅游正在从依靠有型的博物馆、古迹等有形资源转型到生活方式、体验创造等无形资源。比如伦敦周边的伊斯林顿和岸边区，在保留历史街区与建筑等旧城原貌的基础上，重建酒店、写字楼、购物中心及系列创意产业等适合居民工作和生活的街区设施。不管是以便捷的交通方式与伦敦市中心相连的时尚住宅区伊斯林顿，还是位于伦敦塔、莎士比亚全球剧院等标志性旅游建筑之中的岸边区，二者都没有为进行传统旅游活动刻意迎合"旅游者"而专门出台发展旅游的政策或专门进行旅游区规划，但却因为这两个区成为"真实的伦敦"而吸引了意想不到的众多游客。

城市发展基于城市的历史与文化，日常生活是城市吸引力的核心，城市日常生活就是一种创意体验，游客分散在城市不同的生活区域，而街区、公园、咖啡厅、饭店等当地居民日常的生活区域及娱乐休闲空间正是最受游客欢迎的旅游"胜地"；游客更加注意城市平凡的建筑环境、方言等传统地方特色，乃至于"窗户""房顶的烟囱"等体现建筑风格的细节，游客因注意细节而使旅游向纵深发展，从而更凸显城市内涵。人的潜能与创造力的源泉，存在于平凡而充满情趣的日常真实生活中，这正是城市吸引力的核心。而城市的真实才是特色，只有民族的才是世界的。

发展旅游的重点不在于追求旅游业在国民经济中的战略性支柱产业的地位，而在于旅游业处于怎样的位置或地位上，更有利于民生进步，个人成长及社会的发展进步。

二、城市创意空间构成要素分析

（一）创意空间组成要素

所谓空间，不同学科有不同的定义。基于地理学角度，空间是一切生产与人类活动所需要的区位要素，城市必然以空间作为凭借和依托。城市的大街小巷，城市的每一栋建筑都承载着文化，通过创意，也都可以成为文化创意旅游的载体。倘若一个城市的所有物理空间能够在原有空间功能上叠加相应的文化创意旅游体验功能，城市整体文化和经济将得到空前的活跃而提升，也因此促进创意产业的集聚。创意集群对当地经济发展和创意阶级都有重要作用。

发展中的"创意旅游"，其定义也在不断丰富和延伸。2006 年，理查兹（Richards）和威尔逊（Wilson）认为运用创意将文化旅游发展成为创意旅游，有"创意景观"、"创意空间"和"创意旅游"三种类型。创意可以通过诸多形式整合到城市和旅游发展中，如"创意景观"（如节事）、"创意空间"（如创意区）和"创意旅游"[①]，这三个层次从被动到主动、从低级向高级逐渐递进，"创意景观"和"创意空间"可能仍然存在一系列的复制，然而"创意旅游"具有在个人层面开发新的、独特性体验的潜力。

创意景观（Creative spectacles），表现为有创造力的和创新的活动，针对旅游者的被动消费提供的创意体验产品[②]。旅游目的地通过表演、展示等方式的创意活动或事物，具有一定的创意要素，以艺术、表演和节庆活动为载体，以现场展演为表达方式。加入一些创意元素的艺术展或节事活动，如爱丁堡国际艺术节或罗斯基勒音乐节。但游客在"创意展示"的消费过程中较为被动，也无法获得更多个体性的体验。

"创意空间"（Creative spaces），吸引游客的文化创意空间，取决于突显的活力气氛。创意空间通常是视觉上和情绪上富有吸引力、可以吸引大量游客的空间，由吸引游客的创意人员所构成[③]。如伦敦的"SOHO"，纽约的"DUMBO"和北京的"798"等。因此，创意空间为创新和创意提供良好的平台，刺激多元文化和民主文化的发展，对当地的创意经济发展和增加地区吸引力上具有重要的作用。浓厚的创意氛围和非主体化特征激发游客创意潜能，并使其个体化地解读所处的创意空间。创意产业园区是该类空间的典型范例。

---

① Richards, G. & Wilson, J. Developing Creativity in Tourist Experiences：A Solution to the Serial Reproduction of Culture?[J]. Tourism Management，2006，27(6)：1209–1223，1216.

② Richards, G. & Wilson, J. Tourism, Creativity and Development [M]. London; New York: Routledge, 2007: 72–157.

③ Richards, G. & Wilson, J. Tourism, Creativity and Development [M]. London; New York: Routledge, 2007: 72–157.

（二）创意体验的空间维度

创意体验的空间维度包括三种基本类型，在空间尺度上具体表现为微观、中观、宏观三个层面。

其一，微观——创意景点，其在空间上的表现形式是点状、线状。创意景点即城市里规模较小的旅游吸引物。这些旅游吸引物以小型、零散的状态分布于城市的不同空间。它虽然规模较小，但表达着更为地道的城市旅游文化，这种文化空间更多地与普通市民的生活息息相关，它是真实的城市旅游文化的载体，因此会对旅游者传递更加有特色的地方性文化。这些景点通常表现为地标建筑、商业街、步行街、时尚街、历史文化街区、新兴的旅游文化产业示范区等。

最直观的例子就是地标的建设，目的是帮助对城市或地区象征式的速记。世界上著名的创意城市，无论是纽约、伦敦、巴黎等国际性大都市，还是爱丁堡、圣达菲等中小城市，都是最受欢迎的旅游城市，都有自己城市的标志性建筑。由于全球各地的地标案例都比较相似，因此，标志性结构都开始失去它们的特性，这恰恰也是城市需要面对的问题。许多城市都已经着手考虑更新标志性建筑策略，如考虑艺术博物馆、音乐厅等的特殊性和体验性。在荷兰，近来一些现代艺术博物馆已经成为城市更新策略的一部分；在北京，奥林匹克公园"鸟巢"旁边已开始建设国学馆、艺术馆等等。这些场馆的体验参与功能是城市规划者们着重考虑的方面。

其二，中观——创意飞地，其在空间上的表现形式是线状、面状。创意飞地即精心设计的创意资源加上阶段性创造性体验，凸显活力氛围。苏贾（Soja）认为空间实践为第一空间，空间的表征为第二空间，构思活力空间为第三空间[①]。这和创意飞地的观点一致，实际和象征相交。创意飞地的主要观点是：它们没有固定的想法；是个空壳；是个多功能的灵活的，可以添加任何故事，在那里任何东西可以繁荣起来。这意味着创意飞地不固定于主题或想法（第二空间），而是动态的灵活的，

---

① Soja, E. Thirdspace: Journeys to Los Angeles and Other Real-and Imagined Places [M]. London: Blackwell, 1996.

类似于第三空间。这意味着适合不同需要（居民、游客）。这样生产的体验可以及时修改，一些也可以在空间上修改，尤其是微观上。应用在传统文化产品博物馆的一个好例子是法兰克福（Frankfurt）的 MAK（应用艺术博物馆）。在过去，博物馆的角色是观看东西的地方，但是 MAK 的政策是为学习和交流创造空间。不是让人们像大黄蜂一样疲劳地从一个展览到另一个展览，而是设有大量的椅子为游客进行文化的短暂思索和情感式的交流提供机会。

创意飞地在城市里也是可以移动的，如移动的展会。有主题的旅游环境不能形成移动，因为来满足这个主题的故事已经编好了。艾明（Amin）和思里福特（Thrift）认为伦敦的苏荷区有一个创意网络，才使得该地区成为一个重要的经济空间。集群可以帮助创意生产者在创意阶层中扩展普通群众，但是这个集群相对固定的本质从长远来看抑制了创造力的发展。那么集群想要拥有市场就比较危险，因为相同的零售功能决定着他们的活动。这就是为什么创意集群如伦敦的康顿水门发展不好的原因。为了避免这类问题我们需要维持它的混合功能，确保各类创意生产者正常进入和流动。

其三，宏观——创意旅游，其在空间上的表现就是整个城市，形式包括点、线、面、体。创意旅游是对文化旅游的反应和扩展。创意旅游者希望寻找有吸引力的、互动式的体验，通过增加他们的创造力资本帮助他们个人发展和创造特性。创意景点、创意飞地、创意旅游之间主要不同是创意旅游更多地依赖于旅游者的积极参与和自身技能的发展。创意旅游不仅包括观看、设身处地，还包括游客有反应的交流。这就是创意旅游和文化旅游经典模式的重要不同点（见表 3-1）。创意旅游，责任在于旅游者自己在周围的环境中积极学习，并运用这些知识来发展他们自己的技能。创意的旅游与传统文化旅游相比更加适合灵活的资本积累制度，没有必要去建设大建筑，没有必要花费大量的钱财来保养和防护老化。但是，这并不意味着创意旅游比一般旅游简单。实物资产的缺乏意味着创意旅游的原始材料需要去创造，不仅是由生产者创造，而且由旅游者自己创造。这需要旅游者创意的消费和创意的生产。不仅他们在消费时创造体验重要，而且根据当地的创意资源，帮助目的地来刺激创意过程和创意生产同样重要。创意消费和生产的空间排列对创意旅游的基本概念很关键，这可能是避免文化旅游发展传统模式的系列复制问题的关键机制。

表 3-1　城市文化与创意旅游形式的关系

	主要关注时间段	主要关注的文化	主要关注的消费	主要关注的学习形式
城市文化	过去、现在	高雅文化、大众文化	产品、过程	被动
创意景点	现在	艺术、表演	表演	被动
创意空间	现在、未来	艺术、建筑、设计	氛围	互动
创意旅游	过去、现在、未来	创意过程	经历、合作	积极的技能发展

创意旅游驱动机制是什么？如何确定创意空间范围？创意空间是城市创意活动集聚的多功能场所和空间系统。在城市不同空间，通过旅游开发，使一些城市建设单元成为旅游吸引物，通过文化与创意相结合的表现手法，来实现经济、文化、旅游、居住、建设、景观等多元化需求的统一。

三、在保持传统与自我更新中传承城市文化

创意城市通常是指通过研究怎样改善创意建筑，经济发展和社会更新之间的相互作用从而促进一个城市更全面的进步。在最近几十年中，文化在促进城市再创新的进程中扮演着重要和强劲推动力的角色。文化在地区转型中所发挥的作用不仅增强了一个地区在众多城市中的竞争力，而且还满足了文化的可持续发展。从宏观意义上来说，文化在整个社会系统中承担着决定性的角色，成为地方、人文、经济和传统的综合结果。成功的创意城市都是使人、计划、组织和城市富有创意的地方①。

---

① Landry, C. The Creative City: A Toolkit for Urban Innovations [M]. London: Earthscan Publications, 2000.

　　创新型城市存在文化组群和事件会议组群这两种类型组群。一种类型是文化组群。文化组群的竞争优势是将新科技与扩散和发展地区优势的创意地区结合起来加以利用。文化组群主要围绕高雅的艺术、音乐、影视、建筑和设计活动而产生，这些活动都得到当地政府的支持和规划。公众对文化组群的支持表现为在工程的初始阶段给予了信任，并认可在国际层面上的知名度。另一种类型是项目活动组群，以创办组织重大项目及不同类型的娱乐休闲和精神文化活动为特色。组群类型是通过城市创意资源的相互影响而促成，这种组群代表新的文化趋势并引导创立新型文化结构，起源依靠于组织重大事件或不同种类的娱乐和文化活动。因此，组群的功能致力于把无形的资源与文化、艺术、休闲联系起来，转化成具有经济、生产和社会效应的资源。文化组群与活动组群相重叠的部分，得益于信息处理与新科技的结合。组群不断扩展机会，激发区域发展并刺激城市经济发展。文化不仅决定旅游发展的质量，而且是发展旅游的基础。"文化"元素是实现旅游可持续发展的决定因素。城市更新将深入到当地的发展结构中，并且吸引到越来越多的定居者和文化观光者。

　　城市创新资源依靠精良的文化资源，而且能够在任何地方产生，因而比纪念馆、博物馆等物质资源更具持续性和流动性。同时，创意地区的发展需要依靠依地区经济、社会环境等多方面的持续发展作为支撑，这些条件同等重要且与文化资源的持续发展相互依赖。

　　文化可持续性的经济效应成为资本依赖于一个复杂的平衡系统，社会可持续性是指能够保证在社会中有相同的发展机会和福利条件的能力。在该区域内创建一个发达的模式并建立在文化促进社会更新发展的步伐上，培养人们良好的行为观念，促进了社会资本的积聚和改善城市形象，提高教育水平。文化方面的生产和利用承载着产生和传播创意思想的功能。进而，这种利用方式在社会可持续发展进程中为增加个人发展的机会提供了途径。

　　创新型城市能够产生由创意、文化、研究和艺术产品等带来的经济效应，并由此加强其独有资本。这种能力不仅能够促发文化产业的经济

效益，而且能够从文化资本中生成新机会，并与其他城市资本结合共同
创建一个社会系统。重新认识和重视地方特色是促进城市发展的重要因
素。在当今城市社会逐渐丢失其文化遗产和根基的趋势下，城市要努力
找到怎样降低内在危机的办法，创新在城市空间设计中的运用给予了创
建地方形象的机会。

弗罗里达（Florida）[①]观察到在资本主义生产方式转型期生产关系的
状况，特别表现在高新产业区，娱乐传媒活动和城市经济发展网络等领
域，这种生产关系转型现象尤其明显，因而出现更多能够在艺术、设
计、时尚和先进科技等不同经济领域中吸引创新型人才和管理者的城
市，在全球化的背景下，这些城市在成功解决来自其他城市的挑战竞争
中将获得更多的机会。然而，创造力不仅体现在企业精神中，也体现在
文化交流中，以及逐渐丰富的多样性生活方式中。

创新型城市正从一个城市创意阶层吸引新的经济到一个城市创意阶
层生产新的增长点，在文化、艺术、知识、交流与合作的基础上生产新
的形象和新的地域。在这个过程中孕育城市内在的创造力，从而在内部
生产创新团队而不是依靠吸引外来人员。这个框架体现了宽松的创新的
社会环境，能够在一定程度上代表整个城市，因此这座城市包含着能够
激发一系列创新想法和创意的特征，将整个社会环境看作一个当地的系
统，在一个开放的环境下运营且具备应对全球化的经验。同时，空间上
相互作用而催生的新想法、产品和服务，又能够对一个城市的再创新做
出新贡献。充满创造力和重视文化的城市环境结构必将是发达和有竞争
力的。

践行创意城市的理念能够使城市中那些与"城市品牌"相关的地方
特色提升其竞争力，同时也增强了对于城市区域体系演变发展的掌控能
力。由于经济创新和独创结构模式，这些区域变成了创意产业群，在高
质量和优秀的区块基础上配合当地合理的发展政策使之推行。创意产业
群依赖于各种社会关系的发展现状，同时与信息和知识传播的速度和条

　　① Florida, R. The Rise of the Creative Class: And How It's Transforming Work, Leisure, Community and Everyday Life [M]. New York, NY: Basic Books, 2002.

件密切相关。地区独特性和地方知识文化传承是创意的基础和前提。

创意城市承载的重要角色是通过地方形象、文化的可持续性和居民的参与而体现。城市不仅仅代表着建筑物和硬件设施，同时也代表着回忆、历史、社会关系、情感体验和文化身份等无形资源和网络联系。公共政策不仅仅对于潜在的文化发展是必要的，而且对于整个进程中所有阶层都参与进来更是必要的。这是改进和巩固地方特色，实现城市经济社会环境等各方面可持续发展和文化创新的重要保障。

第二节　北京市老城区不同类型文化资源分析

北京市开展城市文化旅游主要依托于老城区旅游资源，以北京老城区为研究区域，对其不同类型的文化资源进行统计分析，探讨北京老城区空间分布类型，并通过计算最邻近点指数得出东城区和西城区其空间结构类型为均匀型，但是东城区景区间分布较为紧密，延续性好。在经济发展的基础上分析了其影响因素，即该区的资源禀赋和政府行为，为老城区的良性可持续发展提出了建议。

目前，大城市已经成为短期休假和一日游的首选目的地。城市发展旅游的基本任务之一就是要展示城市的历史文化与现代文明，让游客感受、体验、学习、传播知识与文明[1]。城市文化旅游成为后现代城市复兴的一种政策。北京是一座古老的城市，历史底蕴深厚，文物古迹众多。拥有800年建都史的北京城市建筑并非自然形成，是世界上唯一先有设计规划而后有建筑行为的古都。"匠人营国。方九里，旁三门。国中九经、九纬，经涂九轨。左祖右社，面朝后市。市朝一夫。"[2]《周礼·考工记》记载中国远古时期周朝王城的布局特点，证明中国早在西周时期就有建设都城的城制制度。对历史古城中心的旅游休闲功能重新评估，有助于制定城市休闲娱乐政策。随着现代旅游业的发展，文化的

---

① 赵煌庚.城市旅游[M].北京：科学出版社，2010: 47.

② 武廷海，戴吾三."匠人营国"的基本精神与形成背景初探[J].城市规划，2005, (2): 52–58.

概念越来越受到游客的重视，观光类的传统旅游产品已经不能够满足当前国内外游客的需求，深入挖掘能够代表传统老北京文化特色，兼容现代文化创意生活的北京老城区旅游资源具有重要意义。

一、研究范围与研究方法

历史遗产形态上的特点对游客有很强的吸引力，且文化遗产各要素之间的地域联系是城市旅游景观构成的重要资本。历史城市旅游的特点在于参观一些不可移动的物体，如纪念碑、景点、标志性建筑、广场以及街道等，这就产生了特定的地理格局，该格局取决于特定时间的需求等。这些格局在很大程度上影响了旅游供给的空间结构以及由此产生的旅游者空间行为，这对当地长期的旅游经济发展可能是最有利的[①]。为了进一步揭示城区旅游景区类型与空间分布关系，本研究基于学者的学术探索，对统计数据进行深入分析，采用最邻近点指数计算老城区旅游资源空间分布结构，对其进行空间规律的研究。

研究范围是北京的老城区，主要是新合并后的东城区和西城区[②]。原因在于北京二环以内的老城区文化资源种类丰富，分布密度大，是北京历史特色最突显的区域，是北京文化旅游重要集中地。

（一）数据来源

数据来源于三方面：①从国家旅游局以及北京市相关部门的网站上查询不同类型旅游景区的数量、区位、所在区域面积等数据，文化旅游景区按专业分类（世界文化遗产、宗教建筑、皇家园林与王府宅第、胡同、四合院与名人故居、文化休闲娱乐区）进行甄别与整理（所有数据均截至 2012 年 8 月）；②通过 Google Earth 软件，并辅以 1∶10000 比例的北京市行政区划地图，测算各个测量点之间的实际最邻近距离（假设以直线距离为准）；③通过理论最邻近距离测算公式（公式见下文）

---

① ［比］玛丽亚·杨森-弗比克，［西］格达·K.普里斯特利，［西］安东尼奥·P.罗素.旅游文化资源：格局、过程与政策［M］.孙业红，闵庆文，主译.北京：中国环境科学出版社，2010.

② 2010 年 7 月 1 日，中国国务院批准撤销原东城区、西城区、崇文区、宣武区四个区，由原东城区和崇文区合并成立新的东城区，西城区和宣武区合并成立新的西城区。

计算北京市老城区所有旅游景区的理论最邻近距离。所有原始数据及测算出的数据均经过甄别、核实与整理后输入研究数据库。

研究方法一般为描述性研究、概念性研究、构建模型和数理统计4类。本书采用：①数理统计方法，对北京老城区旅游景区的区域分布状况、所占比例、分布密度以及空间结构的影响因素等进行统计分析；②最邻近点分析模型，测量北京老城区旅游景区的空间结构类型。

最邻近点分析法较为广泛地运用于旅游空间结构的研究中，加拿大著名旅游学者史蒂芬（Stephen）曾指出："一个能更加准确、客观地确定布点格局属性的方法就是最近邻点分析法。"[①] 因此，国内许多旅游学者，如吴必虎等学者[②]、马晓龙等学者[③]的研究均采用最邻近点分析法。最邻近距离是指点状事物在地理空间中相互邻近程度的地理指标。测出每个点与其最邻近点之间的距离 r，取这些距离的平均值 r_i，即表示邻近程度的平均最邻近距离（简称最邻近距离）[④]。在随机状态下，理论上最邻近距离的测算过程可以表述：

$$r_E = 1/2(n/A)^{1/2} = 1/2\, D^{1/2} \qquad （1）$$

$$R = r_i/r_E \qquad （2）$$

式中：r_E 表示理论最邻近距离，A 表示所研究区域的面积，n 表示测算点数，D 表示点密度。最邻近点指数 R 表示为实际最邻近距离与理论最邻近距离之比，计算方法如公式（2）所示。当 R 大于1时，实际最邻近距离大于理论最邻近距离，说明其空间结构类型为均匀型。当 R 小于1时，实际最邻近距离小于理论最邻近距离，说明其空间结构类型为凝聚型。当 R 等于1时，说明其空间结构类型为随机型。考虑到在同一个区内旅游者的空间行为不存在太大差异，因此在具体测量中，相

---

① Stephen, L. S. Tourism Analysis: A Handbook [M]. Longman Scientific & Technical，1990.

② 吴必虎，唐子颖.旅游吸引物空间结构分析——以中国首批国家4A级旅游区（点）为例 [J].人文地理，2003(1): 1–5.

③ 马晓龙，杨新军.中国4A级旅游区（点）空间特征与产业配置研究析 [J].经济地理，2003(5): 713–720.

④ 保继刚，楚义芳.旅游地理学 [M].北京：高等教育出版社，1999.

邻街区旅游景区，测算点数算 1 个。此外，由于区行政中心所在地在区域旅游发展中普遍具有旅游集散的功能，因此考虑到测量的便捷性与统一的测量标准，实际最邻近距离是指测算点与所在区行政中心所在地之间的直线距离。

（二）空间分布特征

从表 3-2 中可知，北京市东城区与西城区的老城区空间分布相当紧密，呈现出均衡分布的特征，是北京市旅游景区一个集中聚集的区域。从数量上看，老城区 5A 级景区占到总数的 50%，说明北京的世界历史文化遗产主要以老北京的历史建筑为主，如天坛公园、故宫博物院和恭王府；4A 级与 3A 级景区，西城区略高于东城区，但两区 4A 级与 3A 级景区的总体数量占北京市 4A 级与 3A 级景区数量的比例相当，分别为 13.85%、15.00%；东城没有 2A 级景区，西城区则有 2 家；东城、西城区的 A 级景区数量分别为 2 家、3 家，总体占北京的 22%；而数量众多的非 A 级景区数量庞大，在仅有的 0.56% 的土地面积上，景区数量占到 34%。从密度这一栏中，可以直观地看到北京老城区景区密度很大为 2.59%，大大超出北京市景区平均密度 0.05%。整体来看，老城区的高级别与低级别景区占的比例大，而中等级别景区偏少，从高到低，数量比例呈现 U 型曲线变化。

表 3-2 北京市老城区 A 级以上旅游景区的区际分布特征

区域*	5A	4A	3A	2A	A	非A**	总计***	所占比例（%）	区域面积（km²）	密度家（km²）
东城区	2	4	1	0	2	102	111	46.44	41.86	2.65
西城区	1	5	8	2	3	109	128	53.57	50.53	2.53
城二区	3	9	9	2	5	211	239	100.00	92.39	2.59
北京市	6	65	60	38	23	615	807	—	16410.54	0.05

注：* 北京市东、西城区的面积数据来源于北京市人民政府网站：http://www.bjstats.gov.cn/，表 4-3 同；

** 根据北京旅游发展委员会官网统计；

*** 本研究中所有旅游景区的数量截至 2012 年 8 月。

通过统计北京市老城区不同类型文化旅游景区，可以看出老城区的显著特点（见表3-3）。首先，从整体上讲，文化资源是北京市东、西城区的主要旅游资源，分别占全区比例高达68.47%、80.47%。其次，从不同类型文化旅游景区数量分析上看，东城区有两个世界文化遗产（天坛、故宫），西城区则没有。在其他四个类型中，皇家园林与王府宅邸、文化休闲娱乐区与博物馆，则两区持平，而宗教建筑，胡同、四合院、名人故居中，西城区明显比东城区多。本书在统计文化休闲娱乐区的过程中以"休闲"为关键词对所有景区主题进行分析得出现有统计结果，根据对"休闲"的理解，本书认为统计出现偏颇，因此，统计过程有待进一步改进。

表3-3　北京市老城区各类型文化旅游景区统计表

区域	世界文化遗产	宗教建筑	皇家园林与王府宅邸	胡同、四合院、名人故居	文化休闲娱乐区与博物馆	合计	所占比例（%）
东城区	2	17	13	34	10	76	68.47
西城区	0	41	13	37	12	103	80.47
备注	天坛、故宫（东城）	西城区寺庙居多	两区持平	西城区名人故居数量居多	两区持平	—	—

二、空间分布结构及影响因素分析

（一）空间分布结构分析

在本研究的测算点计算中，由于非A级景区的数量颇多，且非A级景区大都分布在历史文化保护区内，则某城区所有A级景区和历史文化保护区的数量算作该城区的测算点数。

到目前为止，北京市已划定43片历史文化保护区，其中33片在明清旧城内：一是分布在皇城内的14片，包括南、北长街，西华门大街，南、北池子，东华门大街，景山东、西、后、前街，地安门内大街，文津街，五四大街，陟山门街。主要为环绕故宫、景山、三海（现在的中南海和北海）、社稷坛（现在的中山公园）、太庙（现在的劳动人民文化宫）等街区。这片街区在清代大多是皇家禁地，一般百姓不能在此居住。故宫已成为联合国教科文组织确认的世界文化遗产，五四大街上还有北京大学红楼等近代著名建筑。二是分布在皇城外旧城的 19 片，包括西四北头条至八条，东四三条至八条，南锣鼓巷地区，什刹海地区，国子监地区，阜成门内大街，东交民巷，大栅栏、鲜鱼口地区，东、西琉璃厂，北锣鼓巷，张自忠路北，张自忠路南，法源寺，新太仓，东四南，南闹市口。其中，什刹海地区是元代以来保存较好的历史河湖水系，国子监地区有太学和孔庙，东交民巷是清代晚期外国使领馆的所在地，大栅栏、琉璃厂是清代以来著名的商业街和文化街区。法源寺是唐太宗所建，用以祭慰征讨辽东失利的阵亡将士，是北京城内最古老的寺庙之一。其他则是能较完整体现历史传统风貌和地方特色的街区。另外 10 片历史文化保护区是近郊或远郊的，如西郊清代皇家园林、卢沟桥宛平城等，不作为本书研究对象。根据最邻近点指数公式计算结果（如表 3-4、表 3-5 所示）。

表 3-4　北京市老城区测算点数划定表

区域	景区片区	测算点数
东城区	北锣鼓巷、国子监地区、南锣鼓巷	4
	地安门内大街、景山前 - 东街、五四大街、北池子大街、东华门大街、南池子大街	
	东交民巷、鲜鱼口	
	张自忠路北 - 南、东四三条 - 东四八条、新太仓、东四南	
西城区	什刹海地区	4
	西四北头条 - 西四北八条、阜成门内大街、南闹市口	
	景山西街、文津街、北长街、西华门大街、南长街	
	西琉璃厂、东琉璃厂、大栅栏、法源寺	

资料来源：根据北京市旅游局编著的《北京旅游产业发展研究》（北京：中国旅游出版社 2010 年版）第 337 页整理。

通过最临近点指数的计算（如表 3-4 所示），北京市东城区和西城区景区的理论最邻近距离都小于实际最邻近距离，因此，最邻近点指数都大于1，说明北京老城区，所有旅游景区的空间结构类型为均匀型。但是稍有不同的是，西城区的旅游景区与东城区比较更为凝聚，这是因为在西城区的旅游景区主要分布在北面的什刹海地区、南面的法源寺、西面的阜成门内大街、东面到故宫西侧，这几个小区域间距离相对较远，连贯性不是很好。而东城区的旅游景区主要分布在北至北锣鼓巷南至鲜鱼口一致连绵延续着，还有东面的东四街区附近距离这条南北旅游带也较近，景区之间连接延续性较好。

表3-5 北京市老城区旅游景区最邻近点指数的测算及其空间结构类型

区域	面积 km²	点数	理论最邻近距离 r_E（km）	实际最邻近距离 r_i（km）	最邻近点指数 R	空间结构类型
东城区	41.86	4	1.61	2.51	1.56	均匀型
西城区	50.53	4	1.78	2.04	1.14	趋于随机分布的均匀型

（二）影响因素分析

从宏观层面看，区域的经济发展水平决定着该区旅游发展的水平。但是，基于统计数据分析，西城区经济发展整体水平高于东城区，但其旅游收入却大大低于东城区（表3-6）。从微观层面看，各类旅游收入比例差别显著。东城区的商业、旅行社和住宿业位列旅游收入的前三位，且所占整体比例比较均衡。西城区的商业、住宿业和饭店业位列前三，其中各类旅游收入所占比例差距较大，其中所占比例最大的是商业，为50%（见图3-2）。从数据中同样可以看出，西城区旅游资源比东城区丰富，经济水平超越东城区，而旅游收入却不如东城区。究其原因，一方面源于资源禀赋的差异，导致开发的难度不同；另一方面是政府及相关部门重视程度不同所致。

表 3-6　北京市老城区经济与旅游发展水平统计

区域	地区生产总值 （亿元）	旅游接待人数 （万人）	旅游收入 （亿元）	旅游资源数量 （家）
东城区	1322.2	7471.0	514.5	111
西城区	2302.0	5055.1	335.2	128

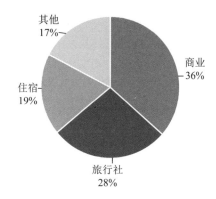

图 3-1　东城区各类旅游收入比例

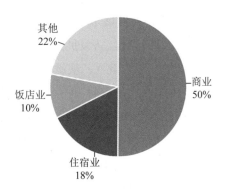

图 3-2　西城区各类旅游收入比例

注：数据均来自中国统计信息网 www.tjcn.org。

1. 资源禀赋分析

东城区是全市文物古迹最为密集的均匀分布区域，拥有各级文物保护单位 127 处，其中国家级文物保护单位 19 处，占全市的 54%；市级保护单位66处，占全市的32%；区级文物保护单位42处。文物数量多、品级高、内容丰富，以拥有皇宫、报时台、衙属、坛庙、教堂、名人故居、私家花园、宅第、四合院、街巷等为主的文化文物资源，在全市占有突出的位置。但全区127处文物保护单位目前仅19家对外开放，占文化文物资源总量的15%，且绝大部分丰富的历史文化文物资源没有得到充分开发利用，丰厚的文化文物资源就散落在该区，缺少将其整合的具有影响的、特色旅游产品。同时，旅游产品在种类多样性、游客参与性、消费方式选择性等方面开发明显不足，文化旅游脉络不够清晰，产品的文化含量和知名度与资源所蕴含的丰富文化内涵极不相符，资源优势与市场优势未能有机结合形成特色经济。

西城区的历史文化资源具有五大特色旅游资源体系：历史文化遗产类（皇家园林与王府宅地、宗教寺庙、名人故居与胡同四合院、老字号、庙会民俗与民间艺术等）、水域风光类（中南海、什刹海等）、现代都市类（西单商业区、北京金融街、西长安街等）、文化修学类（科技馆、博物馆、剧院等）。西城区的"一核一带多园区"的空间格局彰显了西城区的旅游发展动向，其中主要有"一带"即以什刹海、阜景街、大栅栏、琉璃厂、天桥等地区为重点，以国家大剧院、北京音乐厅等现代文化设施为依托的北京中轴线西翼文化带，它是承接历史文化名城保护的主要载体[①]。西城区旅游资源丰富，趋于随机分布，但因旅游产品体系尚未完成，所以转化为旅游产品的不多，拳头产品则更少，资源优势没有转化为产业优势。目前旅游产品多为观光型初级产品，滞留型和体验型的旅游产品明显缺乏，尚未形成主题明确、多样化、结构合理的旅游产品体系。不同类型的旅游产品，缺乏旅游运营机构加以组织与连接，不能形成旅游线路和相互补充、相互协调的区域旅游产品网络。

2. 政府行为的影响与作用

东城区发展的重要任务第一点就是"实施文化强区战略，强化首

---

① 北京市西城区人民政府《北京市西城区国民经济和社会发展第十二个五年规划纲要》，2011年1月。

都文化中心区功能"：把历史文化名城保护与发展作为第一位的重要任务，以挖掘区域文化价值为主线，着力激发城市文化活力，推动"首都文化传承、文化经济融合、文化服务提升"三位一体发展，进一步彰显古都风貌，提升文化软实力①。东城区对于文化的挖掘与政策的落实放在了第一位，所以在 2011 年经济增长 8.1% 的基础上，旅游业收入增长了 21%。取得这样的成效主要是由于有关部门对文化的重视及相关工作的扎实落实。

"十二五"规划中西城区的功能定位有"国内外知名的商业中心和旅游地区"。首先，政府导向的重点是发展商业，所以在旅游收入中，商业的收入占到了 50%，这说明政府作为对产业的影响程度很深。其次，西城区的旅游资源空间分布比较分散，不能滞留游客较长时间，所以就相应地减少了其他的旅游收入。所以西城区拥有国内知名的商业区，同时也是传统风貌重要旅游地区。要充分挖掘区域资源优势，推动传统与现代的有机融合，促使商业、旅游业相结合发展，增强中华老字号集聚区品牌影响力和对消费者的吸引力，努力建设人性化的都市旅游目的地。

以北京市老城区的文化旅游资源为研究对象，运用数理统计的方法计算了东、西城区的文化旅游资源的空间分布结构类型分别为均匀型、趋于随机分布的均匀型。东、西两城不同主题资源结构也不尽相同。东城区的旅游发展优势：一是有两个世界文化遗产——故宫和天坛；二是就是独特的胡同游开发也较多。所以东城区虽然旅游资源相对较少，但是发展很好。而西城区旅游资源比较多的是名人故居，观光游览体验的游客很少，导致旅游的发展不是很好。本研究认为，区域旅游资源禀赋、政府作为等因素，显著地影响了老城区旅游景区的空间分布与发展。老城区文化旅游的发展应该遵循以下方向：

其一，增加对"硬性"和"软性"景观的投资，即全面提升旅游基础设施和公共服务水平，增强公共空间的美学和功能价值，为当地居民

---

① 北京市东城区人民政府《北京市东城区国民经济和社会发展第十二个五年规划纲要》，2011 年 1 月。

所用。城市是当地居民工作生活的空间，也是旅游者消遣和审美的对象，营造城市环境首先必须考虑城市居民包括旅游者的生活需要。这就要求地方政府从地方经济发展和城市资源保护的角度出发，平衡两者关系，尊重当地居民自身生活方式。在此过程中，旅游者也会获得全面深度的游憩体验。如伦敦的伊斯林顿区。伊斯林顿是一个发展的时尚的住宅区，用了三十多年的时间重建。在保留许多历史街区和建筑的同时，也留有很多 20 世纪六七十年代的住宅区和格鲁吉亚和维多利亚时代的高档私人街区，被推崇为"最真实的伦敦"。伊斯林顿发展的关键驱动力不是旅游，该地区没有设计为旅游区。该区发展的一个关键的举措是翻修河边的人行道和于 2002 年开通的一个在圣保罗大教堂和泰特现代美术馆之间新的人行天桥。在保留大多传统建筑形态的同时，新的文化标志和设计改造吸引了新的商业用地和高消费居民。岸边区的重建产生的新设施吸引着专业人士的前往。随着中产阶层以及更高消费的居民消费需求的增加，新的一些有特色的和高品位的饭店，酒吧和商场就应运而生。例如，坎登走廊的古董市场或阿珀街的精品店；以前的工业区重新开发建了 LOFT 公寓和工作室，同时保留了现有的街道形式但翻修了现存建筑。伊斯林顿的发展以当地居民的生活便利为目的，也因此发展了当地经济以及旅游业。此举措虽为当地居民生活便利为目的，但也为当地旅游业做出了突出的贡献。

其二，坚持保护为主、合理开发的原则。阿什沃斯（Ashworth）认为遗产是"商品化的过程"，在这个过程中，遗产保护是创造而非现存东西的保存。同样，文化旅游资源的保护与开发也是一个创造而非现存东西的保存。对于历史遗产类资源，我们首先要保存下来，然后把文化继续传承下去，开发要与时俱进。如英国政府颁布的古建筑保护条例明文规定：①凡是在 1840 年以前建造的建筑物，都必须保护，而且不可更改外观；② 1900 年左右的建筑物，视其有否保留价值决定；③ 20 世纪五六十年代的建筑物，凡是不适用的，可以推倒重建。而合理开发就是在遵循古建筑保护的大前提下建设、开发、利用古城，建设新城，重点开发与旅游资源相关的现代项目。如在离莎翁故居不远的埃文河畔，修建了天鹅剧院，专门上演莎翁名剧。又如，1964 年莎士比亚诞辰 400 周年之际，该镇修建了一个现代化的莎士比亚中心，以增进人们对莎士比亚的了解。新城建筑物不仅考虑在主题和内涵上与古城相配，而且从建筑物的高度、格调乃至色彩等方面，力求与古城风格相协调。莎翁故居保护与开发带给我们的启示是：一是必须建立并完善保护文化古迹的法规；二是严格对风景名胜区的管理制度；三是古城保护与建设并不矛盾，问题在于如何全面规划，统筹兼顾，制订出一个可行的操作规划。所以在保存的基础上进行创造开发，将有助于文化传承和城市资源的保护。

其三，实施分层保护，硬件建设与软件建设相结合，实现保护与可持续发展的有机统一。城市保护有三个直接目标：物理上、空间上、社会上。物理上，它与建筑保护和新的发展类型有关，来确保城市的过去、现在和未来相结合，来创造认可的单元，因此它的增长延续可以被看到被感觉到。这涉及试图改善旧环境，融入现代使用来适应市容。空间上，把市容看作一个历史整体，充分利用、循环使用交通在空间上的分布。第三个目标社会大多数被忽视，这涉及使用者，即当地居民[1]。尊重当地居民生活方式，传承城市特有文化，展现城市真实性。奥巴斯利（Orbasli）[2]认为，尽管很难定义社会维度，但它是最重要的，因为只有城市生活的延续才可以使得保护延续。通过对历史文化保护区、历史地段（街区）、文物保护单位这三个层次的保护，按照上述三个目标，形成对整个名城风貌的综合而纵深的保护。

总之，秉持"大旅游"理念，应着眼于"大北京"意义下的文化旅游，即实现不拘泥于单区域内的旅游资源，打破行政区划限制，根据客观需要，以整个北京旅游发展的布局、结构以及北京文化产业发展的全局为背景和参照系推进文化旅游的发展。此外，"大旅游"理念还意味着

①　Nasser, N. Planning for Urban Heritage Places: Reconciling Conservation, Tourism, and Sustainable Development [J]. Journal of Planning Literature, 2003, 17: 467–479.

②　Orbasli, A. Tourists in Historic Towns: Urban Conservation and Heritage Management [M]. London and New York: E & FN Spon, 2000.

应具有前瞻性的国际眼光，将国际旅游发展的最新动态和趋向作为自身发展的参照和借鉴来进行区域协作互动，紧密联系各种特色专题的景区，优化旅游线路，从"点线型"旅游向"板块型"旅游再到城市的"开放空间"①。发展特色旅游，旅游产品逐步由过去的单一观光旅游产品，向现代化体验参与的方向转变，开发模式亦由过去的单体开发向传统与现代协同开发、区域整合方向发展，深入挖掘北京老城区的文化内涵。

第三节　北京奥运文化效应与都市旅游可持续发展

国内学术界近年来对于奥运与文化的研究主要体现在：其一，关于奥运人文理念的研究。如田麦久在《人文奥运理念与奥运会赛事》以新的视角提出奥运会不是文化节，应增加奥运会赛事中的人文思考与人文关怀②。雷厉、温宇红等③也表达了类似观点，针对参与者和关注者等不同群体的人文需求展开人文关怀。李建平在《奥运与北京的"和"文化》中倡导要展示北京"和"文化的理念，用"和"的文化吸引世界各国游客。其二，关于旅游文化产业内涵及运行方式的研究。金元浦④认为，面对全球化的文化消费与文化营销，奥运是以数字方式全面提升北京整体文化产业水平的大好机遇，应及时发展奥运文化产业，开发内容丰富的文化产品。其三，关于奥运旅游的研究。李小波、袁霜凌认为奥运行动计划不仅是对北京城市总体规划的全面实施，而且还应从局部诠释整体。刘少和认为北京 2008 年奥运会所展示的中华文化不能仅局限于物质文化，而且应深入到行为和思想层面⑤。国外学者关于旅游文化及奥运会与文化结合的研究较为广泛，专注于奥运与城市发展的研究并有充足的论证，强调文化消费品不仅满足了个体娱乐、文化与教育的需

---

① 北京市旅游局.北京市旅游产业发展研究［M］.北京：中国旅游出版社，2009: 281.

② 田麦久.人文奥运理念与奥运会赛事.体育科学［J］.2006, 4: 16.

③ 雷厉，温宇红，等.北京奥运会人文关怀理念及雅典考察的启示［M］.体育大学学报，2005, 28（11）: 1445-1447.

④ 金元浦.奥运：创意文化产业［J］.中外文化交流，2004, 12: 62-63.

⑤ 刘少和.奥运旅游与文化展示［J］.旅游学刊，2007, 22(9): 8-9.

求，更为重要的是完成了城市从生产中心向共同消费中心的转变。外国学者对于细化文化的各组成部分与奥运之间的相互作用及影响的研究相对稀缺；中国学者针对北京奥运文化方面的观点大多局限于与国外奥运城市的横向比较，讨论奥运会给举办城市带来的普遍性的文化影响，而忽略了中国这个特殊的东方国家的文化地域特殊性所决定的中国会产生的特殊奥运文化效应，缺乏针对奥运后区域旅游文化及生态环境效益的分析研究，尤其缺乏整合旅游文化管理的相关探索及提升旅游文化产业层次的研究。本书在吸取当前学术成果的基础上，阐述北京奥运对相关文化层面的影响及效应分析。

一、奥运后首都城市旅游文化资源管理及持续旅游效应

西方学界对城市旅游的研究始于 20 世纪 70 年代，目前已向多领域逐步拓展。学界普遍认为城市不仅作为旅游消费地，同时城市的公园、博物馆、节庆活动、民族艺术等更能带给旅游者休闲娱乐与审美空间，尤其是文化遗产、历史街区、古建筑更能体现城市文化内涵；奥运会等大型节事活动能有效增添城市的吸引力、生机活力、发展的催化剂及其可持续发展的动力。整合首都奥运旅游文化资源，能够提升古都北京文化旅游产品的国际竞争力，产生后续发展的持久效应。

2008 年北京奥运会的一个特别意义在于促进文化的扩散与融合。正是文化的差异性，形成了旅游的必要性和可能性，北京作为著名古都和历史文化名城，有 3000 多年建城史和 800 多年建都史，北京具有巨大的资源优势和文化产业成长的基础，文化早已成为其支柱性发展的内容。以文化为本不仅仅体现在奥林匹克发展过程的方方面面，体现在奥运会的任何一个细节中，更体现在奥运后文化的深入与整合，如奥林匹克运动的五环标志、格言、历届奥运会吉祥物等，都有着丰富的文化内涵。在奥运会中，人们运用各种艺术手段，不仅展现着人体的健、力、美，而且更加集中地表现了其他多种多样的文化艺术形式，这样才使这项活动达到更高的审美意境。对于举办城市而言，文化因素对于奥林匹克运动会的全过程更不可或缺，正是丰富的城市文化内容及其相关的跨

文化的碰撞与交流，使奥运会充满生机活力，也正是在这样的过程中，不断提升奥林匹克运动的历史底蕴和时代精神。因为"文化决定人们的思维方式、感觉方式、交流方式以及生产具体物品的方式"[①]。奥运会其实就是一次奥林匹克文化和举办地所在国家、城市文化的撞击。具有五千年历史文化传统的东方文明古国，在某种程度上，"中国"对于世界，就是东方的代名词。作为东方古国首都的北京，是文化底蕴深厚的城市，不同于大多数的举办奥运会的西方现代城市。因此，北京奥运文化效应既具有普遍性，也有特殊意义。

北京奥运会因注重文化内涵而更具生命力。北京奥林匹克公园具有典型意义，奥林匹克公园建筑位于贯穿南北的老北京城市中轴线上，承载着文化，适应着环境，突显传统城市建筑南北垂直、左右对称、"倚山向阳、山水环绕"的精神理念与文化特征。南起永定门约8公里的旧城中轴线，再从钟鼓楼向北延伸约10华里至北四环中路北辰桥，国家体育场"鸟巢"与国家游泳馆"水立方"正是北延长中轴线两侧的对称性现代建筑。椭圆形的"鸟巢"与方形的"水立方"相呼应，鸟巢代表"木"属"阳"；水立方代表"水"属"阴"，体现了中国传统的天圆地方和乾坤阴阳说；建筑结构复杂的"鸟巢"与简约的"水立方"形成对比；刚性的钢结构建筑材料与柔性的膜结构形成反差；红色的"鸟巢"与蓝色的"水立方"在色彩上交相辉映；"温暖"的鸟巢与"冰洁"的水立方更是寓意不凡，这两个标志性的建筑充分体现了中国的文化精神和建筑风格。而奥运村中的廊桥栈道、大漠风情、江南水乡、黑山白水等设计风格，体现了传统的造园挖湖堆山思想，尽显中国风情。沿着中轴线向北俯瞰北京城，在中轴线上形成了近、中、远层层环抱的局面：近景景山、中景奥林匹克山、远景燕山依次衔接。这一切将与天坛、颐和园、长城一起，因同属于中国的历史和文化而源远流长。正如北京大学教授侯仁之先生所指出，北京城市建设经历了三个里程碑式的发展阶段：第一个里程碑是600年前明朝定都北京，开始了举世闻名的紫禁城

---

① ［法］弗郎克·戈泰，多米尼克·克萨代尔.跨文化管理［M］.商务印书馆，2005：18.

的修建；第二个里程碑是 20 世纪 50 年代天安门广场的改造和东西长安街的贯通，打破了原有的封建城市封闭的格局，改变了封建帝王至高无上的地位。第三个里程碑是中轴线向北延伸和奥林匹克公园的建设，充分展示了北京步入 21 世纪后进行城市现代化建设的新水平。

文化资源在事件旅游和节庆旅游中占有重要地位，众多国内外游客到来，其关注焦点不仅仅是北京举办奥运会的具体过程，更加关注的应该是北京这座历史名城举办高水平有特色的奥运会的深远影响。奥林匹克运动会带动了首都北京城市的发展，并形成文化产业链。城市自身就是一种旅游资源、娱乐和休闲的审美空间，文化遗产消费以再现历史活动为核心，而文化正是城市旅游的核心要素，文化要素在城市旅游产品中最为重要。经济发展推动文化产业被广泛利用，因为它代表了一个城市的文明、文化及其进步，以及这个城市资源的水平。大型节事活动对作为城市发展的一种形式，对城市的发展具有长期的效果。在休闲得到普遍认同和发展的当代中国，奥林匹克公园尤其具有特殊的意义。正如霍尔（Hall）所指出："像奥林匹克运动会或世界博览会这样的大型节事，一向与大规模的公众消费、相关设施和基础设施建设、城市地区的再发展和再繁荣等问题相联系，这些都会对当地社会造成相当大的影响。"[①]

确实，在奥运之后的"十一"黄金周，全国各地的游客纷纷来到北京，到奥林匹克公园游览，体会和回味百年奥运的精神和中国文化传播的生命力，参观人次超过故宫、长城等经典景点。"关于旅游社会文化效应思考的基本线索，即由于其创新性和适应性而最具成功希望的思考线索，而无论这些效应是表现在旅游客源地，还是表现在接待旅游者的地区和国家等旅游目的地"[②]。因而，旅游所带来的，往往是未来的社会变革方向，"旅游使得旅游者的国家本身的精神面貌发生演变"，表现在"生活质量观念"的出现等现象，而最突出的后果是一种"旅游文

---

①　Hall, C. M. Hallmark Tourist Events: Impacts, Management and Planning [M]. London: Belhaven Press, 1992.

②　Selby, M. Understanding Urban Tourism: Image, Culture and Experience [M]. London and New York: I. B. Tauris, 2004.

化"的出现，尤其是在中产阶级①。这种新文化的特点是寻求生活环境安全的改变，提高个人的价值，把接待地区的某些价值融合起来，"人们似乎更喜欢一年中的各种小休闲或是延长周末。周末或短期休假确实能中断日常工作和交通强加于人的节奏，能逃离城市，拥有进行各种娱乐活动的相应的时间"②。正是奥运会的成功召开及奥运后的北京城市发展，将设计出越来越完美的旅游设施，因为旅游休闲已经成为全天候的和主动的活动；必须设计出专门的产品和服务来，因为旅游者"对那些条件舒适和异国情调的平庸和低劣的标记越来越快地感到厌恶"。这些新形式的行动是同当地民众一起，按照地区的和民族的方式来进行的。奥运后"十一"黄金周的若干变化，已经明显体现了奥运对北京城市发展、市民生活及旅游业发展的影响。

二、在文化与生态层面促进首都经济型旅游业向文化型旅游业的转型

中西方传统文化不约而同地孕育了文化生态和谐思想。正是中国古代"天地有大美而不言"（《庄子·知北游》）的生存环境中迸发出的"生生"和谐，和西方文化中追求生态系统和谐过程中的"创进不已"，成就了人类社会辉煌的文明。生生不息的生机活力是儒家思想文化的又一深刻内涵。因其来自于特殊的宇宙精神和人伦观念等文化源流，使其蕴藏着独特的本质，展现着独特的风貌。"孔孟的哲学精神——仁爱，是对于普遍的、基本的种族情感的升华，没有设定一个单一的救世主"③。韦伯"这种乐天的宇宙和谐观对于中国来说是非常根本性的"，"同世界上其他地区一样，最初的信仰也是充斥着宇宙并且表现在自然事件及人物行动与境遇中的善（益）灵与恶（害）灵、'神'与'鬼'的二元论"④。将中国文化的这一想象称之为肯定世界

① ［法］罗贝尔·朗卡尔.旅游和旅行社会学［M］.北京：商务印书馆，1997：70.
② ［法］罗歇·苏.休闲［M］.北京：商务印书馆，1996：107.
③ 张立文.中国哲学范畴发展史（人道篇）［M］.北京：中国人民大学出版社，1995：755.
④ ［德］马克斯·韦伯.儒教与道教［M］.北京：商务印书馆，1995：73-74.

的宇宙中心主义。在《周易》中乾卦坤卦是阴阳的象征，乾坤是天地的别称，天地是阴阳的别称，天地是阴阳的表象，刚柔是阴阳的体性，阴阳刚柔的合德使"万物化醇""万物化生"。人能够成仁成义，是为了与宇宙达成和谐，而人不断地修炼自身的宇宙所赋予的"气"，使其得到不断的升华和扩展，也是实现孟子所期待的"万物皆备于我"的境界的过程。儒家思想在民族大文化的背景上，形成了整体的思维模式，由这种思维模式带来的历史本性论又势必将天与人，过去、现在与未来都视为一个有机的系统。

　　因而某种程度上，环境对文明具有重要的影响。现代旅游经济的发展与旅游文化的转换，以及旅游文化要素之间能量的交换和转换，必然存在一定的矛盾，而这样的矛盾需要借助生态的力量加以协调，进而积极关注和研究跨文化旅游中的生态和谐观。古代文明与时代精神相结合，传统文化与西方文化乃至世界各民族文化的交流与互补，增强旅游活动的文化底蕴和视野。

　　生态环境是由各种生态系统所构成的整体，持久地、潜移默化地对人类的生存与发展产生影响。生态系统的平衡有赖于其内部要素的丰富性，即生物多样性，生物多样性作为生态系统稳定性的重要条件，其意义不仅在于环境保护的理论价值，更在于生态重建的历史实践。作为系统性存在的文化，其自身的演进也是如此。但具体到旅游生态环境容量的检测尚显薄弱。现代科技革命带来严重的生态后果，诞生了可持续发展的理论，在经历了从无奈到自觉的必然选择之后，人与自然的和谐相处关系并非是向古人"天人合一"原始境界的简单复归，而是人类可持续发展的理性选择。这使人类在与自然经历了一系列的对抗和冲突之后，从开始的无奈到自觉升华到与自然和谐共处的境界。1972 年 6 月，联合国在斯德哥尔摩召开了第一次"人类与环境会议"，通过了《人类环境宣言》，继而，1987 年，在世界环境与发展委员会《我们的共同未来》报告中，提出了"可持续发展"的战略思想。20 世纪 80 年代首次提出生态旅游的概念，社会发展的目标是满足人类需求，发展不仅要满足当代人的需要，还要考虑后代的需要。追求对生态环境的保护，不同于传统旅游，注重对旅游资源和环境的开发和利用，在注重经济效益的同时，强调了资源和环境的生态效益和社会效益。考虑旅游环境的承载力，自然调节控制旅游景点的人数，减少旅游活动对当地生态环境的不良影响，科学测量生态旅游容量，实现综合效益最大化，达到旅游目的地和旅游业的可持续发展。

奥林匹克公园建设突出了"生态城市"的主题。体育场馆地处北京城市的上风上水的西北地段，国家奥林匹克公园正是依托北京城市的文化特征与传统。建筑注意节能、环保，山形水系突出了自然生态保护和生态环境建设，把许多 2008 年奥运会赛馆分散建于北京的大学校园之中，这将保证这些体育设施在奥运会之后仍得到充分的使用。"鸟巢"与"水立方"恰恰表达了对美好环境的追求，中国最早的建筑来源之一为"从地上长出来的"（北方的穴居），来源之二为"从天上落下来的"（南方的巢居），而鸟巢的设计包含着巢居的最初形态，禽鸟是自然界与人类最亲近和最温和的朋友，用"鸟巢"的形象建造标志性的奥运场馆，来自于五湖四海的奥运健儿及中外游客，汇聚于温馨的"鸟巢"，寄托着人类对温馨而美好自然界的向往，因而包含着更深意义上的人与自然和谐相处，共同拥有一个地球。正如八十年前爱国实业家"中国船王"卢作孚先生所期待的"愿人人皆为园艺家，将世界造成花园一样"。

奥运会后的都市旅游可持续发展，需要运用信息技术手段，整合首都文化资源，实现生态文明和谐。以奥运为契机，带动中国休闲产业的发展，成为提升中国旅游业竞争力的重要途径之一。依托首都城市与农村区位特征与优势，将首都城市与乡村文化旅游资源及奥运旅游资源相融合，通过首都农村自然环境及民俗资源、城市文化资源、奥运建筑景观资源的融合与互补，以北京所特有的乡土与城市文化资源和特有的奥运资源吸引国内外游客，通过集观赏、娱乐、体验、知识、教育于一体的新兴产业与首都城市休闲旅游需求对接，促进城乡统筹旅游产业结构协调发展。进而提升首都休闲旅游的规范化和规模化，以文化旅游引领中国旅游业从经济型旅游业走向文化型旅游业的发展道路。

第四章　基于人与自然和谐的城乡互动发展

第一节　田园都市的理想与探索

一、城市文明的兴起与发展

（一）古罗马市民阶层与"城市自治"

1. 古罗马的市民阶层特征

公元前三千年左右，尼罗河流域、幼发拉底河流域、印度河流域，相继出现城市。罗马帝国时代已经出现较高水平的城市文明，帝国后期城市走向衰落，继而日耳曼民族的征服，带来更大的破坏。举世闻名的罗马大都市变成大型农业居民点，沦为农奴的罗马公民的后裔，在壮丽的古代建筑的废墟上播种粮食放牧牲畜。

10世纪，西欧城市复兴，美国中世纪史经济学家汤普逊指出："城市运动，比任何其他中世纪运动更明显地标志着中世纪时代的消逝和近代的开端。"① 商业和工业的复兴与发展，引起城市生活的复兴。中世纪城市布局的许多共同点源自两大因素——商业中心和"文化优势"②。中世纪城市的产生主要由于以下三方面：其一，最先复苏的是意大利在罗

---

① ［美］汤普逊. 中世纪经济社会史（下）［M］. 北京：商务印书馆，2009：480.
② ［美］保罗·M.霍恩伯格，林恩·霍伦·利斯. 都市欧洲的形成（1000—1994）［M］. 北京：商务印书馆，2009：33.

马时代的城市，如威尼斯、米兰、那不勒斯、佛罗伦萨、罗马等；法国在罗马时代已经出现的一些城市如马赛、图卢兹、波尔多、巴黎等；德国在莱茵河和多瑙河沿岸地区的城市，如科隆、奥格斯堡等；英国的伦敦、约克等。其二，国王、教会和其他大封建主新建的城市。法国巴黎在罗马时代称为留提齐亚，克洛维时代曾作为法兰克王国的首都，以后保持了中心城市的地位，特别是卡佩王朝以后一直作为法国都城至今。8—9 世纪，为了防御诺曼人、阿拉伯人、匈牙利人入侵，西欧各地建立的城堡，从避难所逐渐成为交易中心，因而城市很快兴起。其三，商业、手工业城市的兴起。11—12 世纪，西欧的农业开始出现集约式倾向，庄园内部的经济矛盾，促成庄园手工业者转向专业手工业者。封建主的财富，如封建主需要的盔甲、武器、丝绸、香料以及各种奢侈品，不可能在庄园内部消费，必须由专门的手工业者和商人提供。"远东的香料如胡椒和丁香及一定数量的中国生丝由埃及商人经由海上带来，他们驾驶着阿比西尼亚（Abyssinia）的船只，利用季风从马来亚或锡兰穿过印度洋，经由红海到达位于苏伊士海湾的克莱斯马（Clysma），再从那里到达亚历山大。"[①] 大批进口"成品布，特别是绸缎和织棉"及"香料"，"香料行会授权销售的商品包括许多种如胡椒粉、肉桂和麝香鹿（musk）"，都来自东方，"各种印度香料如豆蔻、姜及丁香都极易在君士坦丁堡买到"。[②]

　　犹太旅行者图德拉的本杰明在 1166 年或 1167 年对君士坦丁堡商业活动的繁荣以及各族商人的众多留下了深刻的印象。他在自己的商店里看到了"来自巴比伦、美索不达米亚、梅蒂亚、波斯、埃及、巴勒斯坦、俄罗斯、匈牙利、帕特辛纳西亚和保加利亚（伏尔加河上游的黑保加利亚）、意大利北部的伦巴第（Lombardy）和西班牙"的商人。而皇帝曼努埃尔仅从君士坦丁堡就可以得到 20000 磅黄金的税收，可以肯定

---

　　① [英]M.M.波斯坦，[英]爱德华·米勒.剑桥欧洲经济史（第二卷）：中世纪的贸易和工业 [M].钟和，等译.北京：经济科学出版社，2004: 115.

　　② 同① 119.

大部分税收来源于外国居民和商人。① 十字军东征后对东方产生从未有过的消费欲望。随着商人、工匠在意大利的威尼斯、热那亚、米兰等有利地点集合，城市兴起了。

在古代罗马城市发展之初，就兴起了被保护的自由市民，贸易、市民、市政府成为中世纪城市的三要素。商人及其所组成的团体，在城市中占有统治地位。汤普逊指出，城市的兴起，论过程，是演进的；但论结果，是革命的。长期的聚居、共同的利益在居民中间形成强烈的共同意识，表现为以和平方式要求领主（不论是男爵、主教或主持）承认城市为一个自治社会，如果被拒绝，就以暴力方式反抗封建权力，并要求颁布城市宪章以保护自由市民的利益。

市民阶层的权利在城市宪章中得到体现：第一，人身自由。要求经商自由，农奴从领主那里逃到城市满一年零一天，即获得人身自由，领主不能迫使他返回。德国的谚语准确表达了这样的情势："城市的空气使人自由"。第二，土地自由。尽管城市的土地在法律上是领主财产，但是城市居民只缴纳一定的货币地租。即使名义上不是土地的主人，但却拥有处分土地的自由，可以将土地出售、抵押、转让、转租等。第三，司法权。城市市民从领主审判权下解放出来，由选举产生独立的城市法庭。第四，财政自由。第五，贸易自由，定期举行市场或集市贸易。

2. 西欧城市的自由与自治

西欧城市的兴起与发展的进程就是实现自由与自治的过程。封建割据状态中的西欧，"不论在战时还是平时，马鞍依旧是政府所在地。那时还没有首都而只有国王的大道"。城市不是王国的统治中心，只是独立的政治单位，市民有人身自由，有自由土地。中国则是强大的中央集权统治，市民面对的是一个以皇帝为核心的统一强大的国家机器，市民的力量自然微不足道，城市是国家统治的中心。

西欧市民身份就是权利的象征，同时也是一种荣誉标志，市民可以

---

① ［英］M.M.波斯坦，［英］爱德华·米勒.剑桥欧洲经济史（第二卷）：中世纪的贸易和工业［M］.钟和，等译.北京：经济科学出版社，2004：125.

出任官职或参加城市管理，参加立法，获得司法保护。而中国封建城市并非私营工商业活动，官府工商业规模较大。罗马长时期大规模的对外战争带动了罗马商业的繁荣，"罗马共和国掠夺性的军国主义是其经济积累主要的杠杆；战争带来了土地、贡赋和奴隶；奴隶、贡赋和土地又提供了战争的物质供给基础"。①

古希腊罗马社会在平民与贵族两个多世纪的顽强斗争中成长起来，取得保障人身自由等，民主共和体制等实质性成果。而中国夏商时期平民斗争的记载很少，"国人暴动"中的"国人"包括四种人，其中主要是在某一批贵族的带领下杀戮另一批贵族的"士"。在西方城邦国家，产生了拥有共同利益的平民阶层；而在东方，平民的法律地位与奴隶区别不大。中西方文化传统不可同日而语。

（二）古代罗马城市问题

"经济史造成了当前的事实，也包括当前的事实"，"经济史不仅要解释过去的经济实绩，而且要为现代社会科学家提供有关的分析框架，并在此框架中解释现行政治—经济体制的实绩"②。凡是已经发生的经济事实，都是经济的历史，都应该在世界经济史研究的范围之内。古罗马帝国灭亡的原因，也是城市发展所面临的问题。

其一，来自于"人"的局限因素——古罗马帝国失去了中产阶级的支持。曾经创造了辉煌的古代文明、横跨欧亚非的西罗马帝国，灭亡的原因之一是毁掉了自己赖以生存的基础——中产阶级的支持。1000多年后，拜占庭帝国被奥斯曼帝国所灭几乎是西罗马帝国灭亡时悲剧的重演，源于失去了广大自耕农和城市工商业者的支持，中产阶层的存在与发展是社会稳定的重要因素。

其二，来自于自然的局限——生态环境的破坏和恶化。西罗马帝国衰亡原因复杂，是各方面因素促成的综合性结果。美国学者马文·佩里认为，"没有任何一种单一解释足以说明罗马衰落的原因：多种力量的

---

① ［英］佩里·安德森.从古代到封建主义的过渡［M］.郭芳，刘健，译.上海：上海人民出版社，2001：55.

② ［美］诺思.经济史中的结构与变迁［M］.陈郁，等译.上海：三联书店，1991：234.

共同作用导致了西罗马帝国的灭亡。"① 美国学者爱德华·麦克诺尔·波恩斯则认为土地荒芜是导致西罗马帝国衰亡诸因素中的一种。② 美国学者 L．S．斯塔夫里阿诺斯指出："富饶辽阔的地中海盆地，由于日益严重的大面积土壤侵蚀，已不再是主要的产粮地"，这是西罗马帝国衰落的根源之一。③ 在导致西罗马帝国衰亡的多种原因中，生态环境的恶化更是一个不可忽视的因素。特别是公元 200 年前后，疟疾首次在罗马流行，罗马帝国面临饥馑、瘟疫和粮荒等严重的困难。

其三，来自于认识能力、科学技术水平的局限——铅污染。考古学家发现古罗马人大量使用铅制成的容器盛放酒、糖浆及各种化妆品。由于古罗马境内富含铅矿，贵族使用铅制品以炫耀其高贵身份，在享受贵金属铅制品带来方便的同时，却没有认识到这种剧毒物质对人体产生的严重危害。

其四，来自于城市本身系统所造成的"疾病"。古代，城市是"疾病的滋生地"。疾病的产生和传播是与人类文明的进程相伴而行的。当人类还处在文明初期，居住分散，生活在相对独立的区域中，患病和传染疾病还表现得不明显。但当人类迈向城镇公共空间时，健康与疾病、人群与动物拥挤在一小片土地上时，为疾病的滋生创造了一个良好的环境。罗马经过大规模的扩张成为横跨亚、非、欧三洲的大帝国后，成为典型的城市国家。除罗马、亚历山大等大城市外，还有不计其数的中小城市，而且罗马帝国交通十分发达，将这些城市紧密地连接起来，牵一发而动全身。以古代的标准，罗马城市规模很大，人口超过了 100 万，由此也带来了居住环境恶劣的严重问题。尽管早在帝国时期，罗马在公共卫生方面已经达到比较先进的程度，如罗马提倡洗浴和排水管道的卫生，但由于医学较为落后，尤其对由罗马军队镇压叙利亚叛乱后带回，166 年传到罗马，随后波及其他许多地区的"瘟疫"（"安东尼瘟疫"或

---

① ［美］马文·佩里．西方文明史（上卷）［M］．北京：商务印书馆，1993:210.

② ［美］爱·麦·伯里斯.世界文明史（第1卷）［M］.罗经国，等译.北京：商务印书馆，1990:331.

③ ［美］斯塔夫里阿诺斯.全球通史：1500年以前的世界［M］.上海：上海社会科学院出版社：1988:306.

"盖伦医生疫病")知之甚少，甚至"一无所知"，误把所有不知道名字的疾病都归于瘟疫之列，这种对医学的无知转移了人们对疾病进行研究的注意力，而把精力无端地放在对"异端"信仰的仇恨上。

罗马——永恒的古城。1870年意大利统一后，罗马作为国家首都经历了130年的发展，人口增长了近10倍。在当时，这名副其实的国际大都会在漫长的发展岁月中，却始终以2000年前的历史遗址为城市核心，悉心保护千年古建筑和遗址废墟。特别是20世纪60年代，把1600年前所建的奥瑞安古城墙内大部分古迹区划作历史中心区，而把罗马城市的现代化建设放在向外延伸的新区。为了提高城市的环境质量，保持可持续发展，还保留了大片开放绿地作为城市外沿。

比较而言，早在中华人民共和国成立之初，在罗马进行古迹规划之前，梁思成先生已经提出在北京旧城（今北京二环以内）以外建城的科学设想，因没能成行而遗憾。

圣彼得大教堂位于梵蒂冈，1506年朱利亚二世教皇请建筑师布拉曼特（Bramante）主持重新建造一个古典教堂，为此布拉曼特拆除了原康斯坦丁时期（公元4世纪）旧教堂，拟定了一个希腊十字形的教堂平面。布拉曼特之后，许多著名的建筑师接手这一重大工程。1546年米开朗琪罗做了一个黏土模型，对布氏的原设计做了重大修改，式样更大胆，体量更庞大，结构更严密，提出了大圆顶的构思。米开朗琪罗之后，有五位建筑师忠实地执行他的设计意图，最终将圆顶升了起来。米开朗琪罗所设计的教堂立面采用与内部同样的科林斯柱式，并对结构与装饰进行了合理区别，在视觉上造成了尘世凡人竭力向往的、与世隔绝的天国象征。圣彼得教堂对年青的艺术家们产生了强烈的震动。后来保罗五世教皇主持教廷时，要求恢复拉丁十字架的教堂平面，建筑师马得尔诺按照这一想法将大殿向前延伸到目前的位置。

古谚说，如果有人到了罗马而不去看万神庙，那么，"他来的时候是头蠢驴，去的时候还是一头蠢驴"。万神庙为建于公元前27—前25年的矩形神庙，后遭火毁。哈德良皇帝于公元120—124年在庙前的水池上建圆形神庙。公元202年，卡瑞卡拉皇帝在位时重建了矩形神庙，使之成为圆形神庙的入口，于是形成了这座坐南朝北、集罗马穹窿与希腊式门廊大全的万神庙。

万神庙从基础到穹顶都是用混凝土浇筑而成的，墙厚5.9米，从穹顶根部起，逐渐减薄，到穹顶上端只有1.5米厚。混凝土以那波利附近出产的天然火山灰为活性材料，以凝灰岩、多孔火山岩、碎砖浮石等做骨料，选用巧妙，较重的凝灰岩用在下部，多孔火山岩和碎砖用在中部，越往上所用的骨料越轻，到穹顶上部使用浮石，混杂一些多孔火山岩。

万神庙门廊宽33米，16根石柱前后分三行排列，最前面是8根深红色花岗岩石柱。高14.15米，底直径1.51米，柱头为白色大理石。神殿屋顶为半球形，半球的底面直径为43.5米，殿内空间总高也是43.5米，半球顶的中心有一个直径8.9米的圆洞用来采光，没有覆盖玻璃。这个半球顶是现代结构出现以前世界上跨度最大的空间建筑，过去古希腊和罗马早期的庙宇，艺术表现力都在外部，而万神庙却以内部空间的艺术表现力为主。

二、商业的兴起与商业文明

（一）中世纪的边缘商人

中世纪的欧洲出现了两种边缘商人——威尼斯商人和犹太商人。威尼斯商人是处于地域上的边缘商人。威尼斯地处意大利东北部，是珊瑚礁岛屿组成的城市，同时又是地势险要的真空地带。尽管偏居欧洲一隅，却恰恰位于西欧文明与拜占庭文明和阿拉伯文明中间，这样的地理位置使威尼斯具有广阔的社会背景，只有富裕商人和贫困商人的区别。地中海制盐业有固定的市场与需求，同时还运送粮食、鱼类、木材、葡萄酒等商品。在不幸与幸运、劣势与优势的相互转换中，商业成为威尼斯商人的生存之本，因而走上独立发展之路。

犹太商人始终没能有自己的家园，是外来民族的边缘商人。西欧封建庄园不和谐的音符，来自于东方混融于西欧社会中的犹太商人。犹太人散居于西欧各地，像永不停息的旅行者，与东方一直保持着密切的关系，连接基督教世界与拜占庭世界、印度和中国，从事东西方转运贸易，在其中获利巨大。特别是中世纪，拥有许多现金的犹太人可以公开放债，而教会则必须在某种借口下才能进行。在法兰克福及德国其他内部省份，犹太人几乎垄断了商业。10 世纪一位波斯学者记录了这样的情形：从蛮族入侵到十字军东征，闪米特商人（以犹太人为首的西亚商人）一直控制着欧洲内陆大部分的业务。他们所沿袭的道路是亚洲很早就有的商业动脉，以及欧洲的支脉。这些商人讲阿拉伯语、波斯语、罗马（希腊）语、法语和斯拉夫语。他们从东到西，从西到东，有时在陆地上，有时在海上。他们从西方运送太监、男女奴隶、丝绸、海狸、鼠貂和其他毛皮和剑。他们在法兰克的土地上上船，沿着西海，驶向费赖迈（Farama，埃及地名）。他们在那里把货物放到骆驼背上，沿着陆路跋涉五天到达苏伊士。他们从东海（红海）出发，沿着苏伊士到达麦地那和麦加的港口；然后他们去信德（Sind）、印度和中国。回来时带回麝香、芦荟、樟脑、肉桂和其他东方国家的物品，到达苏伊士，运往费赖迈。然后又从西海出发，一些人沿着海路前往君士坦丁堡，把产品卖给罗马人；其他人则前往法兰克国王的宫殿。[①]

外来民族犹太人何以商业立足？犹太人的精诚团结令世人瞩目，犹太人失去了家乡，又没能另开辟一片土地重建家园，所以到处是家乡，配合西欧周围的外部商业，成为西欧内部一股不容忽视的商业力量。犹太商人不同于在地域上处于边缘的威尼斯商人，犹太人的危险性远远大于威尼斯商人，犹太人始终不是主体力量，而是处于一种"被驱逐又被召回"的循环之中。

（二）成熟商人的兴起

摆脱对犹太商人的依赖。随着西欧社会北部发展变化，西欧内部新型商人和手工业阶层兴起，摆脱了对边缘商人犹太人的依赖。

其一，外部商业力量的渗透。西欧社会内部运行封闭的经济模式，

---

① Joseph Jacobs, Jewish Contributions to Civilization, Philadelphia：Jewish Publication Society of America, 1919, pp.194-195. 转引自赵立行 . 商人阶层的形成与西欧社会转型［M］. 北京：中国社会科学出版社，2004：74-75.

但其周边却是浓厚的商业氛围，对西欧社会形成包围之势。东部是强大的拜占庭和阿拉伯国家，北部是率先兴起的北欧商人和法兰德斯商人，南部是以威尼斯为首的意大利商人。君士坦丁堡和回教世界，成为罗马商业的后继者，保持着商业鼎盛的势头，君士坦丁堡以独特的产品支撑着商业的发展。拜占庭有高度发达的文明、熟练的技术、经商的才智及政治行政组织。"商业制度多是模仿性的，以交通为前提，先进国家开拓后进国家"。① 东方是生产商品的中心，阿拉伯等地从事转运商品的活动，西欧就成为商品最终被流入即接纳商品的地区。② 因而西欧成为极具开发潜力的市场，必然出现巨大的商业空间。

其二，内部商业需求的拉动。西欧正持续地生成着有利于商业发展的环境，西欧社会大量使用的奢侈品及储存家禽所需的盐、酒、葡萄等原料，都需要从西欧之外的世界获取，对外部商品的需求不断增长。早在西欧的中世纪，已有上层食用的烤饼食谱。"小鸭、小兔肉馅饼的做法是：首先将肉桂、姜、丁香、豆蔻和香草根混在一起捣碎，加上醋及酸果汁调成汁待用；其次将肉糊陷烤至半熟取出，再将备用的调味汁浇上，放入烤炉即可成一道美味可口的点心。"③ 可见，来自东方的香料成为食谱中不可或缺的调味品。

"沾满尘埃的脚"促成西欧商业复兴。西欧社会内部出现"多余的人"，7—12 世纪，人口的增长与流动，尤其是 1050—1350 年，欧洲人口增加了 3 倍。"多余的人"如何走上商业的道路？ 中世纪的西欧王权虚弱，"多余的人"以行商的方式出现，在流浪的过程中经营商业，往来穿梭于不同的国家和地区，成为步犹太人后尘的另一批商人，在 12 世纪被英国人称为"沾满尘埃的脚"。

成熟商人随之兴起，结束了旅行生涯而成为具有经营场地的城市商人和市集商人进一步涌向城市，货币资本逐渐流向商业集中的城市和市

---

① 易希亮.西洋经济史［M］.台北：三民书局，1966：53.

② 赵立行.商人阶层的形成与西欧社会转型［M］.北京：中国社会科学出版社，2004：107.

③ ［英］M.M.波斯坦，［英］爱德华·米勒.剑桥欧洲经济史（第二卷）：中世纪的贸易和工业［M］.钟和，等译.北京：经济科学出版社，2004：126.

集，出现了商人与货币的结合。佛罗伦萨的羊毛纺织和呢绒加工业以质取胜，在欧洲立足。

商人阶层地位确立。依靠土地的中世纪，社会出现贵族、教士和农民三个等级，商人阶层经济力量的崛起，商业财富与土地财富相抗衡；商人阶层组成了自主的团体，建立了适应商业需要的法律体系。"获利的欲望，对营利、金钱（并且是最大可能数额的金钱）的追求，这本身与资本主义并不相干。这样的欲望存在于并且一直存在于所有的人身上，侍者、车夫、艺术家、妓女、贪官、士兵、贵族、十字军战士、赌徒、乞丐均不例外……对财富的贪欲，根本就不同于资本主义，更不是资本主义的精神。倒不如说，资本主义更多的是对这种非理性（irrational）欲望的一种抑制或至少是一种理性的缓解。不过，资本主义确实等同于靠持续的、理性的、资本主义方式的企业活动来追求利润并且是不断再生的利润"①。

建立了以商为本的价值观及其因而而来的商业文明。不思进取的是庄园生活，而商人则富于冒险和开拓，追求钱财与经营中对自由与平等的要求。商业阶层以交往和联系为特征，作为资本主义精神，追求金钱的活动本身就是人生的目的，而不仅仅是致富的手段，努力工作被视为一种责任，也是一种道德义务，应该合理地并以严密计算和和平的方式获取预期利润。

（三）中国商人的地位

西欧重商主义与中国晚清重商主义明显不同。"西潮东渐"引发了对中国传统价值观的反思，重商主义产生于西欧的 15 世纪，全盛于实现原始积累的 16、17 世纪，而中国比前者晚约二三百年，而且从属于以民族主义为核心的近代化思潮。在中国文化"重义轻利"的道德准则要求下，表现为"彼心中孜孜为利而口中绝不一言"，如陈炽指出："吾虑天下之口不言利者，其好利有甚于人也；且别有罔利之方，而举世所

---

① ［德］马克斯·韦伯.新教伦理与资本主义精神［M］.北京：生活·读书·新知三联书店，1987：7–8.

不及觉也"①。

晚清之前，中国商人自嘲为"无法之商"，"我中国商人，沉沉冥冥为无法之商也久矣！中国法律之疏阔，不独商事为然，商人与外国人贸易，外国商人有法律，中国商人无法律，尤直接受其影响，相形之下，情见势绌，因是以败者，不知凡己，无法之害，视他社会尤烈，此可为我商界同声一哭也"②。"无法之商"表现为：其一，历来法律规定商人的社会地位很低，商人居于"士农工商"四民之末，从汉代直到明清无本质变异。其二，中国历代法律中并没有关于如何保护正当商业经营的具体规定的"商法"。

从"法"的自觉到商人习惯的形成，商人立法意识产生萌芽。1902年5月，清廷正式发布了有关修订法律的谕旨。"现在通商事益繁多，著派沈家本、伍廷芳将一切现行律例，按照交涉情形，参酌各国法律，悉心考订，妥为拟议，务期中外通行。"③1903年4月，清政府谕旨筹设商部，开始制定商律。1904年1月，商律中的《公司律》及卷首《商人通例》编成，旋即由清廷颁布施行。1906年4月颁布《破产律》，是我国历史上第一个破产法规。商事立法和司法实践中的"中国习惯"与"外国条文"如何融合，引进的新法律如何在中国生根却是沉重的社会问题。

中国社会的"商"长期处于"士农工商"之末地位，晚清商人开始"法"的觉醒。刘坤一、张之洞、李鸿章等洋务官员及代表工商界利益的立宪派不断呼吁清廷实行经济立法，制定商律以保护商人利益。在中国特点的历史背景与时代责任下，晚清"士商"理念表现为：第一，以儒家伦理为内核，辅之以西方资本主义经营之道，"言商仍向儒"；第二，道德与经济合一的"义利两全说"；第三，热心公益与教育，具有较为深远的社会关怀，涌现了实业家张謇、卢作孚等著名商界精英。

---

① （清）陈炽.续富国策（卷三）·攻金之工说.晚清四部丛刊.第六编（林庆彰、赖明德等主编）[M].台中：文听阁图书有限公司，2011：189.
② 上海商务总会致各埠商会拟开大会讨论商法草案书[N].申报，1907-9-10.
③ （清）朱寿朋.光绪朝东华录（五）[M].北京：中华书局，2016：5325.

三、田园都市——人类家园的探索

（一）城市化文明的另一端

1. 城市是文化的容器

城市具有强大的作用，城市是文化的容器，"这容器所承载的生活比这容器自身更重要"。城市根本功能在于文化积累，文化创新，在于传承文化，教育人民。"最初城市是神灵的家园，最终成为改造人类的场所。从城市中走出的，是大量面目一新的男男女女……"芒福德称为城市文化器官的教育作用，不仅包括报纸、电视，更包括教堂、寺庙、宗祠、学堂、墓园、作坊、博物馆、论坛等一整套传习文化的设施和机构。所以大量古文化遗存不该废除，应予复兴。① 不只是提供日常生活的场所，而是要赋之以"新面貌"。

城市同时也是一座包含博物馆的艺术品。空间、时间在城市环境中被赋予城市边界的走向，城市记载着历史，讲述着城市的故事，包括各种不同的物质设施、不同观念和思想，人类这种共同生活方式及其所形成的象征性符号。城市是人类最了不起的艺术创造。

城市在历经的"时间"中凝聚、沉淀着城市发展的经验与成就，作为城市人生活记录的历史文化遗迹需要保存。以往生活的各种文化习俗、价值观念、生活理想需要流传到来世，城市是汇集世代一个个、一层层不同历史时期的具体特征之所在等等，如何实现对城市的管理才能使时间延续？

针对城市问题，美国作家雅各布·里斯（Jacob Riis）发表了图文并茂的《请看另一半人口是如何生存的？》(*How the other half lives?*)，其插图真实记录了警署外睡卧街头的流浪汉，街角相拥过夜的儿童，以及七八个孩子在街边玩耍，2 米外就是一具马尸的芝加哥街景等种种惨痛景象。美国女护士丽莲·瓦尔德（Lillan Wald）建立了美国最早的公共护理事业，照顾贫病交加的下层人民，建立了慈善公寓，因种种善举

---

① ［美］刘易斯·芒福德.城市文化［M］.宋俊岭，李翔宇，周鸣浩，译.北京：中国建筑工业出版社，2009: xvii.

而荣获 1931 年诺贝尔和平奖，而刘易斯·芒福德的特殊贡献在于致力于从根本上回答社会溃败的原因。

2. 城市发展与社会承载力

城市发展超越了民众与社会承载力。城市的过度发展导致一系列的社会问题。城市发展致使城市哄抬土地价格。历史上，伦敦为了节约土地，把石头建筑物改成木结构建筑，因为木结构节省土地，而石料墙垣占地较多，两层建筑物被五六层的建筑物取代。17 世纪以后，许多城市普遍建造高层出租楼房，如日内瓦和巴黎建造了五六层楼房，爱丁堡则建造了 10 层或者 12 层的楼房。19 世纪晚期，美国城市也由于同样的原因用钢结构框架取代了石材的低矮宅邸。城市民众生存环境急剧下降，城市空间竞争的结果，使得首都城市范围内的土地价格被哄抬。首都柏林自腓特烈大帝（Frederich the Great，普鲁士国王，在位时间为 1740—1786 年）即位伊始，地价高昂迫使居住条件恶化，居住房屋间距狭小，光线黯淡，空气污浊，缺少内部设施，儿童丧失了游戏场所，而且房租陡涨。不仅乞丐、盗贼、临时工、流浪汉居住在贫民窟里，城市居民的一大部分也居住在贫民窟里，这样的景象成为 17 世纪里迅速发展的欧洲城市的一大特点。这些贫民窟的大量存在，污损了建筑师和营造商们在建筑物里追求高尚审美原则的匠心，正如凡尔赛宫里许多走廊被人用作公厕一样，令人感到宫殿里过分的矫饰也因此被污损了一样。主要表现为：

其一，对破坏生命现象的无知。城市环境恶化大大增强了对洗涤、沐浴等卫生设施的需求，否则将采取医疗救治这一极端的措施。19 世纪工业发展初期，阳光对于儿童的正常生长发育十分重要，但"傲慢的尤尔竟然回答说，工厂里煤气灯的光线足够替代太阳光"。可见，功利主义者对自然界习惯性要求的轻蔑与无知，以致在几个世代里养育后代的方法主要是靠没有维生素的食品。

其二，增强对水的需求。大都市多需要到偏僻区寻找水源，纽约被迫在克罗顿引水系统之外，建造更大的卡兹基尔（Catskills）输水系统，从 100 英里以外的水源引水。不到 20 年，建立新的水源需求又十分迫切，纽约又从萨斯奎汉纳河（Susquehanna River）中引水，而宾夕法尼亚州和新泽西州也同样要从这条河流中取水，每增加一英里的隧道和水管，每增加一个蓄水池，都会增加单位造价。四口之家所承担的水费占城市里住房租金的三分之一。①

其三，交通拥挤及其因此而带来的时间、精力、体力的消耗与浪费。在积累大量财富的同时，为维护公共设施所付出的成本也急剧增加。大城市各种必需的交通系统支出数额高昂，最重要的是，由于每天往返于宿舍和工作场所之间必然带来心理上的厌倦、折磨和压抑。而且在过度拥挤的汽车中容易传染疾病。②步行去上班，就算单程走 1 英里远，在一年的大部分时间都是一种对身体的滋养，尤其对于那些长时间坐着工作的工人。

都市生活需要花费巨大的时间、能量、钱财、人的精力在一种本身并没有任何价值的活动上。这种活动的主要作用是要促进大都市积聚的优势，并且使土地持有者和金融家的经济储备增值。③而对人本身的发展则相对很少。

其四，工业噪声的影响严重威胁广大民众的生活与健康。19 世纪中叶伯明翰一位亲历者叙述道："世界各地的城镇里，再找不到比这里的机械工艺更吵人的了。锻锤不断砰砰地锤击着铁砧，引擎无休止地轰鸣着，火焰嘶嘶地喷着，沸水哗哗地沸腾着，蒸汽高声喧嚣着，时不时地，实验室里发出刺耳的或者闷雷般的声响，那里正在试验火器。人们生活在一片喧腾里，真仿佛他们的乐趣也与时代合拍了，一道变得十分吵闹，就像他们使用的那些新技术发明。"你不得不采取不理会这些噪声和吵闹的态度，这已经变成了一种典型习惯。蒸汽机的发明者瓦特曾经设法消减往复式蒸汽引擎的噪声，但是英国的制造商为了让人们能够完全凭听觉就能知道机器的功率，便简单粗鲁地阻止了瓦特的这个有益人类的改良措施。无数试验已经证实：噪声可以造成深刻的生理变化和

---

① ［美］刘易斯·芒福德. 城市文化［M］. 中国建筑工业出版社，2009: 282.
② 同①283.
③ 同①283.

疾患。音乐可以降低牛奶里菌落繁殖的数量，同样道理，胃溃疡等疾病由于居住在环境恶劣的高架铁路附近而加剧，工作效率也由于环境噪声而降低。[①]芝加哥的噪声试验表明，噪声的效应如果按照百分点划分，比如说当高至 100 点，而且延续一段时间就足以让人发疯，那么，乡村的声响指数是 8—10，郊区是 15，城市居住区是 25，商业区是 30，工业区是 350。这一相当宽泛的划分统计指标无疑适用于过去 150 年以来世界的任何地区，其上限还要稍高。

城市化发展迅猛。1850 年，美国国内人口超过 10 万人的城镇，还只有 6 座，德国只有 5 座；到了 1900 年的时候，美国就有了 36 座，德国则多达 33 座。迅速城市化的进程很快带来灾难性的后果。仅从新城镇地区最低的物质环境状况考虑（且不论其社会便利条件和文化质量），在有文字记载的历史上，广大民众从来没有居住过如此野蛮低劣的环境。无论是东方做苦役的奴隶，还是雅典银矿里做苦工的苦役犯，罗马贫民公寓里受压迫的无产者，这些阶级毫无疑问都熟悉一种同样的污秽、邪恶、恶臭和肮脏。可是人类社会的凋零堕落从来没有蔓延得像这个时期那样异乎寻常的广泛，任何时期也没有把这种不正常当作正常的状态和不可避免的情况，这是绝对不适合人类生存的环境。[②]

3. 因发展而衰落——大都市迅猛发展的思考

"古罗马城在公元 100 年时人口约达到 100 万人；伊丽莎白时代的伦敦城有 20 万人。相应地，这些城市存在着经济和社会组织方面的问题：罗马城的用水是从相当远的距离以外通过输水渠来供给的，而且城市的发展带来了巨大的交通拥挤问题。不幸的是，两千年后的现代城市仍然存在着这些问题。14 世纪的伦敦依靠 270 英里（430 km）以外泰恩河（River Tyne）旁的煤田来供给燃料，并且靠遥远的国家来解决更多的特殊供应，如燃料或调味香料等；到 17 世纪，它的用水也同样从 35 英里（56 km）以外，依靠输水渠（现在仍然流经伦敦北部的新河是它的一部分）来供给的。这些问题的存在，促使人们为了获得较好的城

---

① ［美］刘易斯·芒福德. 城市文化［M］. 中国建筑工业出版社，2009：224.

② 同①224.

市秩序而制定了大量的规章，有时还要对付生疏的新问题：罗马禁止马车在晚上通行，开创了对付城市噪声污染的先例；伦敦十四世纪对一个燃烧泥煤（sea coal）而造成空气污染的人处以绞刑，这是一种严厉的惩罚"。①

城市发展的幸福指数研究表明，"19 世纪中叶维持一个积聚的大都市的存在所需要的机械化的公用设施的成本持续增长。因此，尽管大都市堆积着惊人的财富"，同时政府面临耗尽全部财政收入和利润锐减的危险。发达的纽约，最富有居民所拥有的花园面积比许多乡村小镇最普通的市民花园面积要小，同样后者日常能看到和听到的清新自然环境是在过度拥挤的大城市中无法用金钱买到的，这是迟早要面对的成本增加和品质降低的严重问题，"一旦这种代价高昂的功能被理性地评估和描述，那么对积聚的追求也就会消失了"②。

大都市的迅速发展，丧失了呼吸新鲜空气的宽敞空间，先是由于土地太昂贵而剥夺原有居民的居住区域；继而原有居民向外围迁出，被收入更低的阶层所取代；然后是那些过度拥挤的区域，成为商业中心和高档宿舍区之间的过渡地带。③城市保护迫在眉睫，通过对空间的具体而形象的利用和控制，城市自身不仅负载了实用的生产活动功能，而且为居民的日常交往提供了场所。

（二）宁静乡村的优势

躲避灾难性的拥挤，从城市"逃往"农村。乡村与 19 世纪工业化以后的城镇环境相比，凸显更多的健康优势。崇拜 19 世纪工业成果的人们往往会鄙视乡村。早在工业发展初期，喜爱乡村景象和农事活动的人，但凡有可能，都会想尽各种办法逃脱乌黑的城垣，尽管这种出逃并不能从根本上医治工业文明的痛疾。如最具特色的就是，有权有势的人或者集团可以规划花园、公园或者建造专用景观；喜爱怀旧沉思的人，

---

① ［英］彼得·霍尔. 城市和区域规划（原著第四版）［M］. 北京：中国建筑工业出版，2008：10–11.

② ［美］刘易斯·芒福德. 城市文化［M］. 北京：中国建筑工业出版社，2009：284–285.

③ 同②285.

则可以漫步乡间小路，或者退守他们的乡村隐居生活，去沉思冥想，栽花种草，悠然陶然。而对于 19 世纪处于上升时期的中产阶级来说，他们采取的方式是建造别墅和郊区住宅。

现代概念的"市郊"与中世纪所谓"郊区"有本质区别，无论在功能上还是目的上。中世纪郊区的主要概念还只是作为夏季消暑娱乐的临时住所。《英国朝臣》(*The English Courtier*) 指明，"此时，许多贵族绅士典型的做法是回归到自己在城郊地带的别墅里去居住（如果他们拥有别墅可以避居），因为在多数情况下，那里的空气比较自由自在，环境很干净清爽，有益于健康，又远远避开市井喧闹因而比较安静。我们还发现那里还有许多住房等待出售或者出租，都十分宽敞、舒适，还带有花园和果园，非常令人惬意。所以，如果管理当局治理得当，那么没有理由担心这里会比乡下更易染病。我们这里的饮用水好极了，几乎是从来没有饮用过的，这里的活动场地和田园也十分令人愉快"①。

新型郊区的优势主要表现为拥有纯净的空气、清洁的水源，安静而宽敞的田园风光。起初，这种郊区居住方式只限于有财力购买马匹或者自家有马车的人士，或者是有办法每天搭乘公共车辆的人才有条件使用。后来，19 世纪 20 年代后，伦敦及许多其他城市周边，出现了新型的郊区环境，其典型代表有巴恩（Barne）、圣约翰丛林（St. John Wood）、汉普斯特德（Hampstead）及后来的贝德福德公园（Bedford Park）等。19 世纪末期，自然主义崇拜思潮得到德国城镇规划界的赞赏，表现在认真忠实于轮廓的原状，认真保持这些自然特性形成的不规则特征。

郊区环境日益得到更多的关注和热爱，动摇了工业文明以来的一些新兴理念。理查森（Richardson）在郊区环境中找到了关键性的建筑设计改良内容；之后，自学成才而极富天才的美国建筑师弗兰克·劳埃德·赖特（Frank Lloyd Wright，1867—1959）也设计了 800 多座建筑物，其中 380 多座付诸建造；同样，西特（Sitte）在郊区环境里，有

---

① ［美］刘易斯·芒福德.城市文化［M］.北京：中国建筑工业出版社，2009: 246.

效实施了后巴洛克（post-baroque）理念，创建了非连续性的街道系统，完成了将新居住区与过境交通路线隔绝开来最早的系统方案。广植树木、修建花园和开辟绿地开放空间等朴素的自然形态比人工替代物更节省，效果更好。动摇了对工业文明的"迷信"，比如，铁管制品比真实的女贞树篱更为便宜；汗流浃背的车间里制作的假纸花比泥土里栽植的真花更受用①。郊区居住区的开发建设项目比城区里的开发效果更具优势和特色。

随着工业文明向近郊的拓展，伦敦的创意旅游随之兴起。其实，追求乡村生活可以溯源到古代社会，范·怀克·布鲁克斯先生（Van Wyck Brooks，1886—1963年，美国评论家、传记作家和文学史家）曾指出，美国每一处重要消暑胜地的发现，都要归功于艺术家、作家以及一切不满足于实用主义生活方式而追求另类生活方式的人们；这些人对于环境质量的下降相当敏感，他们像楝树魔杖一样，准确指示着生活源泉仍在流淌的地方，迫切需要找到更加有效的永久性摆脱出走的方式，如中产阶级在郊区建造浪漫主义别墅。

逃离城市到郊区生活的行动的逐渐普及，使得城市郊区地价都上涨，势必导致城市郊区场地用途发生根本性改变。与此同时，随着城市住宅区向郊区的拓展，难以长久保存郊区的纯净和安谧。久而久之，城市周边的近郊被开发为到处是花园，随处有绿地。伦敦城郊附近的切尔西，哈默史密斯（Hammersmith）以及汉普斯特德（Hampstead）等地区，原本都是郊区的绿地后来都随着伦敦城的拓展而逐渐消失。②

乡村具有历史价值与现实价值等双重价值。村落是文化演变的基础，是城市的原型。都市建立在村落的发展之上，而村落的形式和内容比城市类型要长久得多。爱丁堡附近的一个小村庄有这样的赞美："在爱丁堡还不存在的时候，穆塞尔堡（Musselburge）就是一座城镇，到爱丁堡消失之时穆塞尔堡还是一个镇。"③

---

① ［美］刘易斯·芒福德. 城市文化［M］. 北京：中国建筑工业出版社，2009: 247.

② 同①.

③ 同① 325.

中世纪城镇的科学规划原则值得借鉴。中世纪城镇的平面布局沿袭了古代村落最一般的布局形式。既然有沿街道形成的村落，也就有沿街道形成的城镇；有围绕十字路口形成的村落，同样也就有这样形成的城镇；有环形村落，也就有环形城镇；还有不规则形状的村落和城镇，以及在杂乱无章中盲目地、偶然地形成的村落和城镇。几何形式的城镇规划和布局形式，更代表了新城镇的特色；而不规则的城镇规划当中，街区大大小小，无一定之规，外部边界里出外进，无章可循。凡此种种，都是后来城镇发展缓慢、聚落演化不系统的最终结局。从 10 世纪开始，城市化运动的含义，就是一种由古老的都市聚落逐渐向新型的，或多或少的自治性城市演变的渐进过程，城市特许状就是一种社会契约。

对城市增长和扩展的控制。要了解中世纪城镇的增长与发展，需考察中世纪生活中对物质环境及其政治文化方面的内容。中世纪城镇发展的局限产生于：其一，受到水源供应能力和本地生产水平的制约；其二，市政当局的法令条例的制约极其行业公会的规章禁止外地人随意建房入住；其三，原始技术时代的交通和通信技术条件的制约，那时，只有邻近水路交通的城市（比如威尼斯等）才能克服交通通信的不便。①

（三）城市中的公园

人类所居住的环境遭到破坏而恶化，从人类居住的角度审视这种破坏的后果，美国随笔作家、诗人和实用主义哲学家亨利·梭罗（Henry Thoreau，1817—1862）建议美国的每一个社团，应该拥有一块荒地作为其永久居住环境的一部分，应当为了市民而保证荒地免受文明的侵占，例如英格兰的皇家狩猎苑。之后不久，一项旨在使类似区域的自然美景得到保护，免受人类定居点的侵扰的运动，通过联邦政府开始推行。建立了一系列自然保护区，其中第一个于 1872 年建立的黄石国家公园是区域文化中的一个非常重要的事件。这是公众首次认识到需要保护原始荒地作为人类文明生活的基础，以及重视自然环境的其他价值而非对其进行毫无顾忌的商业开发达成的共识。一些实用的需求，例如在

---

① ［美］刘易斯·芒福德 . 城市文化［M］. 中国建筑工业出版社，2009：65.

英格兰，英国乡绅、作家约翰·伊夫林爵士（Sir John Evelyn，1620—1706）种植森林以确保对英国海军木材供给，迄今为止已经成为对原始区域进行保护的决定因素。而且，欧洲的国家森林是社会化拥有及社会化行为的最早形式之一。美国第一次认识到国家公园景观也是一种公共资源。

马什和梭罗首要关注的是原始荒地面临灭绝的威胁，以及因森林植被遭到破坏可能导致的枯竭和危险。但19世纪其他研究者则在其他领域说明了同样具有威胁的恶行，英国逻辑学家和经济学家斯坦利·杰文斯（Stanley Jevons，1835—1882）指出，按照旧工业时期开发煤层的速度计算，煤炭资源储备将在一到两个世纪中被使用殆尽，除非能及时发现新资源或其他节约的方式。尽管发现了新的矿藏，煤炭燃烧的方式也得到了改进，减少了每马力的消耗量，但预言总体上仍然正确，矿产资源，尤其是像煤炭、石油及褐煤这样的能源一旦被消耗掉就不可再生了。对于许多现代科技十分依赖的贵重金属及稀土元素，如镍、钒、钨、钽、锰等来说，情况也是如此。[1]

最早致力于住宅运动改革的是19世纪初最有影响的空想社会主义者之一罗伯特·欧文（Robert Owen，1771—1858），拥有一个尽管过于理想但却极具原创的思想，破天荒提出在开阔的乡村建立小规模的和谐社区，并建立完善的教育和社会保障设施，以使产业工人从恶劣生活中解脱出来。在欧文所提供的秩序井然的社区中，能够发现首次进行城市发展核心或基本单元的尝试，与位于爱丁堡或伦敦的新建上层社会居住区相比较，其优势在于作为规划的一部分，提供了社会生活的一些基本特征。欧文的设想与实践，得力于法国社会理论家傅立叶（Charles Fourier，1772—1837）等助手的追随，主张建立以"法朗吉"为生产者的联合会，并以此为基础进行社会组。和谐社会思想拥有为更丰富的心理学基础，傅立叶关于法朗吉农业合作社的设想尽管有些狂热和不切实际，但其集体工人住宅和社会房屋是取得的重要成就之一。

---

① ［美］刘易斯·芒福德.城市文化［M］.北京：中国建筑工业出版社，2009：361.

工人运动者积极为工人建造住房。1850 年，泰特斯·索尔特国士（Sir Titus Salt）在索尔泰尔的工作，为稍后诸如克虏伯（Krupp at Essen）在埃森，卡德伯里在布尔讷维尔（Cadbury at Bourneville），以及利弗在阳光港（Lever at Port Sunlight）的新建居民区铺平了道路。按照开敞式的乡村生活，后两者的独创性在于配备了大量的开放空间。这对中产阶级郊区住宅的设计有着重要而直接的影响。上述种种改进措施、良好的规划却没能防止投机商的操控。

（四）田园都市理想——霍华德的探索

1898 年 10 月，《明日》（全名为《明日——一条通向真正改革的和平道路》，*Tomorrow：A Peaceful Path to Real Reform*，在后来的版本中又更名为《明日的田园城市》）综合了英国作家托马斯·斯彭斯（Thomas Spence，1759—1814）、亨利·乔治、欧文、傅立叶和韦克菲尔德观点，成为一部新颖别致，即使在今天仍完全具有原创性的经典专著。平衡城市环境的田园城市理想仍然为后来者追求的目标。[①]

霍华德基于城市化所带来的工业中心特别是人满为患的大都市人口增长这一基本事实，观察到从经济和社会方面解决问题不再有实效，主张同时关注"乡村"和"城市"。乡村人口的减少和城市人口的过度增长是一系列事实的两个方面，城市运动漫无目的地开发出大量的居住区，却远离城市基本的社会制度，而且丧失了乡村田园的优点；城市化的同时，造成了乡村愈加贫穷，而城市也没有在市政发展方面获得任何相称的成果。城市规划本身并没有错误，错误在于城市没有得到及时与恰当的规划，更由于规划的很大部分控制权掌握在私人土地投机者和私人运输公司的手里，为追逐个人利润而忽略了公众利益。新的地域中心类型将会把开阔的郊区地带的优点和大城市的社会优势结合起来，会在其建设现代生活的计划中赋予城市和乡村同等机会，它将成为一个和谐的环境。

霍华德不单从学者的研究角度，更是以政治家的视野，将这种对于

---

① ［美］刘易斯·芒福德.城市文化［M］.北京：中国建筑工业出版社，2009：428.

19 世纪来说还是新型的城市中心命名为田园城市。霍华德认为"城镇和乡村，必须结合在一起，在融合之中会生长起一种新的希望，新的生活和新的文明。"尽管尚未使用地域概念，霍华德的贡献是已经将城市建筑和住宅问题看作是地域问题。

在霍华德"田园城市"的创意贡献中，主要表现在三个方面。第一，田园城市中分割开的土地须由公共机构来控制并开发，由此引发的增值归社群所有并掌控，竭力抗拒因提高土地价格而增加密度的诱惑，这样种种措施有利于消除土地使用中非理性和投机变化而带来的不稳定因素。第二，控制和限制口增长速度和人口数量，霍华德设置的环绕每一个田园城市的城市发展外部界线，以永远保留开阔的乡村，用作农业或者休闲用地，这条农业带作为绿色围墙以抵抗其他社区的蚕食。霍华德构想的城市增长顶点是到达市中心社会服务设施的最大承受极限，进一步增长可以发生但不像现存的那些城市那样通过容纳过多的人或者城市蔓延的方式，而是以田园城市为基础通过同样的方法来实现。[①]第三，保持城镇与乡村之间功能均衡的地域关系，成功地消灭了由无限制的聚集而导致衰败的可能性。霍华德被称为通过合理的社会学概念思考理性城市动态发展过程的城市思想者。

为了缓解都市拥挤，限制城市边缘区扩张，在新的城市中心规划中，霍华德的思想在数世纪之前已被莱昂纳多·达·芬奇预见到。莱昂纳多完成田园城市提案的那十年间也是他进行机械飞行试验的时期，其实他同时设计了两大主要关于新经济的发明；然而，霍华德的田园城市是莱昂纳多梦想的一个巨大进步，如同莱特兄弟的飞机对其大鸟（Great Bird）的超越一样：一方面，社会环境已经成熟；另一方面，新的发明开始产生作用。

霍华德 1898 年提出关于田园城市的理性建议，在当时没有得到应有的重视，甚至依旧无视拥挤不堪的环境对健康状况和工作效率的影响。一个世纪以前，田园城市运动步履维艰，重点仍然是追求工业经济

---

① ［美］刘易斯·芒福德. 城市文化［M］. 北京：中国建筑工业出版社，2009：432.

利润，田园城市受到主要以蒸汽动力为主的工业在技术和金融方面的抵制。第一座田园城市莱奇沃思就是一个由私人组织实施的示范项目。由于田园城市在结合工业以及在建造工人住房方面的成就，成为全世界有着社会意识的规划师和管理者的关注焦点。特别是 1920 年以后，实践田园城市的条件开始成熟。"在城市形态和乡村居住模式之间有一种长期的分离，在都市和田园文化的态度之间也有同样的分割，但是在我们的时代，这些以前看来不变的区别发生了根本性的改变。市郊化的实践更接近于城市形态而不是乡村，那里的文化更倾向于以都市文化为主导。"①

田园都市原则适用于和谐地域内部的和谐城市集群。一方面广泛地传播一种更高级的人类文化的工具和方法；另一方面在城市中融入可持续的生命环境和以生命为导向的乡村特点。② 田园城市建设发展缓慢，只有当政治和经济制度直接指向地域复兴这一目标的时候，田园城市才能够成型。

第二节　城市旅游——从城市核心到乡村外围

一、对文明的重新认知：城乡一体化发展道路

（一）研究背景与关注目标

1. 基于人与自然和谐的城市功能研究

自第二次世界大战以后，城市布局结构开始松散，"城市"这个术语已经难以精确表达城区的形态及特征，"除非我们重新将城市定义为包括广大的市郊，甚至是远郊地带的广泛空间"③。乡村可以体验一种与城市生活截然不同的社会物质空间，城乡之间的差异与界限也因此变得

---

① ［美］詹姆斯·E.万斯.延伸的城市——西方文明中的城市形态学［M］.北京：中国建筑工业出版社，2007: 476.

② ［美］刘易斯·芒福德.城市文化［M］.北京：中国建筑工业出版社，2009: 435.

③ ［美］詹姆斯·E.万斯.延伸的城市——西方文明中的城市形态学［M］.北京：中国建筑工业出版社，2007: 466.

模糊。哈维（Harvey）认为非城市空间的存在对于城市空间本身的再生产也是必要的[①]。现今的创新型城市大多在其当地特色基础上，围绕城市区域设计、提升和激发城市功能而建立。

城市更主要是一种社会意义上的新事物。城市的标志物是它那目的性很鲜明的、无比丰富的"社会构造"。城市体现了自然环境人文化以及人文遗产自然化的最大限度的可能性；城市赋予前者（即自然环境）以人文形态，而又以永恒的、集体形态使得后者（即人文遗产）物化或者外化。[②]城市社会构造才是作为城市的先进事物，这是农村所没有的。"城市拥有经济和社会机会，但是也有着过度拥挤的住宅和骇人的物质环境。乡村提供了开阔的田野和新鲜的空气，但是只有太少的工作岗位和极少的社会生活。"[③]

如何实现人与自然的和谐？"并不像通常所说的那样只有两种选择——城市生活和乡村生活，而有第三个选择。可以把一切最生动活泼的城市生活的优点和美丽，愉快的乡村环境和谐地组织在一起。这种生活的现实性将是一种'磁铁'，它将产生我们梦寐以求的效果——人民自发地从拥挤的城市投入到大地母亲的仁慈怀抱，这个生命、快乐、财富和力量的源泉。可以把城市和乡村当作两块磁铁，它们各自力争把人民吸引过去，然而还有一个与之抗衡的劲敌，那就是部分吸取二者特色的新的生活方式"[④]。"城市和乡村都各自有其主要优点和相应缺点，而城市——乡村则避免了二者的缺点"[⑤]。可见，创造这第三个磁铁，就是城镇与乡村联姻，从这个快乐的结合中将孕育出一个新的希望、一个新的生活、一个新的文明。正在兴起的创意旅游，从一个全新的视角为田园都市的时间开拓道路。

---

① Harvey, D. The Limits to Capital [M]. Oxford: Basil Blackwell, 1982.
② ［美］刘易斯·芒福德.城市文化［M］.北京：中国建筑工业出版社，2009: 5.
③ ［英］彼得·霍尔，科林·沃德.社会城市——埃比尼泽·霍华德的遗产［M］.北京：中国建筑工业出版社，2009: 16.
④ ［英］埃比尼泽·霍华德.明日的田园城市［M］.北京：商务印书馆，2010: 6-8.
⑤ 同④ 8.

2. 城市与乡村关系研究

一个多世纪以来，世界性的大规模从城市向乡村的涌动，在工业得到迅速发展和进步的同时，也带来了日益严重的负面效益。重构乡村空间，促进农村生产要素的集中与集聚重新引起关注。农村独特的资源优势，先天而来的备感珍贵的生态环境、广阔的创意空间，使农村产业更有条件迎接国际趋势、致力于创意产业园区化、高科技化、高效化的发展方向。依托科技力量，进行旅游资源与旅游产品的深层次开发。乡村度假已经成为高档旅游度假，因休闲文化而衍生的乡村产业步出"生活"功能而转向"生活、生产、生态"多功能分布。农业资源成为城市发展的重要组成部分，休闲农业从城市近郊向中远郊推进，产业链延伸，都市农业与传统农业在整合中走向一致。中国的农村不必也不可能完全依靠城市的支援反哺，更重要的是农业自身的崛起。乡村文明与城市文明的融合，更象征了人类的进步。

1898 年英国现代城市规划创始人霍华德（Ebenezer Howard）已提出"城市应与乡村相结合"。芒福德（Mumford）指出城与乡同等重要，不能截然分开，应当有机地结合在一起[①]。自然环境比人工环境更重要，将"城市"与"农村"视为经济和社会整体中的组成部分，城市与农村在许多方面相互作用和影响。

在中国城市化迅速发展过程中，发达地区农村的价值，不仅是传统产品、劳动力的贡献，而且包括生态、文化、场所等功能价值。20 世纪 90 年代，吴传钧提出"人地关系地域系统理论"，地域系统演进过程及其效应成为地理学研究城乡资源配置、发展模式选择的重要理论主题[②]。高向军主张经济、社会、环境三大效率的良性循环。更多学者关注农村产业重塑的动态分析，刘彦随认为新农村建设应确立城乡整体规划和平等发展理念，把农村发展同当地丰富的农业资源、独特乡村文化的开发和保护相结合，重视建设多功能高效现代农业园区，壮大农村特

---

① Mumford, L. The City in History: Its Origins, Its Transformations, and its Prospects [M]. New York: Harcourt Brace Jovanovich, 1961.

② 吴传钧. 论地理学的研究核心：人地关系地域系统 [J]. 经济地理，1991, 11(3): 1–6.

色经济和生态文化产业①。刘彦随、刘玉、霍荣新主张将城市化建立在
农业的发展之上②。新时期乡村空间重构和组织重建将促进农村生产要
素的集中与集聚，为农村产业重塑与升级搭建了新平台。在构建资源节
约型与环境友好型社会背景下，农村独特的农业资源优势、良好的生态
环境和广阔的创业空间，促使农村产业向园区化、高效化方向发展，亟
须从产业互动层构建城乡经济社会协调发展的创新机制。

　　3. 乡村文化产与乡村休闲研究

　　乡村文化旅游与休闲体验密切相关。国际学术界乡村文化产业研究
及其乡村民俗与休闲研究成果颇丰。关于农业产业及其土地整理的探究
与产业结构发展进程相联系，19世纪初期，经过工业革命而成为"日
不落帝国"的英国，经济学家马尔萨斯和李嘉图都认为农业是阻碍经
济发展的重要因素。尽管半个世纪后的19世纪中叶，美国经济学家约
翰·穆勒认为经济增长可以与农业发展并行不悖③，但并未得到广泛的
认可，直到20世纪50年代至60年代初，西方经济学界的主流思想都
认为农业在经济增长中的作用是消极的。刘易斯"二元经济发展模型"
认为农业对经济增长的贡献只是为工业扩张提供无限丰富的劳动力，而
其提供劳动力的成本为零。20世纪60年代，美国著名的农业经济学家
西奥多·舒尔茨强调农业的经济贡献，提出"仅使用传统生产要素的农
业是无法对经济增长做出重大贡献的，但现代化的农业能对经济增长做
出重大贡献"的重要观点④。随着对农业关注程度的提高，土地整理研
究领域不断拓展和深化，解决农村人地关系矛盾的土地整理，随着城市
对农业日益紧密的依托及其农业产业地位的确定，其运行机制也发生变
化。快速城市化背景下，乡村文化产业及其演化正在成为研究的热点。

　　①　刘彦随.中国东部沿海地区乡村转型发展与新农村建设［J］.地理学报，2007, 62(6):
563–570.

　　②　刘彦随，刘玉，翟荣新.中国农村空心化的地理学研究与整治实践［J］.地理学报，
2009, 64(10): 1193–1202.

　　③　［美］D.盖尔·约翰逊.经济发展中的农业、农村、农民问题［M］.林毅夫，赵耀辉，
编译.北京：商务印书馆，2004: 359–360.

　　④　［美］西奥多·舒尔茨.改造传统农业［M］.梁小民，译.北京：商务印书馆，2003: 5.

乡村文化研究相关的旅游休闲的研究突破了经济学视野，依托更为广阔的社会政治经济背景，从休闲的多样性特征到商业化运行模式研究，历史学家 E.P. 汤普逊进行近代社会民众休闲的考察与影响分析。旅游休闲消费研究经历了百年的发展历程。凡勃伦（Vablen）最早提出休闲思想[①]。庇古（Pigou，1920）、奈特（Knight，1921）和罗宾斯（Robins，1930）进一步构建了"工作—休闲"模型。从 20 世纪中期开始，贝克尔（Becker，1965）拓展休闲内涵：休闲活动含有某种消费，消费活动也含有某种休闲，消费者只有将工作与休闲进行科学组合才能获得最大效用。休闲的研究依托更为广阔的社会政治经济背景，从休闲的多样性特征到商业化运行模式研究，进而拓展到生活方式的变革。瑞德（Reid）阐述了工业革命中城市民众娱乐休闲时间习惯的变迁[②]。乡村休闲文化产业成为农村产业重塑的重要一环。于光远、孔德涌、王雅林、申葆嘉、马惠姊等著名学者从 20 世纪 80 年代开始以跨学科的视野关注休闲研究。周雪晴提出通过预测消费需求、建立需求消费模型和针对需求不足及需求过量提出应对措施来加强休闲需求管理；郭鲁芳在《休闲消费的经济分析》中提出基于传统的"工作—闲暇"模型而得出的其他收入、工资率变化对休闲消费的影响，构建了休闲消费模型。以旅游休闲消费为切入点，进行旅游经济效应与影响分析，探讨中国旅游业从经济性旅游业向更高层次的文化型旅游业转型的途径与模式。随着民众消费价值观的转变，休闲作为一种人生和社会需要，世界将进入休闲时代，国民生产总值中会有一半以上的份额由休闲产业创造。通过公众休闲而带来的服务需求，能带给社会和公众广泛的利益。

4. 现代"新民"培训

近百年来中国有识之士执着地进行农村改造与"新民"培训的探索与实践。早在 20 世纪初，梁启超就提倡注意培养合乎新民标准的现代国民。20 世纪 20 年代，晏阳初和梁漱溟的"乡村建设理论"，提出加强职业培训，使传统农民成长为高素质的现代新民的思想，而且把

---

① ［美］托斯丹·凡勃伦. 有闲阶级论［M］. 北京：商务印书馆，2002.

② Reid, D. A. The Decline of Saint Monday 1766–1876[J]. Past & Present, 1976 (71): 76–101.

农民改造成具有现代科学知识与民主精神的"新民"，并视之为"民族再造"。1979 年诺贝尔经济学奖获得者国际著名的农业问题专家西奥多·W. 舒尔茨指出："把人力资本作为农业经济增长的主要源泉"，"农民所得到的能力在实现农业现代化中是头等重要的"[①]。梁启超提倡注意培养合乎新民标准的现代国民。"新民云者，非欲吾民尽弃其旧以从人也。新之义有二：一曰淬厉其所本有而新之，二曰采补其所本无而新之。二者缺一，时乃无动。先哲之立教也，不外因材而笃与变化气质之两途，斯即吾淬厉所固有采补所本无之说也。"[②]1922 年，梁启超在《教育与政治》一文中指出了教育的目的和宗旨，教育是教人学做人——学做现代人。教育事业虽然很复杂，目的总是归到学做人这一点，教育要培养现代国民。而关注农村必须关注土地问题，关注土地问题的关键因素在于关注农民"知识力、生产力、团结力、健康力"等综合素质的提高（晏阳初早在 20 世纪 30 年代提出此观点），这将成为实现农村产业结构升级、提升国家竞争力的重要条件。全球化过程中，旅游已经成为广大民众的生活方式，而乡村"生活方式"本身就成为创意旅游中的重要旅游资源，乡村旅游目的地成为旅游者需要寻找的体验与创造的归属。广泛借鉴、吸收中外农民培训的经验，结合创意旅游实践，探索中国特色并行之有效的提高农民综合素质的具体方法，这将成为实现农村产业结构升级的重要条件。

5. 旅游文化研究

国际学术界旅游文化研究已从学术外层走向学术中心，国际学术界旅游文化研究及其乡村民俗与休闲旅游研究成果颇丰，自 19 世纪 70 年代以来，乡村旅游内涵得到了丰富和发展。体育运动、健康疗养、教育及生态保护等成为乡村旅游的主要内容；乡村旅游呈多样化、专门化发展态势。乡村文化研究丰富多彩，麦克唐纳（MacDonald 等学者）[③]研究

① ［美］西奥多·W. 舒尔茨. 改造传统农业［M］. 北京：商务印书馆，1987: 132.

② 梁启超著，黄坤评注. 新民说［M］. 郑州：中州古籍出版社，1998: 54.

③ MacDonald, R.& Jolliffe, L. Cultural Rural Tourism: Evidence from Canada [J]. Annals of Tourism Research, 2003, 30(2): 307–322.

加拿大的乡村文化旅游对经济、文化、环境等区域影响，认为乡村文化是一项宝贵的资源，并有利于乡村旅游的可持续发展。而理查兹·夏普利（Richard Sharpley）[1]针对塞浦路斯的乡村旅游发展状况，探讨了发展乡村旅游的积极与消极影响。普遍认为应保持乡村文化的乡村性，防止旅游发展而带来的非乡村文化的逐渐渗透，以至于出现乡村文化被异化或削弱的局面。立足于乡村的历史和自然，发展乡村旅游能促进乡村自然和历史文化传统资源的开发利用，改善乡村的卫生状况，保护乡村有价值的资源、自然的环境和文化。

我国旅游文化研究起步于 20 世纪 80 年代后期，随后便引起广泛的关注和探讨，展开关于"旅游文化"的界定及旅游文化传统的探讨；中国传统文化内涵的宏观研究及区域旅游文化及域外旅游文化的微观研究及旅游文化的应用研究；刘其印解释民俗旅游具有"体验"作用，为"借助民俗而开展的旅游项目，如寻根祭祖、朝山进香、民间艺术表演、民俗展览、节庆活动、风味食品、旧式交通工具、住民房等，即到民间去旅游，到民俗氛围里去切身体会"[2]。钟敬文强调民俗文化在民族文化中的最基本、最重要的地位，与自然环境的共生与共赢[3]。进入 21 世纪，学界更加关注旅游文化资源的可持续发展，旅游开发与环境保护良性循环机制等更深层次的问题。但对于区域旅游文化与管理的生态文明建设层面仍缺乏细致和深入和探讨，比如区域旅游文化管理研究，从生态与文化的层面探讨中国经济型旅游业向文化型旅游业转换模式，尤其是国内外研究论题主要集中在旅游文化与文化生态文明的分离状态研究，而整合提升的思路明显欠缺。特别是缺乏对休闲文化、观光文化、娱乐文化等旅游产品的深度了解，只是限于粗放型、追求数量型的方式；缺乏针对区域旅游文化及其生态环境效益的分析研究，尤其缺乏整合旅游文化管理的相关探索及提升旅游文化产业层次的研究。

---

[1]　Sharpley, R. Tourism and Sustainable Development: Exploring the Theoretical Divide [J]. Journal of Sustainable Tourism, 2000, 8(1): 1–19.

[2]　刘其印 . 让游客到民俗气氛中去感受异域风情［J］. 民俗研究 .1995, (1): 15–16.

[3]　钟敬文 . 民俗学概论（第二版）［M］. 北京：高等教育出版社，2010: 23.

对创意旅游对城乡互动发展模式等方向已有研究趋势，亟待向纵深展开。相对外国研究而言，国内研究主要集中在学习国外经验，而对创意旅游发展的理论基础、政策制定、产业布局等原创性研究和应用上还较为欠缺；针对创意产业对城乡关系互动研究已有涉及，但在不少环节上亟须继续深入研究；特别是国际上对于创意乡村的研究仍较为少见，而国内关于针对乡村创意旅游发展的探索几乎还没有相关的论述。而本课题探讨创意旅游对城乡的互动影响，具有一定的学术前瞻性和广阔的应用前景。

（二）城市必须与乡村结合

社会进步与发展依托于生态和谐。分析比较西方古希腊罗马文明与中国古代文明的异同及文化内涵，中西传统文化不约而同地孕育了生态和谐思想。正是中国古代"天地有大美而不言"（《庄子·知北游》）的生存环境中迸发出的"生生"和谐和西方文化中（比如亚里士多德和孟德斯鸠的思想）追求生态系统和谐过程中的"创进不已"，成就了人类社会辉煌的文明。因而某种程度上，环境对文明具有重要的影响。而高速和过度的城市化对环境造成严重压力，需要借助生态的力量协调，以实现城市向乡村回归的新"生态和谐"之路。

协调农村自然环境与历史文化资源。农村旅游文化发展方案由追求经济目标的增长模式向可持续发展模式的转变，经济效益与环境效益良性循环和谐发展。以休闲活动带动相关产业发展，以农村为载体，利用农业生产活动、农村自然环境和农村特有的乡土文化吸引国内外游客，通过集观赏、娱乐、体验、知识、教育于一体的新兴产业带动首都新农村建设。研究满足首都城市休闲旅游需求，促进农村产业结构调整的城乡统筹协调发展模式。依托乡村区位优势与特征、特有的生态环境和民俗文化旅游资源，依托历史与自然，提升乡村旅游的文化内涵。

以"生产我们能出售的"（producing what we can sell）为原则，而不是"给予游客们想要的"（giving the customers what they want）。特别

是理查兹（Richards）和威尔逊（Wilson）[①]指出农村地区也是文化创意人员的高度关注点。城市和农村关于创意主题的区分日趋接近。农村地区并不仅仅是有传统手艺的地方，而且愈来愈多为当代创造活动。农村的覆盖面和自然环境为创意活动增加了新维度，大自然成为旅游创意维度的一部分，旅游者拥有创意体验生产者和消费者的双重角色，日常生活也成为新的旅游资源。同时，当代旅游者也不再只是传统的旅游者，而是因学术、商业、文化或其他原因来到目的地，继而游览这个城市。游客需求呈现多样化特征，城市需要提供新的文化类型，在最理想的状态下在某些特点方面满足居民、观光者和旅游者的不同愿望。

二、创意旅游与城乡产业结构调整

（一）基于社会关系与人文活动的城乡产业结构

综合国内外创意旅游的理论和实践研究分析出，许多不同的空间维度都会影响着创新发展，如全国范围尺度、城乡范围尺度、城乡接合部地带与集群的微尺度。弗罗里达（Florida）和其他作者都倾向于关注集中在城市位置的创意发展，似乎对一般城市进程发展和创造性城市进程发展的影响分析有点混乱，同时弗罗里达（Florida）的分析也显得缺乏重要的空间维度。从宏观上看待整个城市，创意过程的许多特殊性也被隐藏。理查兹（Richards）与威尔逊（Wilson）合著的 *Creativities in Tourism Development* 这本书的许多章节强调了聚居和集群作为创造力的发动机对城市的发展很重要，也揭示了这些集群内部创造力差异显著。这就意味着城市内部似乎有一种更详细的创意空间结构，它与城市居民、旅游者和其他流动的人的想法有关。

空间研究一直是探讨目的地社会关系和人文活动的重要领域，空间形态可以较好地反映研究对象的要素构成和其结构关系。所以借助空间形态的研究方法，对城市创意旅游进行系统梳理，建构城市创意旅游的空间形态分析框架，这将有助于厘清开展创意旅游的研究框架和思路。

[①]　Richards, G. & Wilson, J. Tourism, Creativity and Development [M]. London; New York: Routledge, 2007.

从地理空间角度出发概括而言，创意空间就是精心设计的创意资源及阶段性创意体验和汇合[①]。创意空间的确定核心特质就是创意阶层与创意活动的空间集聚。从旅游者这个角度上讲，创意空间的核心特征是能够激发旅游者的创意激情，帮助旅游者发掘自身创意潜能的一个空间范围，其具有动态性、非主题化的特点[②]。从地理学视角，创意空间就是知识经济或文化创意经济在地域空间上的集聚，是以创意创新活动、学习交流活动、研发等文化创意经济为主导的产业活动为核心的城市空间功能区。

旅游活动中，不同于普通旅游者创意阶层，既是旅游活动的生产者，也是旅游活动的消费者，具有同时性特征。其中最显著的特点就是创意阶层在其旅游活动中充分利用自身的知识文化技能，通过积极参与各项创意活动，在互动的体验当中提升自身的身心。正如旅游及休闲教育协会文化旅游研究项目中显示，出现了从具体的文化吸引物（如纪念馆、博物馆）到无形因素（环境美食学）吸引力的差异。

创意活动是创意旅游的表现形式。国外的创意旅游活动大都已形成创意旅游产品，他们为游客提供多方面的创意体验及学习当地文化，并且融入自己的知识技能，在参与的活动中激发灵感，享受异域文化。国内的活动主要有两种表现形式，其一是以艺术区的形式表现，其二是旅游产品的形式表现。艺术区的特点就是与商业和生活相结合，展现了创意的元素；旅游产品则以"印象系列"为特征，将文化、表演、旅游、休闲等结合在一起，在旅游目的地开辟了特殊吸引物，展示原生态、原文化和新体验。国内外的差异主要表现于创意旅游的软件基础——创意阶层的创意互动。运用高科技、融于青山绿水的《印象刘三姐》等空间舞台表演系列带来了广泛的经济效益和社会影响，但仍有待于在创意观光和创意空间基础上，进一步发展为互动空间而将旅游创意向前推进。

① Richards, G. Wilson, W. Tourism, Creativity and Development [M]. NewYork: Routledge, 2007: 283.

② Richards, G., Wilson, J. Developing Creativity in Tourist Experiences: A Solution to the Serial Reproduction of Culture? [J]. Tourism Management, 2006, 27: 1209–1223.

从"什么人在什么地方干什么事情"的角度出发，城市创意旅游是一种人本价值导向的旅游活动方式，以创意阶层个性化的旅游消费需求为中心，创造性地整合城市各类有形无形的特色资源，积极主动地参与、探寻城市的文化内涵，满足自己的身心需求。旅游者在不同的文化空间内进行各种不同的经历，在感受多元化与异域文化的过程中，所接受的多元刺激将成为个人旅游动机以及旅游文化传播的动因，这是文化创意旅游空间得以形成和发展的重要基础，也是城市创意旅游的形成基础。

（二）乡村休闲文化产业从"一产"到"三产"转型路径

优化乡村产业结构以保持乡村生态环境为前提，研究首都农村休闲文化产业规划的生态文明建设思路，由追求经济目标的增长模式向可持续发展模式的转变，经济效益与环境效益良性循环和谐发展。

1. 开展中国特色的休闲文化产业

研究首都农村区位优势与特征，特有的生态环境和民俗文化旅游资源，依托历史与自然，提升乡村旅游的文化内涵。利用农业生产活动、农村自然环境和农村特有的乡土文化吸引国内外游客，通过集观赏、娱乐、体验、知识、教育于一体的新兴产业带动首都新农村建设。挖掘深藏于广大乡村的文化底蕴，实行观光休闲农业规划、创意产业园区规划、科技园区规划、乡村景观规划、民俗园区规划、乡村聚落区规划、生态景观规划等多种规划，整合田园、体验、休闲、度假等乡村资源，改善乡村聚落空间结构，实现农村产业结构升级。将乡村旅游、民俗旅游、农业旅游、农耕文化有机结合，美丽乡村成为北京城市居民的"家外之家"。

2. 城市与乡村和谐发展之路

从城市向乡村扩散和融合的过程中，探求实现首都城市与乡村生态和谐之路，进而实现城市与乡村的和谐发展。针对城市旅游者，实现创意与产业的结合。设计最优的旅游线路、游览目标及其内涵丰富的产品。利用农业生产经营活动、农村自然环境和农村特有的乡土文化吸引国内外游客，通过集观赏、娱乐、体验、知识、教育于一体的促进乡村产业发展模式，特别是提升乡村创意旅游与产业融合之路。针对农村居住者，提升综合素质。设计提升村民综合素质的培训方案。开发农村劳动力，投资农村人力资本，对农民进行教育和培训，提高健康水平和社会公德意识。尤其注重北京农村特有的生态环境和民俗文化旅游资源，提高交通设施的建设，提升服务的质量与标准。利用特有的资源优势、区位优势使首都农村的发展与北京城市的进步相协调。针对城乡旅游目的地——建立适宜体验与创造的空间。设计提升城乡居民综合素质的具体培训方案。开发农村劳动力，投资农村人力资本，提高健康水平和社会公德意识；注重城市自然风貌及历史遗产，城市建设成适宜游客居住和生活的理想之处。

3. 创意旅游促进传统产业转型与升级

旅游的实质价值在于让游客置身其中而不是简单的游览活动，创意旅游使"行万里路"胜于"读万卷书"真正成为现实。旅游者期待挑战传统景区之外的旅游区域，旅游正在从依靠博物馆、古迹等有形资源转型到生活方式、体验创造等无形资源。研究伦敦周边的伊斯林顿和岸边区，在保留历史街区与建筑等旧城原貌的基础上，重建系列创意产业等适合居民工作和生活的街区设施的具体方案。不管是以便捷的交通方式与伦敦市中心相连的时尚住宅区伊斯林顿，还是位于伦敦塔、莎士比亚全球剧院等标志性旅游建筑之中的岸边区，尽管这二者都没有刻意迎合"旅游者"而专门出台发展旅游的政策或专门的旅游区规划，但却因塑造了"真实"的伦敦而吸引意想不到的众多游客。同时，游客参与了城市品牌的塑造。

分析借鉴世界城市与乡村互动发展的历史与现状，开展国内不同区域创意旅游资源开发及其管理模式的综合研究。在社会和环境的时空维度层面，探索不同功能类型经济发展的地域模式，挖掘深藏于城市及广大乡村的文化底蕴，探讨区域中心城市的文化发展与其所在的核心区域之间的关系，探索城市景观的区域特征及文化内涵，人与自然的和谐互动以及千变万化中的整体性风格。研究首都农村区位优势与特征，特有的生态环境和民俗文化旅游资源，提升乡村旅游的文化内涵。利用农业生产活动、农村自然环境和农村特有的乡土文化吸引国内外游客，通过集观赏、娱乐、体验、知识、教育于一体的创意旅游，促进首都农村产业结构调整与转型。

打造城市传统产业转型和升级路径。创意旅游融入城市产业众多部门，如纽约以版权产业为主题，东京以动漫为主题，巴黎以时尚为主题的特色创意产业体系，创意旅游以其强大的渗透力和融合功能，使城市拥有持续发展的活力。优化传统产业结构，培育未来的消费群体，拓展消费空间而形成新的产业链。创意旅游产业是内涵外延丰富的产业群，因各城市区域特色与文化特色不同，只有形成城市的产业特色，才能在城市主题化、个性化、品牌化的基础上实现城市持久的生命力。创意旅游产业将城市取之不尽的无形资源转化为旅游吸引物、旅游体验和旅游消费产品，提供适宜个人创造力与潜能全面提升的软硬环境，从而促进城市发展。

城乡统筹包含相辅相成的两个方面，一方面来自于工业的反哺，另一方面来自于农业发展模式的转型，而农业与旅游业相结合就是实现转型的有效途径之一。通过走高级服务业的道路，促进农业产业升级，从而带动经济发展，农民又将获得收益的一部分反哺家乡农村，实现城乡资源互补和协调发展。

三、创意旅游促进城乡互动发展

近30年来，欧美发达城市纷纷提出以推动第三产业内部结构优化升级为重点的城市再造计划，特别是把利用文化和旅游促进地区发展作为主要的文化经济手段，但由于缺乏创意而使旅游内容趋向于雷同，因失去地域性特征而没能带动经济发展。中国经济经过30年的快速发展，因缺乏与乡村的互动，城市发展的内在驱动力在减弱。21世纪初，"创意产业""创意旅游"的兴起成为城市转型与乡村复兴的关键。全球化过程中旅游者的数量和质量都发生深刻的变化，旅游业、游客及其遍布城乡的旅游目的地都在发生迅速衍变，旅游已经成为广大民众重要的生活方式，游客的需求已经日益接近于目的地居民，甚至寻找在目的地的归属感。旅游行为与旅游体验成为生活的重要部分，游客与目的地居民日渐融合。

中国旅游业增长强劲，创意产业中相关的创意旅游研究日益成为国际上关注的热点和难点。但目前创意产业研究多集中在某一国家或某一区域，研究内容宽泛，针对文化创意产业某一方面或某一行业的研究较为缺乏。而文化创意产业正是基于若干个相互密切关联但又有明显差异的子行业的集合，不同的子行业有不同的运行机制和产业特点，因而，针对文化创意产业中与旅游相关的组成部分进行个性分析，具有重要的理论意义。

（一）创意旅游与生态文明建设

1. 生态与文化——旅游发展新模式

比较中西旅游文化生态和谐思想，探求生态和谐的科学方案。运用现代信息技术，通过针对首都乡村生态环境容量的检测与分析，实现首都新农村文化资源与生态文明的和谐发展；通过乡村旅游文化产业一体化趋势与集群趋势研究、现代"新民"培训研究、农村旅游文化标准化与规模化发展研究等，为实现城乡统筹的首都新农村文化旅游发展模式做相关探索。

我国传统农村基本生活方式和文化特征。中国长期处于农业社会体制中，"日出而作，日落而息"的自给自足自然经济长期以来居于主导地位，决定了中国广大民众的认知方式、思维方式、情感方式、生活方式及价值观念。特别在农村中体现得更为明显。表现为以家族关系为基础的组织形式和群体特征，中国传统农村多以家族为基础，同族人相聚而居，家族的法规、传统、道德标准、伦理关系扩大到社会之后，就使得中国传统社会具有了"宗法社会"的特点。发展农村文化，首先可以有助于提升认识功能。农村文化体系中包含的重要组成部分就是认知文化（包括自然科学、社会科学、思维科学）。在农村，为了发展经济，改善生活条件，农民必须通过不断掌握新的知识，加深对自然、社会和人自身的认识。其次，发挥整合功能。农村文化体系中的一个重要组成部分就是法律、规范、道德。

　　从生态和文化的层面探索旅游文化发展模式。在生态学文献中，提出生态环境是由各种生态系统所构成的整体，持久地、潜移默化地对人类的生存与发展产生影响。生态系统的平衡有赖于其内部要素的丰富性，即生物多样性，生物多样性作为生态系统稳定性的重要条件，其意义不仅在于环境保护的理论价值，更在于生态重建的历史实践。作为系统性存在的文化，其自身的演进也是如此。但具体到旅游生态环境容量的检测尚显薄弱，研究旅游文化管理中的生态文明建设思路，由追求经济目标的增长模式向可持续发展模式的转变，经济效益与环境效益良性循环和谐发展。旅游业的增长以旅游资源的可持续利用和良好的生态环境为基础，与资源和环境的承载力相协调，使旅游经济活动基于旅游需求与生态协调的双赢发展模式。通过旅游文化管理构建具有自然有机性、环境适应性、价值合理性的和谐渐进程序。

　　2. 旅游是文化进程——在跨文化管理中追求生态和谐

　　旅游是以一种外来文化因素的形式与原生文化的结合，源于文化的多样性和差异性，导致跨文化旅游的兴起。在某种程度上旅游更像是一种文化进程，旅游产业的发展为文化的传播与交流提供了空间和桥梁。而现代旅游又是一种扩张性的经济活动，旅游经济的发展与文化的转换存在一定矛盾，需要借助生态的力量加以协调；而旅游文化要素之间能量的交换和转换同样需要借助生态的力量加以协调。

　　开展首都城市的文化功能、文化贮存、文化传播与交流研究，城市保护与规划技术研究，城市环境容量及环境承载力研究，探讨区域中心城市的文化发展与其所在的核心区域之间的关系，北京地区人文地理稳定性和地域文化多元化及其文化变迁；探索城市景观的区域特征及文化内涵，人与自然的和谐互动以及千变万化中的整体性风格。特别是针对现代大城市文明的弊端和危机，进行前瞻性的理论探索和技术保护，实现城市旅游规划与文化生态平衡的"旅游优化环境"目标。

（二）乡村休闲文化创意产业集群趋势——以北京为例

　　首都农村自然环境与历史文化资源协调发展研究，从产业互动层面构建城乡经济社会协调发展机制。

1. 横向一体化与纵向一体化结合

横向一体化，即旅游业与相关产业融合，实现首都乡村产业向体育健身、餐饮业、服装业等相关产业的扩散；纵向一体化，即重新审视农村与城市发展，依靠高新科技和新型媒介实现文化向休闲消费等更高层次发展。长期以来，"已有的环境政策只关注工业化和城市化带来的环境问题，而在解决农村环境问题上存在明显不足，农民环境信息闭塞，环境意识淡薄，缺乏进行生态农业生产的政策引导、技术和资金支持，这些都间接地助长了农业和农村环境的恶化"。基于此，政府的农业政策和环境管理政策应"限制农民不合理的生产方式，降低生产强度，引导农民从事既能获得经济效益又利于环境的生态农业"。[①] 乡村休闲产业正是从一产贯穿到三产，富有现代都市风格的城市文化需要与传统气息的乡村文化协调发展，城市与乡村相互影响和作用，城乡空间融合，功能互补整合，生态环境协调，缓解或者避免城市化造成的环境问题，通过文化的发展促进农村全面的发展。

2. 首都乡村旅游文化产业评价指标体系

考察城市经济文化对乡村影响范围的深度和广度。无论从理论上还是经验表明，"居住在文化上、经济上只与'这种'城镇相联系的乡村里并不具有优越性，它们与许多城镇相联系，这主要在于它们想从事商业活动"。[②] 如何将城镇与乡村关系超乎于商业活动，而扩展为更为广泛的文化与经济的交往，是多年沉淀的问题。因而只有依托历史与自然，开辟新的休闲项目，使先进的乡村成为北京城市居民的"家外之家"，从而提升城乡协调发展的经济联系与文化内涵，沿着文化创意产业为主导的产业链扩散，促进首都休闲文化产业形成较强的辐射力和影响力，从首都向全国区域扩散。

创意旅游的发展途径与模式，为实现乡村产业结构升级及城市发展提供前瞻性的技术保护与支持。深入创意旅游实践，构建具有自然有机

---

① 王晓燕. 非点源污染过程机理与控制管理：以北京密云水库流域为例 [M]. 北京：科学出版社，2011: 17–18.

② ［德］奥古斯特·勒施. 经济空间秩序 [M]. 北京：商务印书馆，2010: 563.

性、环境适应性、价值合理性的城市发展与乡村生态协调的双赢发展模
式，促进中国经济型旅游业向文化型旅游业的转型，进而向全国更广大
的区域扩展，实现经济社会全面协调的"科学发展观"。这将成为开发
整合人文与自然资源、规范产业发展与竞争规则及良性互动运行机制，
乃至提升国际竞争力的关键所在。

在对文明重新认知的前提下，从产业互动层面构建城乡经济社会协
调发展机制。通过创意旅游带动城乡产业转型路径分析，在时空维度层
面，探索不同功能类型经济文化发展的地域模式，进而建立城乡创意旅
游评价指标体系，构建特别的"旅游空间"。依托自然与历史，比较城
市与农村区位优势及其特征，特有的生态环境和文化资源，考察城市经
济文化对乡村影响范围的深度和广度，提升城乡发展的经济联系与文化
内涵。基于此而形成较强的辐射力和影响力，向全国区域扩展，实现城
市与乡村的互动和协调发展。

调整人地关系是近代以来中国发展的重要社会问题，农村产业结构
升级及其跨越式发展，与城市化进程相联系，成为关系经济发展、社会
进步乃至文化创新的重要因素。先进的城市与落后的农村是重大的社会
问题，表现在经济、社会、文化、生活方式、思维方式等众多领域，创
意旅游集深厚的文化底蕴与先进的现代文明于一体，对进行复杂性和系
统性的多学科研究具有科学意义。

第三节　葡萄酒旅游创意体验研究

进入 2007 年，借助国内葡萄酒产业高度发展的态势，中国葡萄酒
旅游产业已"像葡萄酒一样回暖"。中国的葡萄酒旅游，尽管近 3 年才
开始，并且仅在过去的一年得到格外关注，但葡萄酒产区的酒庄和酿酒
厂已经创造了葡萄酒旅游品牌，2006 年被认为是中国最受欢迎的葡萄
酒产业之年，2007 年葡萄酒产业得到较大规模的扩张，2008 年葡萄酒
旅游继续保持增长的态势。在 2011 年，葡萄酒旅游显示出新特点。

一、葡萄酒创意旅游的兴起与发展

葡萄酒旅游品牌兴起。葡萄酒是一种深层次的有文化内涵的商品，构成文化商品产业之一。葡萄酒的特征能够产生产业集群的效果。产业集群是在一个特定的地域内，生产力空间分布达到最优化，各种生产要素在一个特定的地理区域内大量的浓缩和有效集中。产业集群是产业集中的重要方式，它是由一个共同的或相关的，并且企业的互补功能依靠相关的服务平台支持，在空间上和时间上表现出可持续的竞争优势的经济共同体。产业集群被视为企业生产和发展的现代工业最有效的组织形式，集中生产要素优化配置资源，加快制度创新创造产业的发展，特别是在新时期注入生态环境内容而发挥越来越重要的作用。中国葡萄酒产业的许多品牌与葡萄酒价值不对称，制造商只是通过展览、广告等方式来提升品牌，却忽略品牌的真正意义。在中国葡萄栽培技术还不成熟的情况下，提高技术的同时还要整合资源，挖掘葡萄酒文化，通过建立自己的品牌培养竞争力，使中国葡萄酒和葡萄酒旅游达到一个新的水平。

1920年，第一条葡萄酒旅游路线在德国建立[1]，其后50年间，欧洲其他葡萄酒产区都追随德国纷纷建立葡萄酒旅游线路。经过80多年的发展，进入21世纪，葡萄酒旅游线路已在大洋洲、北美洲、南美洲等世界相当广泛的范围内展开。2006年，南澳大利亚旅游协会调查数据表明，2003—2004年总共有993000人次参观酒窖，并且在澳大利亚消费了5亿美元[2]。新西兰虽没有关于游客每年参观酒窖的确切数据，但实践表明在1998年到2006年近十年间，相关地区的葡萄酒旅游有一个持续的增长。来自旅游局的统计表明，新西兰葡萄酒旅游通道[3]有了

---

① Hall, C. M., Sharples, L., Cambourne, B., Macionis, N., Mitchell, R. & Johnson, G. (eds). Wine Tourism around the World: Development, Management and Markets [M]. Butterworth Heinemann, Oxford, 2000: 1–23.

② Alonso, A. D. Are Travelers Interested in Wine Tourism in New Zealand? [J]. International Journal of Culture, Tourism and Hospitality Research, 2009, 3(1): 13–24.

③ 葡萄酒旅游通道，即几个酒庄联合生产与联合营销，为增加酒庄的可进入性而在各个酒庄间建立的便捷公路，通过战略协作共同发展葡萄酒旅游，这几个酒庄的连线即为葡萄酒旅游通道。

六倍的增长 ①。新西兰的游客从 1998 年的 30998 人次增长到 2006 年的 185784 人次,尽管 2007 年接待游客 170309 人次,比 2006 年稍有下降。按照这些数据计算,新西兰有 7.7% 的国际游客参观葡萄酒通道或葡萄园。

葡萄酒旅游不仅在欧洲和大洋洲越来越受欢迎,在世界上许多地方也越来越受到普遍关注。2002 年,智利的葡萄酒旅游业已经有实质性的增长,并且得到来自政府和私人的实质性的投资和奖励。智利获得 "世界范围内高质量的葡萄酒生产者" 的良好声誉,拥有英国、美国和远东等强大的客源市场。或许源于智利曾经是西班牙的殖民地,而西班牙最初主要生产红葡萄酒,智利历来被认为是红葡萄酒生产地,现在智利也是白葡萄酒的主要生产地。世界旅游和观光委员会对智利的统计显示了其葡萄酒旅游的积极发展形式,自从 20 世纪 90 年代一个快速发展的时期之后,葡萄酒旅游有轻微放缓的实质增长。总需求数据表明旅游和旅游业预计在 2002 年产生 CLP 4457.5 百万美元(US$6375.6 million)的经济活动收益,到 2012 年票面上增长到 CLP 11037.5 百万美元(US$10 879.8 million),并且在 2002—2012 年,扣除物价,旅游需求每年增长 6%②。

以色列虽然不是一个葡萄酒生产国家,但是葡萄酒的产生地之一,在 4300 年前就建立了葡萄酒产业。以色列近年葡萄酒的质量有了大大提高,葡萄酒消费量也不断增加 ③。此外,近年来,北美的得克萨斯州的葡萄酒旅游产业大幅增长,并且成为当地经济的主要贡献者 ④。可见民众对葡萄酒旅游的兴趣日益增长,葡萄酒旅游成为东道国或葡萄酒旅

---

① Ministry of Tourism. International Visitor Survey. Activities and Attractions in New Zealand [EB/OL]. www.tourismresearch.govt.nz/Datasets/International Visitor Survey/Data and Analysis/Table-Activities-Attractions-in-NZ – 1.htm, 2007/06/12.

② Sharples, L. Wine Tourism in Chile. A Brave New Step for a Brave New World [J]. International Journal of Wine Marketing, 2000, 14(2): 43–53.

③ Jaffe, E. & Pasternak, H. Developing Wine Trails as a Tourist Attraction in Israel [J]. International Journal of Tourism Research, 2004, 6(4): 237–249.

④ Dodd, T.H. Opportunities and Pitfalls of Tourism in a Developing Wine Industry [J]. International Journal of Wine Marketing, 1995, 7(1): 5–17.

游区的一个主要吸引力,世界范围内葡萄酒旅游业的飞速发展,研究葡萄酒旅游有着广泛的实践意义。

虽然"葡萄酒旅游"在研究文献中还没能形成公认的定义,但绝大多数的定义都与旅游者的动机与体验相关,包括制酒、品酒、赏酒、健身、美食、购物以及游览参观酒厂周围的葡萄园等景点,还包括了解产酒地区的文化和生活方式的一系列的娱乐活动[①]。

1998 年在澳大利亚举办的第一届澳大利亚葡萄酒旅游会议(the First Australian Wine Tourism Conference),充分证明了葡萄酒旅游的研究得到了迅速发展。新西兰奥塔哥大学教授霍尔(Hall)和澳大利亚堪培拉大学旅游和休闲政策研究中心马西奥恼斯(Macionis)[②]将"葡萄酒旅游业"定义为"对葡萄园,酿酒厂,葡萄酒节及葡萄酒展览会的访问,这种访问是把品尝葡萄酒和对葡萄酒产地特征的体验作为主要访问目的"。

南澳旅游委员会(South Australia Tourism Commission)将"葡萄酒旅游业"的定义重点放在游客的活动上:"游客访问葡萄酒厂及有关活动。葡萄酒旅游可以包括游客在访问主要旅游目的地途中对单一酒窖的短期访问,也可以包括将重点放在葡萄酒产地居住几天以亲身体验葡萄酒的生产过程"[③]。

澳大利亚葡萄酒酿造商联合会(Winemakers Federation of Australia)认为葡萄酒旅游的重点在游客体验,是游客对葡萄酒厂及葡萄酒产地的访问,以体验其独特的与品尝葡萄酒相关的生活方式,包括饮食、景观及文化活动。盖兹(Getz)[④]将葡萄酒旅游定义为"游客对葡萄酒厂及葡萄酒产地的访问和体验。它是一种新型的旅游目的地开发和营销方式,

① 李世泰等. 葡萄酒旅游开发研究——以烟台张裕葡萄酒旅游为例 [J]. 经济地理, 2005, 25(1): 139–142.

② Hall, M., Macionis, N. Wine tourism in Australia and New Zealand [A] // Butler, Hall, Jenkins (eds.). Tourism and Recreation in Rural Areas [M]. Chichester, 1998: 197–224.

③ South Australian Tourism Commission. Wine and Tourism: A Background Research Report [M]. South Australian Tourism Commission. Adelaide, 1997.

④ Getz D. Explore Wine Tourism: Management, Development, Destinations [M]. Cognizant Communication Corporation, New York: Cognizant, 2000.

也是葡萄酒业直销的最佳机遇"。葡萄酒旅游业的增长与目前注重文化和生活方式的"体验"旅行密切关联[①]。基于此，威廉姆斯将葡萄酒旅游视为喜爱葡萄酒的人到葡萄酒产地追求与葡萄酒相关的各种体验的一种旅行，这一定义的中心是人们参与葡萄酒旅游的价值层面——获得休闲游憩体验和经历，延伸葡萄酒旅游的内涵，对于目的地的产品开发与组织有指导价值。

综上所述，葡萄酒旅游是在旅游目的地开展制酒、品酒、赏酒、葡萄酒节日、特殊的就餐、参观酒庄和葡萄园等旅游活动，游客不仅能参与到目的地的旅游活动之中，更能融入当地的民众生活之中，获得各种具有目的地特征的独特的文化和生活方式体验，是一种特殊兴趣旅游。

创意旅游存在于广泛的旅行活动中，而葡萄酒旅游则是其中的一种特殊兴趣的专项旅游。在旅游过程中，游客到葡萄酒旅游区，学习制酒、品酒、烹饪、美食与美酒的搭配等，与当地人一起，在旅游过程中体验当地文化，自己动手酿酒、烹饪等创新葡萄酒旅游产品，葡萄酒旅游是创意旅游的一种形式。葡萄酒旅游体验是葡萄酒旅游活动对游客自身的影响。在这种特殊的专项葡萄酒旅游中，体验与互动成为其主要特征，使得在葡萄酒旅游过程中，有创造性的游客超越观光层面，进行具有参与性与真实性体验的旅行，置身于诸如酿酒、品酒、烹饪等创意活动并与酒庄酿酒师、管理人员互动互助，形成游客的创意体验。此外，游客在旅游过程中，通过独自从事探索潜能的某一特定活动开发技能，从而提升幸福感。可见，葡萄酒旅游作为创意旅游的一个内容，充分体现创意旅游的特征。

① Carmichael, B. Understanding the Wine Tourism Experience for Winery Visitors in the Niagara Region, Ontario, Canada [J]. Tourism Geographies, 2005, 7(2): 185–204. Mason, R. & O'Mahony, B. On the Trail of Food and Wine: The Tourist Search for Meaningful Experience [J]. Annals of Leisure Research, 2007, 10(3–4): 498–517.

二、葡萄酒旅游创意体验影响因素分析

（一）历史传统与酒庄发展背景

悠久的历史和背景增加了"旧世界"[①]酒庄的旅游吸引力，但西方酒窖文化及葡萄酒文化的传播又增加了酒庄的传统背景。"品牌起源"是葡萄酒旅游的关键卖点，成为吸引游客的一个潜在因素，影响游客的文化体验[②]。例如，如澳大利亚西部葡萄酒产业与来自英国、意大利及来自南斯拉夫的欧洲移民的到来紧密相连，欧洲移民用传统、激情和技能建立了当地的葡萄酒产业。天鹅谷和玛格丽特河的例子就是典型代表。

天鹅谷位于珀斯（Perth）市中心北面 16 公里，是西澳最古老的葡萄酒产区。早在 1829 年就有来自南斯拉夫、意大利和英国的移民在西澳首府附近的天鹅谷（Swan Valley）种植葡萄，至今该区酒庄的酿酒传统与风格仍受当时移民的影响，是西澳唯一一个重要的酿酒地区。如今仍然拥有澳大利亚最大的酒庄，并且这里的 40 家葡萄酒庄里有很多都是家族经营的小型酒庄。天鹅谷地区的葡萄酒产区的建立分为三个阶段：第一阶段，19 世纪中叶，建立了澳大利亚最古老的酒庄 Houghtons（1836 年）和 Sandalford（1840 年）；第二阶段，20 世纪初期，最早是在第二次世界大战前后，来自南斯拉夫、意大利及英国的移民继承从事酿酒的传统，在该地区建立葡萄园；第三阶段，20 世纪下半叶至今，在过去的几十年间，天鹅谷地区又建立了许多新的酒庄，这些酒庄和先前古老的庄园都生产优质葡萄酒，可见葡萄酒庄园的发展具有悠久的历史传承及其发展背景。

玛格丽特河葡萄酒产区位于澳大利亚西部，三面靠海，它是纵贯露纹海角（Leeuwin）到纳丘利斯岬（Naturaliste）南北绵延 120 公里，在内陆延伸 30 公里的区域，距离珀斯（Perth）约三个小时的车程。玛

---

① "旧世界"在英文研究文献中主要用以代表法国、意大利、西班牙等有着几百年历史的传统葡萄酒酿造国家。

② Alonso, A. D. & Northcote, J. Wine, History, Landscape: Origin Branding in Western Australia [J]. British Food Journal, 2009, 111(11): 1248–1259.

格丽特河的葡萄酒旅游以"渴望、科学、大胆、创意和时尚"为主题，开始于迁入于此的意大利农民，艾伯特·克里达洛（Albert Credar），占美·米拉尔（Jimmy Meleri）和多明尼·格鲁斯奥（Domenic Garuccio）移居澳洲，在玛格丽特河一带成功种植葡萄，农民开始自制餐酒，供自家或其他意大利家庭饮用[①]。20世纪60年代末，玛格丽特河地区的土地拥有者们才受到来自美国的寻找新世界葡萄酒乐土的酿酒者的指导，开始在当地种植酿酒用葡萄。农学家约翰·葛雷史东博士（Dr John Gladstones）发表题为"西澳南部的气候、土壤与葡萄树生长的关系"的详尽报告，其中提及该区气候和土壤明显可媲美波尔多，尤其是柏美洛（Pamerol）和圣埃米里翁（St. Eilion）。1966年，为了进行研究报告的写作，澳洲本土农民黛安娜（Diana）与奇云·卡伦（Kevin Cullen）在玛格丽特河小镇北部的蔚亚普（Willyabrup）的一亩农田上，以试验性质种植葡萄树。其后，1967年，汤玛士·克利堤博士（Dr. Thomas Cullity）建立了维斯菲历士（Vasse Felix）酒庄，开始酿造第一瓶属于真正意义上的品质葡萄酒，维斯菲历士酒庄成为该区最早以商业运作的葡萄园和酒庄。随着葡萄树和果实生长渐趋成熟，葡萄园和酒庄更是如雨后春笋般林立，而玛格丽特河一带的酿酒师也开始崭露头角，在享誉国际的赛事中多次获得殊荣。"玛格丽特河葡萄酒产区"这个名字，于1996年正式注册成为官方原产地名。天鹅谷和玛格丽特河的葡萄酒产业的发展有悠久的历史，二者都是源于外国移民的酿酒传统。

同样，我国也有悠久丰富的葡萄酒历史。最早开始于汉代，约公元前206年，在中国的东北部黄河地区种植葡萄和酿造葡萄酒。在唐代，约公元500年前后，少量中国人生产葡萄酒，并且中国开始进口葡萄酒，主要是从中东地区进口葡萄酒。由于葡萄酒的稀缺性，只有皇帝、官员和富商才能享用葡萄酒——通常是在重要的场合。历史上，内地的葡萄酒业一直断断续续，没有连续向前发展。汉代虽引入了葡

---

① Wine Diva. Wine Regions Australia–Margaret River [EB/OL] (2008–05–20). www.winediva. com. au/regions/margaret–river.asp, 2008/05/20.

萄及葡萄酒生产技术，但未使之传播开来，汉代之后，中原地区就不再种植葡萄了，而仅靠一些边远地区以贡酒的方式向皇室进贡葡萄酒。到唐太宗李世民时才又重新从西域引入葡萄和葡萄酒酿造技术，并且葡萄酒在当时颇为盛行，酿造技术也已相当发达，风味色泽更佳。经过晚唐及五代时期的战乱，到了宋朝，真正的葡萄酒酿造方法差不多已失传。到了南宋，当时临安虽然繁华，但葡萄酒却是非常稀少珍贵。商代我国就已出现葡萄酒，西汉时张骞从西域引进内地，唐元两朝达到兴盛，自明朝开始逐渐淡化，清朝时更加衰败，直到清末华侨张弼士创建了张裕葡萄酿酒公司，近代葡萄酒业才开始起步，但连续的战乱，使葡萄酒业苟延残喘，张裕葡萄酿酒公司几乎关闭，新中国成立后我国葡萄酒业才有了长足发展。

世界上早期的葡萄酒生产的历史，可以追溯到法国。1855 年法国政府建立了原产地命名系统，对葡萄酒进行生产地区的区分，并保证葡萄酒的品质。原产地命名系统不仅对法国波尔多地区的葡萄酒进行区分，而且激发把制造葡萄糖作为一种营销手段，来促销他们的葡萄酒并使之成为传统。葡萄酒旅游对于我国来说是舶来品，2000 年以后呈现明显的发展趋势。与国外较为成熟的葡萄酒旅游发展历史相比，还缺乏具体和规范的行业标准。葡萄酒旅游的发展需要相应的产业规模支撑，目前中国十大葡萄酒产区还未能形成规模化葡萄园产业及对游客开放的酒庄群，酒庄大多零散分布而且处于分散竞争阶段，葡萄酒旅游资源和产品开发有待于进一步完善。中国葡萄酒旅游相对于葡萄酒发展历史悠久的国家和地区而言，缺乏历史底蕴。基于此，中国酒庄经营者应利用"品牌起源"替代性的手段发展葡萄酒创意旅游，把消费者的注意力集中在葡萄酒"品牌起源"和乡村田园的景观特色上。

（二）葡萄酒旅游区景观环境与设施

参与葡萄酒旅游的旅游者动机多样，新西兰奥塔哥大学教授、旅游中心主任霍尔等学者研究了葡萄酒旅游者的动机并将其分为两类，其中，品尝和购买葡萄酒被认为是游客的基本动机，社交、学习、娱乐是"第二或次要动机"①。置身于葡萄园，很多游客以欣赏淳朴诗意的葡萄园风光为乐趣。此外，葡萄酒旅游区特殊的景观环境、丰富的自然资源、历史遗迹、农业背景等都可以增加葡萄酒地区的吸引力。例如，一些新兴葡萄酒产区，像澳大利亚的猎人谷、加利福尼亚的纳帕谷，这些地区变化的乡村景观环境是帮助该地区葡萄酒产业增长的一个重要因素②。而整体的"生活方式包装"对于葡萄酒爱好者尤其重要。品尝购买葡萄酒只是他们形成这次参观的动机的关键部分。葡萄酒旅游者的动机来自许多更复杂的因素而不仅仅是一种对酒桶或酒瓶的偏爱。在中国葡萄酒旅游的发展中，要深入研究葡萄酒旅游者的动机，在确保葡萄酒质量的情况下，注重开发建设葡萄酒旅游区的景观环境，这有助于广泛地吸引游客，扩大目标市场。

酒庄是建立葡萄酒旅游的核心吸引力。相关的基础设施很重要，包括酒庄、葡萄酒博物馆、葡萄酒旅游咨询中心、餐馆、宾馆、超市（销售该旅游地特色旅游产品以及生活服务类产品）等娱乐休闲设施以及各部门服务人员的服务。许多服务必须得到满足，特别是教育、零售和招待游客。美国奥本大学酒店管理专业助理教授阿隆索（Alonso）指出葡萄酒产品和食物之间的联合暗示了拥有招待客人的设施的酒庄的潜在机会。这个发展是连续的，在新西兰许多酒庄主动提供这些设施，有助于当前和未来葡萄酒旅游的增长③。不是所有的酒庄都对建设这些旅游设施感兴趣，但是我们的目的地作为一个整体必须健全旅游设施。酒庄只有具备健全的旅游设施，才能更广泛的吸引、接待游客。

只有生产高质量的葡萄酒、建立设施齐全的酒庄，并且形成活动丰富、景观环境优美的葡萄酒产区，才能吸引游客。其中，国外著名的葡

---

① Hall, C. M., Sharples, L., Cambourne, B., Macionis, N., Mitchell, R. & Johnson, G. (eds.) Wine Tourism Around the World: Development, Management and Markets [M]. Butterworth Heinemann, Oxford, 2000: 150–176.

② Leader–Elliott, L. History, Heritage and the Everyday: Alternative Cultural Landscapes in South Australia's Barossa Valley [A]// Forum UNESCO University and Heritage. Cultural Landscapes in the 21st Century [C].Newcastle–upon–Tyne, 2005: 11–16.

③ Alonso, A. D. Are Travelers Interested in Wine Tourism in New Zealand? [J]. International Journal of Culture, Tourism and Hospitality Research, 2009, 3(1): 13–24.

萄酒旅游区有美国加州纳帕谷、西南密歇根，澳大利亚天鹅谷、玛格丽特河等，而我国的葡萄酒产区包括通化产区、渤海湾产区、银川产区等。国内外葡萄酒产区的区别在于，我国酒庄大多零散分布，而国外葡萄酒产区则是通过建立葡萄酒旅游通道，进行联合生产联合营销。优质的葡萄酒是葡萄酒旅游区发展的关键成功因素。此外，葡萄酒旅游区的产品（葡萄酒的样式和品种、当地的美食）、活动（品酒、葡萄酒节日等）、服务（知识渊博的员工的软服务、景观环境以及体验式旅游设施的硬服务）、游客在葡萄酒旅游区所获得的体验（完整的体验、生活方式、独一无二的体验），以及酒庄所有者和酿酒者的交流互动以及该地区的声誉都影响着葡萄酒旅游地区游客的创意体验。

（三）葡萄酒旅游区创意活动

葡萄酒地区开展的活动有品酒，特殊的就餐体验，参观自然历史景点，参与自然活动，参观葡萄酒艺术或遗产活动，参观文化遗址或博物馆、美术馆或工作室，逛农夫的市场或了解其他出口食物。这些活动具有多样性、针对性、体验性、创新性。事实上，酒庄开展的活动对游客购买葡萄酒也有一定的影响。史蒂·查特萨（Steve Chartersa）和简·阿里－奈特（Jane Ali-Knight）的调查表明95%的受访者把在品尝室品酒后的感受作为重要的决定他们是否在酒窖购买葡萄酒的因素，86%的受访者把价格作为决定是否购买的因素。调查还显示几乎70%的游客认为酒庄教育对于帮助估计葡萄酒的品质很重要。葡萄酒旅游区的创意活动可以分为以下几类：

其一，酒庄教育。以纳帕谷为例，纳帕谷现在开展的酒庄教育活动包括观看和讨论历史上著名的喀龙（Kalon）葡萄园、Kalon酒窖的艺术、对葡萄酒的滋味开展深入的感官研讨会（游客像一个专业人士一样鉴定葡萄酒）、酒庄历史和葡萄酒老化的隧道，与著名的葡萄酒教育家一起品尝葡萄酒、了解如何阅读酒标，以及如何描述葡萄酒的气味、味道。在酒庄教育的同时也有关于奶酪、橄榄油等的食品教育。此外，还可以探索赤霞珠的精髓、了解食品和葡萄酒搭配的奥秘。酒庄还有烹饪班，在与世界知名酒庄教育的教师一起品尝葡萄酒、讨论与葡萄酒有关的知

识中，游客将了解葡萄酒的美妙世界。我国在发展葡萄酒旅游中也可以
借鉴国外酒庄教育的成功经验，开展丰富的酒庄教育活动，如感官研讨
会、与葡萄酒教育家一起学习葡萄酒礼仪、阅读酒标、了解不同食物与
各类葡萄酒的完美搭配等。酒庄教育其实就是创意旅游的一个方面，游
客从中不仅获得了葡萄酒知识，而更多的参与性使游客获得了独特的体
验性，增强了游客的创造性，这也潜在地影响着游客的生活方式。

其二，举办葡萄酒节日。如匈牙利把 1999 年作为匈牙利葡萄酒和
美食之年，在这一年中，举行美食展示、节日、集会和展览、烹饪比赛
和品酒会活动。此外，每月 12 个美食地区的 1 个和 22 个葡萄酒产区
中的 1 个将在活动中胜出。这个计划是为了加强匈牙利酒店产业的形
象、复兴古老的传统、配方，激发自豪感和当地人中的热情，提高产品
和服务质量，把匈牙利的葡萄酒介绍给国外游客，促进国家的文化和
历史使用烹饪法、提高匈牙利的整体形象。又如，2011 年 12 月 24 日
至 2012 年 2 月 6 日，张裕国际葡萄酒城举办"2012 张裕酒城贺年会暨
体验购物节"，来营造浓厚的"贺年会"氛围，打造酒城烟台葡萄酒主
题旅游节庆品牌，传播葡萄酒文化。节日期间，活动推出了"元旦半价
游酒城""新春特惠贺年礼""特色体验贺年乐"①。大连将举办葡萄酒美
食节，进一步提高旅游目的地美誉度。2012 年 7 月 12 日—15 日大连
首办葡萄酒美食节，进一步提高大连旅游目的地美誉度。大连联合中国
轻工业联合会，与国际最具影响力的红酒节主办方法国波尔多工商会合
作，以"国际盛会、浪漫城市、优雅节日"为主题，共同举办首届大连
国际葡萄酒美食节，邀请国内外政商界人士、媒体、世界顶级葡萄酒商
和贸易商参加。丰富多彩的文艺、商贸活动及文化交流，有力推动大连
葡萄酒文化、海鲜美食文化的发展，提升大连的国际知名度。

其三，开展丰富多彩的附加活动。如在西南密歇根地区，为了进
一步塑造西南密歇根葡萄酒产区的形象，各酒庄共同举办三年一度的
活动：二月的丘比特之箭（Cupid's Arrow in February）、四月的夏天中

---

① 王立梅 . 2012 张裕葡萄酒城精彩贺年活动开始了 [EB/OL]. http://www.winetour.cn/
html/1112/2011122156571001.html, 2011/12/21.

的春天（Spring into Summer in April）以及十一月的香料节日（Holiday Spice in November）。比如"二月的丘比特之箭"是在酒庄举办以情人节为主题的狂欢派对活动，提供食物和饮料。活动中将有箭术比赛，并评出一、二、三等奖；还将有篮子拍卖，单身的女性在篮子中装入自己喜欢的物品，这些篮子将拍卖给单身的男性；先生们不会知道女性的名字，直到赢得篮子，然后这位先生将被安排与那位女士共进晚餐。[①]

葡萄酒节日及在葡萄酒旅游地区举办的其他活动既是吸引年轻人对葡萄酒产生兴趣的工具，也是葡萄酒旅游目的地与目标市场的交流平台。葡萄酒地区开展的活动的多样性、创新性、游客的参与程度直接影响旅游者的创意体验。

三、葡萄酒旅游多维创意体验

（一）中国葡萄酒产区及其基地建设

中国沿海山东省"成为世界第七大葡萄海岸"的资源，其葡萄酒旅游资源目前位于烟台、威海、青岛这三个地区，特别集中在烟台地区。烟台是中国现代葡萄酒产业的摇篮，也是中国最大的葡萄酒生产基地，仍保留最早成立的中国葡萄酒行业——张裕酒庄。近年来，张裕葡萄酒公司致力于葡萄酒文化旅游产品开发。如 2005 年 6 月，葡萄酒文化博物馆和旅游部门在烟台联合推出一个特殊的旅游线路，这是山东省第一个以"葡萄酒"为主题的旅游线路，成为山东旅游的新的亮点。通过参加葡萄酒旅游活动，旅游者从了解制酒相关知识、制酒历史和葡萄酒文化，在葡萄成熟的季节，游客也可以亲临葡萄园参与采摘活动，之后去体验充满激情的葡萄酒酿造工作。特别是通过比较 100 多年前酿酒技术和现代的酿酒技术，游客能够在更深入的层面上感悟历史的发展、时代的进步及生活方式变革对自身成长的作用。山东省旅游局整合优势资源，扩大葡萄酒产品的内涵和外延，创建世界一流的葡萄酒和文化旅游产品。酒庄都有独特的风格，特别是被列为世界第七大葡萄海岸的蓬

---

① Wargenau, A. & Che, D. Wine Tourism Development and Marketing Strategies in Southwest Michigan [J]. International Journal of Wine Marketing, 2006, 18(1): 45–60.

莱市，较多企业已逐渐成为知名葡萄种植基地，形成了一个相当壮观的"葡萄长廊"。

葡萄酒基地建设日益兴起。中国葡萄酒产业在改革开放大潮中经历了十多年的快速发展。在推动经济全球化的浪潮中，中国的葡萄酒产业在技术上达到了国际化的产品标准，整个行业实现了一个新的飞跃。而同时，世界葡萄酒生产相对减少。中国建立了自己的原料基地，一些大公司已进入新疆、宁夏等适合葡萄酒生产的地区，放弃原有的"公司和农户"的控制模式，而实行多样化的自主投资或与当地投资者合作的有效方法。葡萄酒行业呈现出勃勃生机。

2011年6月，两年一度的波尔多葡萄酒博览会将再次举行，这是国家之间的交流和博弈，参加者有葡萄酒生产商、经销商及专业研究人员，被视为"奥运葡萄酒体系"。这个著名的葡萄酒活动组织者的专业标准及其地位是博览会在业影响广泛的主要原因，同时，法国波尔多优质葡萄酒及周边的著名景点也是主要原因之一。正在兴起的新世界葡萄酒产业，使法国葡萄酒产业所垄断的国际市场受到挑战。

产业竞争激烈。随着葡萄酒房地产日益激烈的市场竞争，进口葡萄酒一直是关注的焦点。中国葡萄酒市场也在飞速发展，虽然进口葡萄酒和国内葡萄酒业务不构成完整的直接竞争。一方面，近年来国内葡萄酒质量大幅度提升，并开始在较大范围内参与具有更高利润的高端市场，而这部分市场长期以来一直被认为是独家的进口产品；另一方面，国际葡萄酒市场由于金融危机的重大挫折，也急需大力发展中国及其他新兴经济体的葡萄酒消费市场，即当地葡萄酒已不再是低端产品的代名词，外国葡萄酒的销售压力与中国消费市场的需求这两个力量的相互作用，导致进口葡萄酒和国产葡萄酒进入同样的竞争市场。

新的竞争形势下，提高服务质量、提升服务特色居于重要地位。在全球经济形势下，中国葡萄酒市场迅速增长将有减速的趋势，面对这样的压力，如何坚固市场，企业应该增强葡萄酒销售的意识，深入理解消费者需求，"消费心态"是巩固市场的重要法宝。

中国的葡萄酒市场，经过近十年的发展，已经形成了相对稳定的消费群体,需要企业予以更多的关注和服务,特别是特许经营进口葡萄酒会更加活跃。葡萄酒进口特许经营者,通常更加关注和引领中国当地消费群体的生活方式及消费方式,葡萄酒消费者不再是一个被动的角色。

(二)文化系统和葡萄酒旅游产品

文化景观中以截然不同的区域性文化系统最为明显,地理学家探索文化系统,以更好理解各种文化地理现象。但这种方法不适用于对旅游的理解,而利用博纳迈松(Bonnemaison)的文化系统方法,从葡萄酒地区不同文化(香槟,法国,玛格丽特河,西部澳大利亚)的角度,探索乡村文化系统和葡萄酒旅游产品及消费之间的关系。强调基于农村地域特色的土地所有制、神话及酒文化背景下葡萄酒旅游的重要性,根据以往经验,大部分关于葡萄酒旅游的研究多集中于产品的特殊性和有形性方面,因此,需要考察旅游者本身[1]、接受的服务、葡萄酒通道的结构、产品供应及葡萄酒旅游作为市场营销策略等方面因素[2]。而在旅游体验中,娱乐被认为是一种主要的体验方式[3],探讨葡萄酒产区的人文地理因素与地势环境,这不仅为葡萄藤生长提供必要的环境,也是葡萄园景观吸引力的重要条件[4],更重要的是,"葡萄酒景观"与"人"的交互作用与影响,成为葡萄酒旅游重要的物质背景和文化背景。

葡萄酒旅游已经形成文化地理景观。比较法国香槟和西部澳大利亚玛格丽特河两个葡萄酒产区的文化,从文化地理的角度利用文化系统框架分析这两个地区葡萄酒旅游的不同特征。文化系统不同于社会系统,文化系统包括自然环境、土地利用和人际互动的因素,因而美化景观可作为一种文化建设。葡萄酒旅游与乡村景观和田园风光密切相关已经成

① Charters, S. & Ali-Knight, J. Who is the Wine Tourist?[J]. Tourism Management, 2002, 23(3): 311-319. Hall, C. M. & Mitchell, R. Wine Tourism in the Mediterranean: A Tool for Restructuring and Development [J]. Thunderbird International Business Review, 2000, 42(4): 445-465.

② Getz, D. & Brown, G. Benchmarking Wine Tourism Development: The Case of Okanagan Valey,British Columbia,Canada [J]. International Journal of Wine Marketing, 2006, 18(2): 78-97.

③ Carmichael, B. Understanding the Wine Tourism Experience for Winery Visitors in the Niagara Region, Ontario, Canada [J]. Tourism Geographies, 2005, 7(2): 185-204.

④ Hall, C. M. & Mitchell, R. Wine Marketing: A Practical Guide [M].Oxford: Buteworth-Heinemann, 2007.

为共识。田园风光是葡萄酒旅游体验与振兴的关键因素，乡村景观是葡萄酒旅游体验的一个完整的部分，浪漫的农村背景、酒庄和葡萄园的生活，乡村葡萄酒设置的浪漫感觉与饮酒活动联系在一起，作为一个衡量乡村田园生活，为中产阶级（尤其是朋友和恋人）提供精美的葡萄酒、美食、高档的住宿服务的消费。

葡萄酒旅游研究表明，参观酒庄首先包括复杂的体验过程。比如葡萄酒庄园自然景观的审美，在酒庄和酒窖的感受；葡萄酒产区文化和历史背景以及其生产方法的了解与探究；进而寻求酒庄的教育和多样性，并与酒庄建立某种意义上的联系及一些真实性的感觉。体验元素的构建，显示了一个整合的有吸引力的乡村景观、葡萄酒产品的工业过程和旅游活动，因此"葡萄酒旅游包括葡萄酒景观及其制作者和贡献者所创造的一切内容"。葡萄酒旅游成为葡萄酒景观中的重要因素，法国（"旧世界"）与澳大利亚（"新世界"）葡萄酒旅游微妙的或不微妙的差异充分体现了这一点。

知识、技术、信仰和空间为文化系统的四个支柱体系，各民族文化不同，每一种文化都有其将这些因素结合起来的方式。运用民族地理学方法研究既定的地理文化，正如人类文化学研究同种同文化民族问题，在给定的文化系统中，通过调查空间表示法，包括土地占有制的作用、土地关系类型等方法，实践代表地理环境以及在文化身份构建中的空间作用。基于此，进一步描述知识为"知识的世界"，文化包括环境知识及环境知识管理。在葡萄酒旅游环境下，通过景观因素吸引游客。运用葡萄酒制作模型的技术只是生产知识和管理知识的应用，葡萄酒旅游产品就是文化技术与葡萄酒旅游结合的具体案例。文化集成产生整体效果，如葡萄酒集成包括葡萄栽培与酿酒技术、葡萄酒种植传统、葡萄酒分销系统、葡萄酒消费模式、葡萄酒旅游和葡萄酒景观。

（三）葡萄酒旅游中的创意与体验

葡萄酒旅游不仅包括参观酒庄和葡萄园，关键在于旅游过程中产生的大量独特体验：周围的景观环境、社会环境、地域文化、美食结构、当地葡萄酒风格以及各种各样独特的休闲活动。正是丰富多彩的活动使葡萄酒旅游受到越来越多游客的欢迎。例如，北美加州纳帕谷是历史上最悠久的葡萄酒旅游区，为继续吸引游客，纳帕谷提供超越品尝葡萄酒的旅游体验。游客能通过乘坐豪华轿车、飞机或者葡萄园上空的热气球在这个地区旅游，并且可以在吃饭、品酒、享受车载音乐会以及采购当地的葡萄酒时进行历史悠久的纳帕谷葡萄酒培训 [①]。游客也能通过徒步、骑自行车、划竹筏参观野生动物保护区，以及参加美国葡萄酒、食物和烹饪艺术中心的研讨会、讲座和关于葡萄酒酿造的历史和艺术的展览 [②]。葡萄酒旅游目的地也越来越强调从葡萄酒的生产上升到体验，即重点已经从强调生产过程和关注相关设施转变为对美学和体验的更多关注，并且伴随着更加休闲的娱乐和旅游者的追求。随着葡萄酒旅游区越来越多，葡萄酒游客数量的不断扩大，需要在潜力游客中有清晰独特的定位。

为了保持从产品定位到更多审美元素的转变，葡萄酒旅游体验在意象设计中重新定位。在 20 世纪 90 年代，旅游体验意象已经变得更加以优质的葡萄酒为核心吸引力，伴随同等著名的烹饪、酒庄教育、与活动匹配的住宿规模，例如戏剧音乐节日、烹饪课和自行车旅游。在这个意象中，葡萄酒已经被视为一种独特的、不可复制的景点表达方式。与葡萄酒生产相关的活动被描述成一个以社区为基础、不受时间影响和亲手制作的葡萄酒节庆与意象传统的追求相联系，如收获、碾碎、冲压、发酵葡萄以及装瓶。这是葡萄酒旅游的升华，游客成为直接参与者和创造者。

在我国，位于辽宁桓龙湖畔的张裕冰酒基地，被专家誉为黄金冰谷，因为这里具备了全国罕见的冰葡萄生长所需要的各种理想因素，是生产冰酒的绝佳之地。2006 年 12 月 22 日，辽宁张裕黄金冰谷冰酒酒庄迎来了一批特殊的客人，来自全国各地的近百名体验者亲身体验了张裕冰酒从葡萄采摘到加工酿制的全过程，酿制出的冰酒成为他们献给朋友最珍贵的礼物。在张裕黄金冰谷冰酒酒庄黄金冰谷的体验中，体验者

[①]　Napa Valley Wine Train Inc. Napa Valley Wine Train [EB/OL]. www.winetrain.com, 2011/12/20.

[②]　Napa Valley. Welcome to NapaValley [EB/OL].www.napavalley.com, 2011/12/20.

们不仅体验到了黄金冰酒的来之不易，也在寒冷的冬日里体验到了与美酒共融的人间温情。

与国内葡萄酒庄园体验不同，国外酒庄体验更丰富、更多样。我国葡萄酒旅游体验最主要的内容是采摘、酿造和品尝的过程。我国在发展葡萄酒旅游的过程中，应广泛地借鉴国外发展葡萄酒旅游的成功经验。

其一，建立葡萄酒旅游的多维创意体验的基础是建立健全的旅游设施、服务咨询机构，并在相关部门配备专业人员。例如，在品尝室，有专业的葡萄酒品尝师教给游客鉴酒、品酒、葡萄酒礼仪等的知识；而在餐厅，服务人员则能够为游客提供美食与葡萄酒搭配的建议等。

其二，建立葡萄酒旅游的多维创意体验，就是要深入挖掘酒庄历史、传统背景，增加葡萄酒旅游区的历史文化欣赏价值。但是对于我国的葡萄酒旅游区，酒庄没有很深的历史渊源，但可以利用"品牌起源"替代性的手段丰富旅游区的文化意义和内涵。

其三，建立葡萄酒旅游的多维创意体验，要发掘葡萄酒旅游区周围的景观环境美，并与当地特有的自然资源、历史遗迹相结合，增强该地区游客旅游体验的多样性。开展各种各样的独特的非传统性的活动，满足游客的新奇性、体验性、互动性等多种不同需求，其中增强游客的参与性、体验性是关键，游客已不能满足于只做看客，他们更期待能够融入葡萄酒旅游区民众的生活之中。

最后，建立葡萄酒旅游的多维创意体验，要建立葡萄酒旅游通道，各酒庄之间密切合作，共同建立葡萄酒旅游区的品牌，并且提升该地区的形象。

以西南密歇根葡萄酒旅游区为例。西南密歇根的葡萄酒的故乡现在包括九个葡萄园和三个品尝点。它们被2002年成立的西南密歇根葡萄酒通道连接起来。这个地区有三大酒庄：圣朱利安（St. Julian）、泰伯山（Tabor Hill）和芬恩谷（Fenn Valley），这个地区最大最古老的酒庄St. Julian开创了葡萄酒旅游通道。对于游客和消费者来说，标志牌是一个关键的工具。西南密歇根的葡萄园设置了使游客从他们居住的地方到要参观的酒庄的直接标志，2号酒庄的管理者负责设置这些标志，并且强调这些统一标志的重要性："你仅仅待在这条路上，它将带你去所有的酒庄"。2004 年夏天，沿着红色箭头的公路能到达 23 家酒庄。葡萄酒通道方便地连接 I-94 和 I-196，增强各酒庄的可进入性，尤其是吸引那些来自芝加哥和距离密歇根葡萄酒旅游区仅仅有 90 英里远的地铁路程的 800 万居民。酒庄想要吸引经过葡萄酒旅游地在密歇根州和印第安纳州旅行的接近 37000 的人口。葡萄酒旅游通道上的酒庄作为一个整体发展旅游业，他们印制葡萄酒旅游通道的地图/手册，他们还与各酒庄、宾馆、餐馆等相关行业形成战略联盟，相互宣传，相互促进，如游客在一个酒庄不能找到满足自身需求的旅游产品，该酒庄会根据你的需要，告诉你如何去该通道上的另一个能满足其需要的酒庄。当然建立葡萄酒旅游通道的前提是各酒庄都有自己的特色、互不相同。[1] 因此，建立多维的创意体验，发展我国的葡萄酒旅游业需要借鉴西南密歇根的成功经验建立葡萄酒旅游通道，葡萄酒通道也应通过引导标示和游览信息，增强目的地形象和品牌。

在人们从葡萄酒旅游中获得创意体验的同时，葡萄酒旅游也改变了人们的消费习惯，例如，在智利、西班牙和法国，葡萄酒是人们日常生活的一部分，他们的主要饮品是葡萄酒，但是年轻一代用啤酒或不含酒精的饮料取而代之[2]。这个趋势与其他传统的葡萄酒生产和消费国家相似。智利当地的葡萄酒消费在 2001 年是人均 16 升，远低于 1987 年的 36 升。然而，发生在智利产业的更新（如增强葡萄酒旅游业的发展）和当地购买力的增强开始吸引新一代的消费者增加，当地葡萄酒的消费到人均 18 升。葡萄酒、啤酒和烈酒的消费分开，在智利葡萄酒已经变成了一个与特殊场合有关的身份的象征。虽然只有 33% 的葡萄酒游客是当地的旅游者[3]，但是当地葡萄酒的人均消费量的增长是不容忽视的。

① Wargenau, A. & Che, D. Wine Tourism Development and Marketing Strategies in Southwest Michigan [J]. International Journal of Wine Marketing, 2006, 18(1): 45-60.

② Kunc, M. H. Forecasting the Development of Wine Tourism: A Case Study in Chile [J]. International Journal of Wine Business Research, 2009, 21(4): 325-338.

③ Hall, C. M. & Mitchell, R. Wine Marketing: A Practical Guide [M]. Oxford: Buteworth-Heinemann, 2007.

而在我国随着人们了解越来越多的葡萄酒知识，即喝葡萄酒有延缓衰老、预防心脑血管疾病、预防癌症、美容养颜的作用。此外，葡萄酒也变成了一种身份的象征。因此，葡萄酒越来越成为人们社交的饮品，葡萄酒作为旅游的一部分正改变着人们的消费习惯和生活方式，乃至提升游客与旅游目的地居民的互动。酒庄的吸引力来自充满活力和创造力的葡萄酒旅游目的地民众的日常生活。游客更关注的是酒庄的"现实"而不是专为游客准备的"人造"表演。游客期待挑战非传统的旅游活动，获得多维的创意体验。旅游正在从依靠有型的葡萄酒博物馆、酒窖古迹等有形资源转型到生活方式、体验创造等无形资源。

葡萄酒旅游创意体验不仅仅是旅游活动对自身产生的影响，更多的是改变了人们的消费习惯和生活方式。游客和葡萄酒旅游区的工作人员和居民是互动互助的。建立多维的葡萄酒旅游体验不仅能够满足不同游客的不同需求，同时能够丰富旅游市场，有助于形成多样化的旅游产业，增强中国葡萄酒旅游业在国际市场的竞争力。

第四节　北京民宿经验模式与发展战略研究

基于北京民宿区域环境特征及主人文化内涵，挖掘民宿主人的生活追求与故事情怀，在通过民宿主人与游客的深度交互中，传递当地的文化符号和技能技术。探索入住民宿的旅游者参与艺术、文化、历史等乡村动态活动的模式，以及与目的地居民深度互动的方式。构建民宿生态链，在个性化设计及服务体验中增强主客关系，进而获得持续的社会效益、经济效益和文化效应。

突如其来的席卷世界的新冠疫情，对旅游产业发展模式提出新的挑战。2020 年 3 月 30 日，习近平主席考察湖州市安吉县天荒坪镇余村。余村自 2005 年以来践行当年习近平考察安吉提出的"绿水青山就是金山银山"的理念，走出一条生态美、产业兴、百姓富的可持续发展之路，美丽乡村建设在余村变成了现实。新时代特别是新冠疫情后，广大民众不仅关注生活水平及消费方式的提升，更关注精神文化领域的参与和创新活动。新兴的民宿产业的兴起，在带给民众住宿方式多样化选择的同时，带给民众更多的文化空间。发展民宿是满足游客日益增长的文化需求，保留文化原真性的有效途径，对升级乡村旅游甚至推动乡村振兴等都有重要作用。

一、北京民宿发展中面临的主要问题

民宿符合民众追求不同于标准酒店的个性化服务与体验而得到迅猛发展。但同时，一些民宿因缺乏规划管理及投资者急功近利跟风抄袭，造成较为严重的民宿经营同质化现象。本书采用多途径综合研究方法，一方面搜索爱彼迎、小猪短租、自在客、猫途鹰等网站信息，整理分析互联网媒体报道、大众评议反馈及线上访谈资料；另一方面在全国范围内选择具有典型特征的民宿进行实地调研和访谈，针对访谈内容进行质性分析研究。特别是针对新冠疫情后北京民宿特征及核心竞争力构成要素进行综合分析，为住宿产业的科学发展提供建议和参考。

北京民宿具有独特的区域文化特征。民宿产品不同于标准化酒店，主要表现为基于地域环境、文化特色和提供多层面的个性化服务。北京民宿主要分为三种类型：其一，以家庭情怀为主要特征的生活型民宿，虽服务内容有限，但环境优美，民宿主人提供热情、贴心的管家服务体验。其二，以资本驱动的商业性民宿，多具有文化艺术和专业保护理念，凸显独特的艺术和文化氛围。其三，以文化理念驱动的个性化民宿，多为有情怀的投资者经营，创造与心灵对话的独特氛围。

民宿不同于传统酒店的主要因素之一就是民宿主人与客人情感的交融。"主人是民宿的灵魂"。民宿注重文化附加值，不仅包括区域环境、房屋所有权、房屋设计等当地文化符号和静态特征，而且包括民宿主人的文化艺术修养、情趣爱好、个人魅力的全方位的动态展现，还包括主人文化带给客人的如家一样的归属感。

目前北京民宿面临的主要问题表现为：其一，民宿过多追求主题化和精品化而与当地文化脱节，比如地中海风情的主题民宿显然与北京区域文化脱节，这种精心杜撰却与当地环境迥异的时空错置导致民宿所在地的地理与社会脉络脱节。其二，目前北京民宿多为住宿、观光和体验，而缺乏游客与主人的互动及基于主人文化的游客参与创意的活动。其三，游客渴望感受主人的生活，入住民宿的客人更渴望与主人的互动，而目前部分民宿的同质化造成"好山好水好无聊"现象。

随着民宿的发展，客人消费心理日趋成熟和理性，单纯注重"个性"和"情怀"的营销策略难以满足宾客的需求，体验交互占有越来越重要的地位。比如，"山楂小院"实现高达 75% 的入住率，不仅源于其利用当地风土人情，开展回味乡土、感受田园的创意体验活动；还在于其利用乡村闲置人口及其潜在人才优势，进行管家服务培训，提高管家自然亲和力，通过拉近与客人的距离而获得成功。"大隐于世"系列民宿管理者认为，"服务"已经不再是吸引回头客的决定因素，特别是疫情过后客人消费将更趋于理性和创新。针对客源结构及客人需求的变化，未来民宿产品如何定位？民宿如何呈现和表达在地文化？如何避免民宿酒店化发展？如何增强民宿主人与游客间多维的参与度？如何适应后退休时代、移动办公、度假与工作兼顾的新生活方式的变革。当前亟待解决诸如此类制约北京民宿发展的瓶颈问题，并探索未来民宿经营趋势和发展方向，实现从动到静、从复杂到简单的根本性转变和质的提升。

二、以区域环境为基础的民宿美学设计方案

特定的区域环境和文化特征是民宿的重要特点，民宿的基础和灵魂是"主人"，环境、文化、房屋等都是主人可利用的资源。民宿主人应注重培养、挖掘自己的兴趣、爱好和特长，相同的爱好是联系旅游者和主人的重要纽带。

民宿房屋来源和房屋装修理念决定了民宿经营的风格或主题。民宿的住宿设施不同于一般标准型酒店，以民宿主人的兴趣爱好装修布局为出发点。主要体现在：其一，自然与人文环境相融合，民宿选址要基于周围自然与人文环境；其二，地域文化的传承，民宿设计源于地域文化的传统技艺，创新驱动力来源于民宿主人的兴趣和专业背景；其三，民

宿多样化空间氛围的主题展现，从室外建筑景观、室内装饰设计到起居用品，乃至于摆设品的每一个细节都经过民宿主人精心挑选和用心打造，因而成为全方位体现主人情怀的环境空间。

融合新生态的民宿建筑设计，成为乡村的符号。爨底下村基础设施齐全，文化气息较重，景区的装饰与主题比较和谐，古建筑修缮维持原貌保留本地特色，民宿中增加体验元素，提高了原居民的生活质量和文化自豪感。灵水村与爨底下村地理位置相近的灵水村，其宅院建筑规模、精美程度、文化价值等各具特色，开展民宿经营能够较好地保留乡村的传统和居民生活方式。

民宿设计与主人生活认知密切相关，高端民宿并非简单地体现在装饰豪华等设备设施方面，而是体现在个性化的设计、沉浸式的体验、与众不同的真实等更高层次的奢华。将主人的生活方式、个性特征、价值观等通过空间陈设、家具、景观等与当地文化精神结合。如"大隐于世"系列民宿并没有采用24小时管家式陪伴的经营方式，而是在设计上更注重顾客住宿生活方面的私密性；同时注重房屋的设计风格、硬件设施等，以满足顾客的高品质需求。园艺家、艺术家、建筑师、民俗学家等专业人士联合民宿主人共同规划，全方位保护当地文化的整体性。

三、基于体验与交互的民宿管理模式

民宿作为一种"家庭式"的住宿方式，客人与民宿主人或家庭进行交易和互动，并在一定程度上共享公共空间。民宿主人亲切友善以尽地主之谊，让游客体验到宾至如归的感觉。北京民宿的区域文化特征不同于江浙、云南等自然风光极佳的目的地，着重打造主人文化内涵和非遗文化传承将独居特色。

其一，提升管家式服务的深度和广度。民宿如同"家"一样温馨，普通酒店在服务方面具有明确的规范性行业标准，高效而便捷。而民宿的个性化服务则在住宿体验方面远远高于传统酒店，能带给消费者亲切温馨的感受，民宿主人基于自己的经历和理解为住客提供可选择的趣味性活动或建议、个性化早餐服务、接送服务等个性化的民宿产品和服务。

　　比如主人和游客共同参加植树活动，践行环保理念；品尝金黄鸡蛋、手擀面、脆嫩韭菜春饼等不同季节的特色美食。将登山越野、艺术创作、园艺种植等新生态融入民宿的规划或行程中。延庆地区因青壮年大多在北京市内工作，农村闲置资源较多，热情好客、干净整洁、做菜好吃的"巧媳妇"留在家照看老人和孩子。"隐居乡里"系列民宿请"巧媳妇"来做管家，提供 24 小时的管家式贴心服务。有游客说："临走时，山路已转过一道弯了，在车的后视镜里还看到那个管家大姐在挥手，觉得非常温暖"。入住在隐居乡里"先生的院子"，虽然外面天寒地冻，但房间里面温暖如春、其乐融融。

　　其二，挖掘北京民宿自身的文化创意和与地域文化关联的历史故事。有故事的民宿将在游客心理上形成立体感，让人有回归深层自我和静谧的知觉感受，散发出幸福的、令人钟爱的、充满想象的空间，将民宿主人的生活、故事及个人兴趣技艺融入民宿服务中，在展现建筑外观、内部装饰、设施设备等方面的独特性之外，民宿主人所蕴含的故事和展示的文化是民宿更重要的特色。主人的故事则是分享自己的人生，同时游客在享受休闲体验带来的乐趣之外，在民宿住宿期间所创造的故事也将成为游客和民宿的独特故事。这不仅能培养重游顾客，而且对于促进吸引未来游客也有重要的吸引力。这种场所记忆具备了向他人传述绚丽回忆的功能。

　　其三，游客参与民宿主人的生活和艺术创作。民宿表现为强烈的交互性特征。挖掘和整合民宿特殊资源，主人不仅提供传统意义上的住宿、活动和服务，而且还为客人提供娱乐和自我发展的社交互动。汇合住宿的基本服务和骑马、自然体验、石炉烘焙、绘画课程等增值服务，在自己的生活方式价值观和客人的生活方式价值观之间建立一种对应关系。"隐居乡里"民宿提供高质量的体验交互活动，增强游客的情感体验，达到使顾客满意的效果。在民宿中融入收集蜂蜜、制作柿饼、采摘栗子、炒栗子等农家趣事，游客从中体验古村镇独特的生活。游客因体验到当地质朴的民风而收获更多的精神享受。

　　其四，游客参与当地的非遗传承活动。民宿主人熟悉地方自然人文

环境、风俗特产与美食飨宴。游客下榻民宿是融入当地生活、体验当地
人文风采与地方文化的最佳捷径，游客已经不仅仅只满足于"买回家
去"，而是渴望可以亲身体验其制作过程，民宿组织的活动成为吸引游
客的旅游资源。北京地区的民宿总体上较为分散，游客更希望了解当地
文化，传统技艺，包括体验剪纸、土法织布、画风筝、雕刻、烹饪、印
染、音乐等许多内容。游客在自己动手操作中了解非遗传承技艺。一系
列的体验交互活动，丰富了客人在民宿中的生活，增进主人与客人间的
情感。热爱烹饪的主人、热爱绘画的主人所带给顾客独特的生活体验将
使得具有相同兴趣爱好的主客成为长久的朋友，提高了不同地域民宿的
差异性，在民宿中实现从体验到创意的转型。

民宿文化中的静态设施和动态传承相辅相成，具有自然有机性、环
境适应性的民宿发展模式，能够有效解决文化复制问题，以保护自然与
传承文化为核心，提升民宿主人和游客的幸福感，实现民宿产业及其多
元化的科学可持续发展。

参考文献

一、中文专著及译著

1.（战国）屈原著，林家骊译注.楚辞［M］.北京：中华书局，2020.

2.（西汉）戴圣著，王文锦译解.礼记译解［M］.北京：中华书局，2001.

3.（梁）萧统编，（唐）李善注.文选·第二十八卷［M］.北京：中华书局，2008.

4.冯乃康.旅游资源与旅游文化［M］// 白槐.旅游文化论文集.北京：中国旅游出版社，1991.

5.保继刚，楚义芳.旅游地理学［M］.北京：高等教育出版社，1999.

6.保继刚.历史城镇的旅游商业化研究［J］.地理学报，2004, 59(3): 427–436.

7.北京市东城区人民政府.北京市东城区国民经济和社会发展第十二个五年规划纲要［Z］.2011–01.

8.北京市旅游局.北京市旅游产业发展研究［Z］.北京：中国旅游出版社，2009.

9.北京市旅游局.北京市东城区旅游业第十二个五年发展规划［Z］.2010–12.

10.北京市西城区人民政府.北京市西城区国民经济和社会发展第十二个五年规划纲要［Z］.2011–01.

11.蔡元培.中国伦理学史［M］.北京：商务印书馆，2000.

12.崔国，褚劲风，王倩倩，邹琳.国外创意旅游内涵研究［J］.人文地理，2011, 122(6): 24–28+33.

13. 丹增.文化产业发展论［M］.北京：人民出版社，2005.

14. 邓尔麟.钱穆与七房桥世界［M］.北京：社会科学文献出版社，1995.

15. 邓辉.卡尔·苏尔的文化生态学理论与实践［J］.地理研究，2003，22(5): 625–634.

16. 杜江，向萍.天津市居民休闲娱乐消费状况分析［J］.南开经济研究，1996, (4): 38–40.

17. 冯乃康.中国旅游文学论稿［M］.北京：旅游教育出版社，1995.

18. 傅雷.傅雷家书［M］.北京：生活·读书·新知三联书店，2000: 43–44.

19. 高静，刘春济.论创意旅游——兼谈上海都市旅游的提升战略［J］.旅游科学，2010, (3): 12–19.

20. 葛剑雄.民族大迁徙［M］.南京：江苏人民出版社，2011.

21. 张晓虹.古都与城市［M］.南京：江苏人民出版社，2011.

22. 耿刘同.中国古代园林（任继愈主编，中国文史知识丛书）［M］.北京：商务印书馆，1998.

23. 顾炎武.历代宅京记［M］.北京：中华书局，1984.

24. 郭璞注，洪颐煊校.穆天子传［M］.北京：中华书局，1985.

25. 郭少棠.旅行：跨文化想象［M］.北京：北京大学出版社，2005.

26. 何春花，马仁锋，徐本安，王腾飞，吴丹丹，张舵.鉴于文化创意空间理念的宁波和丰纱场工业遗产改造［J］.工业建筑，2017，47(1): 50–55.

27. 贺麟.文化与人生［M］.北京：商务印书馆，2002.

28. 侯仁之.北京城里的生命印记［M］.北京：生活·读书·新知三联书店，2009.

29. 金元浦.奥运：创意文化产业［J］.中外文化交流，2004, 12: 62–63.

30. 金元浦.文化生产力与文化产业［J］.求是，2002, 1332(20): 38–41.

31. 邝蓝岚.奥斯曼与鲁米：外籍"景漂"与景德镇陶瓷人文景观建构的互动关系［J］.民俗研究，2016，（6）：147–160.

32. 李世泰，等.葡萄酒旅游开发研究——以烟台张裕葡萄酒旅游为例

［J］．经济地理，2005, 25(1): 139–142.

33. 李天元．旅游学概论（第六版）［M］．天津：南开大学出版社，2010.

34. 李旭旦．文化景观论［M］// 中国大百科全书·地理学·人文地理学．北京：中国大百科全书出版社，1984.

35. 李泽厚．美的历程［M］．北京：生活·读书·新知三联书店，2009.

36. 厉无畏，王慧敏，孙洁．创意旅游：旅游产业发展模式的革新［J］．旅游科学，2007, 21(6): 1–5.

37. 厉无畏，王慧敏，孙洁．论创意旅游——兼谈上海都市旅游的创新发展思路［J］．经济管，2008, 30(1): 70–74.

38. 梁启超．清代学术概论［M］．北京：东方出版社，1996.

39. 梁启超著，黄坤评注．新民说［M］．郑州：中州古籍出版社，1998.

40. 林国华，王恒．罗马古道［M］．上海：上海人民出版社，2011.

41.（战国）屈原著，林家骊译注．楚辞［M］．北京：中华书局，2010: 92, 96–97.

42. 林拓，等．世界文化产业发展前沿报告（2003—2004）［M］．北京：社会科学文献出版社，2004: 11–12.

43. 林兆群，潘海啸．创意城市经营战略之研究——以欧洲三城市为例［J］．人文地理，2010, 111(1): 18–21.

44. 刘家明，刘莹．基于体验视角的历史街区旅游复——以福州市三坊七巷为例［J］．地理研究，2010, 29(3): 556–564.

45. 刘其印．让游客到民俗气氛中去感受异域风情［J］．民俗研究，1995, (1): 18–19.

46. 刘少和．奥运旅游与文化展示［J］．旅游学刊，2007, 22(9): 8–9.

47. 刘奕，田侃．国外创意阶层的崛起：研究述评与启示［J］．国外社会科学，2013, (4): 118–126.

48. 陆林，等．旅游城市化研究进展及启示［J］．地理学报，2006, 25(4): 741–750.

49. 马东升．论"新型旅游者"［J］．旅游管理，2007, (3): 31–35.

50. 马仁锋，邱高根深，廖蕊．从创意企业集聚到创意空间：理论架构与核心概念［J］. 云南地理环境研究，2012,24(03): 1–5.

51. 齐彪 . "景漂"怎么漂？［J］. 美术观察，2014，（9）：32–33.

52. 钱穆 . 古史地理论丛［M］. 上海：三联书店，2004.

53. 容闳 . 西学东渐记［M］. 长沙：湖南人民出版社，1981.

54. 佘贵棠 . 游览名词诠释［J］. 旅行杂志，1941,15(6): 91–95.

55. 沈世伟，Violier Philippe. 法国旅游资源研究方法的三十年演进历程［J］. 经济地理，2010,30(6): 1028–1032.

56. 宋祎 . 创意空间理念下的城市特色街区设计研究 [D]. 合肥工业大学，2009.

57. 孙倩 . 基于台北市历史建筑再利用的文化创意空间设计研究 [D]. 天津大学，2012.

58. 田麦久 . 人文奥运理念与奥运会赛事 . 体育科学［J］. 2006,4: 16.

59. 汪国瑜 . 建筑——人类生息的环境艺术［M］. 北京：北京大学出版社，1996.

60. 王冠英 . 中国古代民间工艺（任继愈主编，中国文史知识丛书）［M］. 北京：商务印书馆，2004.

61. 王国轩，王秀梅译注 . 孔子家语·三恕第九［M］. 北京：中华书局，2011.

62. 王昊，周凤杰 . 论文化创意旅游——以北京 798 艺术区为例［J］. 旅游纵览（下半月刊），2014, (3): 135, 137.

63. 王华，陈烈 . 西方城乡发展理论研究进展［J］. 经济地理，2006, 2(3): 463–468.

64. 王慧敏 . 创意城市的创新理念、模式与路径［J］. 社会科学，2010(11): 4–12.

65. 王缉慈 . 创新的空间：企业集群与区域发展［M］. 北京：北京大学出版社，2001.

66. 王南枝，陶汉军 . 旅游经济学［M］. 天津：南开大学出版社，2000.

67. 王晓燕 . 非点源污染过程机理与控制管理：以北京密云水库流域为例［M］. 科学出版社，2011.

68. 王晓云. 关于中国旅游起源问题的研究［J］. 旅游科学，2001, (2): 5–7.

69. 吴必虎，唐子颖. 旅游吸引物空间结构分析——以中国首批国家 4A 级旅游区（点）为例［J］. 人文地理，2003(1): 1–5.

70. 吴必虎，伍佳，党宁. 旅游城市本地居民环城游憩偏好：杭州案例研究［J］. 人文地理，2007, 94(2): 27–31.

71. 吴传钧. 论地理学的研究核心：人地关系地域系统［J］. 经济地理，1991, 11(3): 1–6.

72. 谢彦君. 基础旅游学（第四版）［M］. 北京：商务印书馆，2015.

73. 谢彦君. 基础旅游学［M］. 北京：中国旅游出版社，2004.

74. 谢彦君. 旅游体验研究——一种现象学的视角［M］. 天津：南开大学出版社，2005.

75. 徐红罡. 文化遗产旅游商业化的路径依赖理论模型［J］. 旅游科学，2005, 19(3): 74–78.

76. 梁启超. 清代学术概论［M］. 北京：东方出版社，1996.

77. 叶超，陈明星. 国外城乡关系理论演变及其启示［J］. 中国人口·资源与环境，2008, 18(1): 34–39.

78. 于光远. 论普遍有闲的社会［M］. 北京：中国经济出版社，2005.

79. 于俊. 环境权的文化之维［M］. 北京：法律出版社，2010.

80. 喻学才. 旅游文化学［M］. 北京：化学工业出版社，2010.

81. 喻学才. 中国旅游文化传统［M］. 南京：东南大学出版社，1995.

82. 原勃，白凯. 创意旅游理论及实践［J］. 城市问题，2008, 160(11): 97–101+30.

83. 约瑟夫·熊彼特. 经济发展理论［M］. 北京：商务印书馆，2000.

84. 臧嵘. 中国古代驿站玉邮传（任继愈主编，中国文史知识丛书）［M］. 北京：商务印书馆，1997.

85. 张岱年. 中国文化概论（修订版）［M］. 北京：北京师范大学出版社，2004.

86. 张胜男. 创意旅游发展模式与运行机制研究［J］. 财经问题研究，

2016, 387(2): 123–129. 被《新华文摘》全文转载，2016, (7): 135–138.

87. 张胜男. 创意旅游与城市发展［N］. 光明日报（理论版），2010–2–20(7).

88. 赵立行. 商人阶层的形成与西欧社会转型［M］. 北京：中国社会科学出版社，2004.

89. 赵玉宗，等. 创意转向与创意旅游［J］. 旅游学刊，2010, 25(3): 69–76.

90. 中国大百科全书·哲学卷［M］. 北京：中国大百科全书出版社，1992.

91. 中宣部文化体制改革和发展办公室，文化部对外文化联络局编. 国际文化发展报告［M］. 北京：商务印书馆，2005.

92. 钟敬文. 民俗学概论（第二版）［M］. 北京：高等教育出版社，2010.

93. 钟敬文. 民间文化保护与旅游经济开发［J］. 民间文化，2001, (2): 6.

94. 周钧，冯学钢. 创意旅游及其特征研究［J］. 桂林旅游高等专科学校学报，2008, 19(3): 394–397.

95. 周晓虹. 中国中产阶层调查［M］. 北京：社会科学文献出版社，2005.

96. ［阿拉伯］伊本·胡尔达兹比赫. 中外关系史名著译丛·道里邦国志［M］. 北京：中华书局，1991 年 12 月第 1 版，2001 年 7 月北京第 2 次印刷.

97. ［奥］尼格尔·霍尔顿. 跨文化管理：基于知识管理的视角［M］. 康青，郑彤，韩建军，译. 北京：中国人民大学出版社，2011.

98. ［澳大利亚］A. J. 维尔. 休闲与旅游研究方法（第三版）［M］. 聂小荣，丁丽军，译. 北京：旅游教育出版社，2008.

99. ［比］玛丽亚·杨森–弗比克，［西］格达·K. 普里斯特利，［西］安东尼奥·P. 罗素. 旅游文化资源：格局、过程与政策［M］. 孙业红，闵庆文，主译. 北京：中国环境科学出版社，2010.

100. ［德］M. 舍勒. 爱的秩序（历代基督教学术文库）［M］. 北京：生活·读书·新知三联书店，1995.

101.［德］奥古斯特·勒施.经济空间秩序［M］.北京：商务印书馆，2010.

102.［德］费希特.论学者的使命人的使命［M］.北京：商务印书馆，2010.

103.［德］马克斯·韦伯.新教伦理与资本主义精神［M］.北京：生活·读书·新知三联书店，1987.

104.［德］马克斯·韦伯.儒教与道教［M］.北京：商务印书馆.

105.［法］艾田蒲.中国之欧洲［M］.桂林：广西师范大学出版社，2008.

106.［法］弗朗克·戈泰，多米尼克·克萨代尔.跨文化管理［M］.北京：商务印书馆.

107.［法］罗贝尔·朗卡尔.旅游和旅行社会学［M］.北京：商务印书馆，1997.

108.［法］罗歇·苏.休闲［M］.北京：商务印书馆，1996.

109.［法］皮埃尔·梅兰.城市交通［M］.北京：商务印书馆，1996.

110.［法］让—保罗·拉卡兹.城市规划方法［M］.北京：商务印书馆，1996.

111.［法］让—皮埃尔·维尔南.希腊人的神化和思想——历史心理分析研究［M］.北京：中国人民大学出版社，2007.

112.［法］让—若埃尔·罗伯特.从罗马到中国——凯撒大帝时代的丝绸之路［M］.桂林：广西师范大学出版社，2005.

113.［法］让—若埃尔·罗伯特.古罗马人的欢娱［M］.桂林：广西师范大学出版社，2005.

114.［法］热拉尔·卡.消费者权益保护［M］.北京：商务印书馆，1997.

115.［法］若盎·塞尔维埃.民族学［M］.北京：商务印书馆，1996.

116.［法］雅克·萨卢瓦.法国博物馆［M］.北京：商务印书馆，2000.

117.［美］托斯丹·凡勃伦.有闲阶级论［M］.北京：商务印书馆，2002.

118.［美］B.约瑟夫·派恩，詹姆斯·H.吉尔摩.体验经济［M］.北京：机械工业出版社，2002.

119.［美］保罗·M.霍恩伯格，林恩·霍伦·利斯.都市欧洲的形成
（1000—1994）［M］.北京：商务印书馆，2009.

120.［美］查尔斯·兰德利.创意城市［M］.北京：清华大学出版社，
2009.

121.［美］刘易斯·芒福德.城市文化［M］.宋俊岭，李翔宇，周鸣浩，
译.北京：中国建筑工业出版社，2009.

122.［美］刘易斯·芒福德.城市发展史——起源、演变和前景［M］.
宋俊岭，等译.北京：中国建筑工业出版社，2008.

123.［美］迈克尔·波特.国家竞争优势［M］.李明轩，等译.北京：
华夏出版社，2008.

124.［美］诺思.经济史中的结构与变迁［M］.陈郁，等译.上海：三
联书店，1991.

125.［美］提勃尔·西托夫斯基.无快乐的经济［M］.北京：中国人民
大学出版社，2008.

126.［美］托马斯·古德尔，杰弗瑞·比尔.人类思想史中的休闲［M］.
昆明：云南人民出版社，2002.

127.［美］威廉·乌克斯.茶叶全书（上，下）［M］.北京：东方出版社，
2011.

128.［美］詹姆斯·E.万斯.延伸的城市——西方文明中的城市形态学
［M］.北京：中国建筑工业出版社，2007.

129.［摩洛哥］伊本·白图泰口述，［摩洛哥］伊本·朱兹笔录，［摩洛
哥］阿卜杜勒·哈迪·塔奇校订.伊本·白图泰游记（上下）［M］.
北京：商务印书馆，中国旅游出版社，2016.

130.［苏］瓦西留克.体验心理学［M］.黄明，译.北京：中国人民大
学出版社，1989.

131.［英］埃比尼泽·霍华德.明日的田园城市［M］.北京：商务印书
馆，2010.

132.［英］艾伦·法伊奥，（英）布赖恩·加罗德，（英）安娜·利斯克.
旅游吸引物管理——新的方向［M］.郭英之，主译.大连：东北

财经大学出版社，2005.

133. ［英］爱德华·布奈特·泰勒．原始文化：神话、哲学、宗教、语言、艺术和习俗发展之研究［M］．连树声，译．桂林：广西师范大学出版社，2005: 41.

134. ［英］彼得·霍尔、科林·沃德．社会城市——埃比尼泽·霍华德的遗产［M］．北京：中国建筑工业出版社，2009.

135. ［英］彼得·霍尔．城市和区域规划（原著第四版）［M］．北京：中国建筑工业出版，2008.

136. ［英］史蒂文·蒂耶斯德尔，［英］蒂姆·希思，［土］塔内尔·厄奇．城市历史街区的复兴［M］．北京：中国建筑工业出版社，2008.

二、英文文献

1. Adams, C. & Laurence, R. (eds.) Travel and Geography in the Roman Empire [M]. London: Routledge, 2012.

2. Alan, G. Development Planning and Spatial Structure [M]. London: John Wiley & Sons, 1976.

3. Ali, F., Ryu, K. & Hussain, K. Influence of Experiences on Memories, Satisfaction and Behavioral Intentions: A Study of Creative Tourism [J]. Journal of Travel & Tourism Marketing, 2016, 33(1): 85–100.

4. Alonso, A. D. Are Travelers Interested in Wine Tourism in New Zealand? [J]. International Journal of Culture, Tourism and Hospitality Research, 2009, 3(1): 13–24.

5. Alonso, A. D. & Northcote, J. Wine, History, Landscape: Origin Branding in Western Australia [J]. British Food Journal, 2009, 111(11): 1248–1259.

6. Aoyama, Y. Artists, Tourists, and the State: Cultural Tourism and the Flamenco Industry in Andalusia, Spain [J]. International Journal of Urban and Regional Research, 2009, 33(1): 80–104.

7. Ashworth, G. J. & Tunbridge, J. E. The Tourist-Historic City: Retrospect and Prospect of Managing the Heritage City [M]. Amsterdam; New York:

Pergamon, 2000.

8. Ashworth, G. & Page, S. J. Urban Tourism Research: Recent Progress and Current Paradoxes [J]. Tourism Management, 2011, 32(1): 1–15.

9. Ason, J. Civilized Creatures: Urban Animals, Sentimental Culture, and American Literature, 1850–1900[M]. Baltimore: The Johns Hopkins University Press, 2005.

10. Baker, S., Bennett, A., Homan, S. Cultural Precincts, Creative Spaces: Giving the Local a Musical Spin [J]. Space and Culture, 2009, 12(2): 148–165.

11. Ballantyne, R., Packer, J. & Falk, J. Visitors' Learning for Environmental Sustainability: Testing Short and Long–term Impacts of Wildlife Tourism Experiences Using Structural Equation Modeling [J]. Tourism Management, 2011, (32): 1243–1252.

12. Barros, C. P., Butler, R. & Correia, A. The Length of Stay of Golf Tourism: A Survival Analysis [J]. Tourism Management, 2010, 31(1): 13–21.

13. Barrowclough, D. & Kozul–Wright, Z. Creative Industries and Developing Countries: Voice, Choice and Economic Growth [M]. London: Routledge, 2008.

14. Batabyal, A. A. & Nijkamp, P. Creative Capital in Production, Inefficiency, and Inequality: A Theoretical Analysis [J]. International Review of Economics & Finance, 2016, 45: 553–558.

15. Berghoff, H. The Making of Modern Tourism: The Cultural History of the British Experience, 1600–2000[M]. New York: Palgrave, 2002.

16. Bertella, G. & Rinaldi, M. D. Learning Communities and Co–creative Tourism Practices in NGDO Projects [J]. Journal of Sustainable Tourism, 2020, 29(4): 639–657.

17. Binkhorst, E. Creativity in Tourism Experiences: The Case of Sitges [M]// G. Richards & J. Wilson (eds.). Tourism, Creativity and Development,

London: Routledge, 2007: 125–144.

18. Binkhorst, E.& Dekker, T. Agenda for Co-creation Tourism Experience Research [J]. Journal of Hospitality Marketing & Management, 2009, 18(2–3): 311–327.

19. Blackshaw, T. Leisure Life: Myth, Masculinity and Modernity [M]. Psychology Press, 2003.

20. Bodger, D. Leisure, Learning, and Travel [J]. Journal of Physical Education, Recreation & Dance, 1998，69(4): 28–31.

21. Bontje, M. & Musterd, S. Creative Industries, Creative Class and Competitiveness: Expert Opinions Critically Appraised [J]. Geoforum, 2009, 40 (5): 843–852.

22. Booyens, I. & Rogerson, C. M. Creative Tourism in Cape Town: An Innovation Perspective [C]. Urban Forum. Springer Netherlands, 2015, 26(4): 405–424.

23. Bork, R. O. & Kann, A. The Art, Science, and Technology of Medieval Travel [M]. Aldershot; Burlington: Ashgate, 2008.

24. Borsay, P. A History of Leisure: The British Experience Since 1500 [M]. Basingstoke, Hampshire: Palgrave Macmillan, 2006.

25. Brouder, P. Creative Outposts: Tourism's Place in Rural Innovation [J]. Tourism Planning & Development, 2012, 9(4): 383–396.

26. Bruner, E. M. Culture on Tour: Ethnographies of Travel [M]. Chicago: University of Chicago Press, 2005.

27. Buckley, R. Nature Tourism and Mental Health: Parks, Happiness, and Causation [J]. Journal of Sustainable Tourism, 2020, 28 (9): 1409–1424.

28. Buhalis, D. & Costa, C. Tourism Business Frontiers: Consumers, Products and Industry [M]. Amsterdam: Elsevier Butterworth-Heinemann, 2006.

29. Butler, R. W. Sustainable Tourism: A State-of-the-Art Review [J]. Tourism geographies, 1999, 1(1): 7–25.

30. C.T. Williamsed. Travel Culture: Essays on What Makes Us Go [M]. Westport: Praeger, 1998.

31. Cabeça, S. M., Gonçalves, A. R., Marques, J. F. & Tavares, M. Mapping Intangibilities in Creative Tourism Territories through Tangible Objects: A Methodological Approach for Developing Creative Tourism Offers [J]. Tourism & Management Studies, 2019, 15(1SI), 42–49.

32. Campbell, C. Creative Tourism Providing a Competitive Edge [J]. Tourism Insights, 2010 (February).

33. Campbell, P.You Say 'Creative', and I Say 'Creative' [J]. Journal of Policy Research in Tourism, Leisure & Event, 2011, 3(1): 18–30.

34. Carlsen, P. J. A Review of Global Wine Tourism Research [J]. Journal of Wine Research, 2004, 15(1): 5–13.

35. Carmichael, B. Understanding the Wine Tourism Experience for Winery Visitors in the Niagara Region, Ontario, Canada [J]. Tourism Geographies, 2005, 7(2): 185–204.

36. Carruthers, C. & Hood, C. D. The Power of the Positive: Leisure and Well–being [J]. Therapeutic Recreation Journal, 2004, 38(2): 225–245.

37. Caves, R. E. Creative Industries: Contracts between Art and Commerce (No. 20) [M]. Cambridge: Harvard University Press, 2000.

38. Chang, L. L., Backman, K. F., Huang, Y. C. Creative Tourism: A Preliminary Examination of Creative Tourists' Motivation, Experience, Perceived Value and Revisit Intention [J]. Tourism and Hospitality Research, 2014, 8(4): 401–419.

39. Charters, S. & Ali–Knight, J. Who is the Wine Tourist?[J]. Tourism Management, 2002, 23(3): 311–319.

40. Chartrand, H. Creativity and Competitiveness: Art in the Information Economy [J]. Art Bulletin, 1990, 15(1): 1–2.

41. Chen, C. F. & Chou, S. H. Antecedents and Consequences of Perceived Coolness for Generation Y in the Context of Creative Tourism–A Case

Study of the Pier 2 Art Center in Taiwan [J]. Tourism Management, 2019, 72: 121–129.

42. Cilliers, E. J. & Schoeman, C. B. The Urban Development Boundary as a Planning Tool for Sustainable Urban Form [J]. WIT Transactions on Ecology and the Environment, 2008, 117: 85–94.

43. Cilliers, E. J. The Urban Development Boundary as a Planning Tool for Sustainable Urban form: the South African Situation [J]. International Journal of Humanities and Social Sciences, 2009, 3(6): 942–947.

44. Clifford, J. Routes: Travel and Translation in the Late Twentieth Century [M]. Cambridge, Mass: Harvard University Press, 1997.

45. Clifford, J. Routes: Travel and Translation in the Late Twentieth Century [M]. Cambridge, Mass: Harvard University Press, 1997.

46. Coghlan, A. & Filo, K. Using Constant Comparison Method and Qualitative Data to Understand Participants' Experiences at the Nexus of Tourism, Sport and Charity Events [J]. Tourism Management, 2013, 35: 122–131.

47. Colantonio, A. & Potter, R. B. Urban Tourism and Development in the Socialist State: Havana During the Special Period [M]. Aldershot, England; Burlington, VT: Ashgate, 2006.

48. Comunian, R. Rethinking the Creative City: The Role of Complexity, Networks and Interactions in the Urban Creative Economy [J]. Urban studies, 2011, 48(6): 1157–1179.

49. Courage, C., McKeown , A. Creative Placemaking [M]. London: Routledge, 2019.

50. Crouch, G. I. Consumer Psychology of Tourism, Hospitality, and Leisure [M]. Wallingford, Oxon: CABI Publishing, 2004.

51. Curran, R., Baxter, I.W.F., Collinson, E., Gannon, M., J. and Yalinay, O. The Traditional Marketplace: Serious Leisure and Recommending Authentic Travel [J]. The Service Industries Journal, Vol. 2018, 38

(15/16): 1116–1132.

52. Currid, E. New York as a Global Creative Hub: A Competitive Analysis of Four Theories on World Cities [J]. Economic Development Quarterly, 2006, 20 (4): 330–350.

53. Dalla Longa, R. Globalization and Urban Implosion: Creating New Competitive Advantage [M]. Berlin; London: Springer, 2010.

54. Davis, G. A. A Model of Teaching for Creative Development [J]. Roeper Review, 1982(5): 27–29.

55. De Brito, M., Richards, G. Events and placemaking [J]. International Journal of Event and Festival Management, 2017, 8(1): 2–7.

56. Dean, D., Suhartanto, D. The Formation of Visitor Behavioral Intention to Creative Tourism: the Role of Push–Pull Motivation [J]. Asia Pacific Journal of Tourism Research, 2019, 24(5): 393–403.

57. Delconte, J., Kline, C. S., Scavo, C. The Impacts of Local Arts Agencies on Community Placemaking and Heritage Tourism [J]. Journal of Heritage Tourism, 2016, 11(4): 324–335.

58. Duxbury, N. & Murray, C. Creative Spaces [J]. Cultural Expression, Creativity and Innovation, 2010: 200–214.

59. Duxbury, N., Bakas, F. E. & Pato de Carvalho, C. Why is Research–Practice Collaboration so Challenging to Achieve? A Creative Tourism Experiment [J]. Tourism Geographies, 2021，23(1–2): 318–343.

60. Elisondo, R. C., Soroa, G. & Flores, B. Leisure Activities, Creative Actions and Emotional Creativity [J]. Thinking Skills and Creativity, 2022, 45: 1–9.

61. Ellis, A., Park, E., Kim, S. and Yeoman, I. What is Food Tourism? [J]. Tourism Management, 2018, 68: 250–263.

62. Ellis, L. Travel, Communication and Geography in Late Antiquity: Sacred and Profane [M]. London: Ashgate, 2004.

63. Evans, G. Creative Cities, Creative Spaces and Urban Policy [J]. Urban

Studies, 2009, 46 (5–6): 1003–1040.

64. Fernandes, C. Cultural Planning and Creative Tourism in an Emerging Tourist Destination [J]. International Journal of Management Cases, 2011, 13(3): 629–636.

65. Jones, C. Finding a Place in History: Symbolic and Social Networks in Creative Careers and Collective Memory [J]. Journal of Organizational Behavior, 2010, 31 (5): 726–748.

66. Florida R. Cities and the Creative Class [M]. London: Routledge, 2005.

67. Florida, R. The Creative Class and Economic Development [J]. Economic Development Quarterly, 2014, 28(3): 196–205.

68. Florida, R. The Rise of the Creative Class [M]. New York: Basic Books, 2002.

69. Florida, R. Cities and the Creative Class [M]. London: Routledge, 2005.

70. Florida, R. The Creative Class and Economic Development [J]. Economic Development Quarterly, 2014, 28(3): 196–205.

71. Florida, R. The Flight of the Creative Class: The New Global Competition for Talent [M]. New York: Harper Business, 2005.

72. Florida, R. The Flight of the Creative Class: The New Global Competition for Talent [J]. Liberal education, 2006, 92(3): 22–29.

73. Florida, R. The Flight of the Creative Class: The New Global Competition for Talent [M]. New York: Harper Business, 2005.

74. Florida, R. The Rise of the Creative Class: And How It's Transforming Work, Leisure, Community and Everyday Life [M]. New York: Basic Books, 2002.

75. Florida, R., Gates, G., Knudsen, B., et al. The University and the Creative Economy [J]. Working Paper, 2006.

76. Florida, R., Tinagli, I. Europe in the Creative Age [M]. London: DEMOS/Carnegie Mellon University, 2004.

77. Florida, R.The Rise of the Creative Class：Technology, Talent and

Tolerance [M]. New York: Basic Books, 2002.

78. Floyd, M. F. Getting beyond Marginality and Ethnicity: The Challenge for Race and Ethnic Studies in Leisure Research [J]. Journal of leisure research, 1998, 30(1): 3–22.

79. Fourie, J. & Santana–Gallego, M. The Impact of Mega–Sport Events on Tourist Arrivals [J]. Tourism Management, 2011 (32): 1364–1370.

80. Franke, S. & Verhagen, E. Creativity and the City: How the Creative Economy Changes the City [M]. Rotterdam: NAi Publishers, 2005.

81. Getz , D. & Brown, G. Benchmarking Wine Tourism Development: The Case of Okanagan Valley，British Columbia，Canada [J]. International Journal of Wine Marketing, 2006, 18(2): 78–97.

82. Getz D. Explore Wine Tourism: Management, Development, Destinations [M]. Cognizant Communication Corporation, New York: Cognizant, 2000.

83. Gibson, C., Brennan–Horley, C., Laurenson, B., Riggs, N., Warren, A., Gallan, B. & Brown, H. Cool Places, Creative Places? Community Perceptions of Cultural Vitality in the Suburbs [J]. International Journal of Cultural Studies, 2012, 15(3): 287–302.

84. Glaeser, E. Review of Richard Florida's the Rise of the Creative Class [J]. Regional Science & Urban Economics, 2005，35(5): 593–596.

85. Gosch, S.& Stearns, P. Premodern Travel in World History [M]. New York: Routledge, 2007.

86. Grabler, K. & Mazanec, J. A. International City Tourism: Analysis and Strategy [M]. London ; Washington: Pinter, 1997.

87. Gretzel, U.The Rise of the Creative Tourist Class: Technology, Experience and Mobilities [J].Tourism Analysis, 2009, 14(4): 471–481.

88. Hall, C. M. & Williams, A. M. Tourism and Innovation [M]. London: Routledge, 2008.

89. Hall, C. M. Hallmark Tourist Events: Impacts, Management and Planning

[M]. London: Belhaven Press, 1992.

90. Hall, C. M. Wine, Food, and Tourism Marketing [M]. London: Routledge, 2013.

91. Hall, C. M. & Mitchell, R. Wine Tourism in the Mediterranean: A Tool for Restructuring and Development [J]. Thunderbird International Business Review, 2000, 42(4): 445–465.

92. Hall, C. M. & Mitchell, R. Wine Marketing: A Practical Guide [M]. Oxford: Buteworth–Heinemann, 2007.

93. Hall, C. M. & Mitchell, R. Wine Marketing: A Practical Guide [M]. Oxford: Buteworth–Heinemann, 2007.

94. Hall, C. M. & Mitchell, R. Wine Tourism in the Mediterranean: A Tool for Restructuring and Development [J]. Thunderbird International Business Review, 2000, 42(4): 445–465.

95. Hall, C. M. & Sharples, L. Food and Wine Festivals and Events Around the World: Development, Management and Markets [M]. London: Routledge, 2008.

96. Hall, C. M., Longo, A. M. & Mitchell, R., et al. Wine Tourism in New Zealand [M]//Wine Tourism Around the World [M]. London: Routledge, 2009: 150–174.

97. Hall, C. M., Sharples, L., Mitchell, R., Macionis, N. & Cambourne, B. (eds.) Food Tourism Around the World [M]. London: Routledge, 2004.

98. Hall, C.M., Sharples, L., Cambourne, B., Macionis, N., Mitchell, R. & Johnson, G. (eds.) Wine Tourism Around the World: Development, Management and Markets [M]. Oxford : Butterworth Heinemann, 2000.

99. Hall, M. , Macionis, N. Wine Tourism in Australia and New Zealand [M]//Butler, Hall, Jenkins (eds.). Tourism and Recreation in Rural Areas. Chichester. 1998: 197–224.

100. Hamera, J. The Cambridge Companion to American Travel Writing [M]. Cambridge; New York: Cambridge University Press, 2009.

101. Hanley, K. & Walton, J. K. Constructing Cultural Tourism: John Ruskin and the Tourist Gaze [M]. Bristol; Tonawanda, NY: Channel View Publications, 2010.

102. Hannigan, J. From Fantasy City to Creative City [M]//G. Richards & J. Wilson (eds.). Tourism, Creativity and Development. London: Routledge, 2007: 70–78.

103. Harmon, D. & Putney, A. D. The Full Value of Parks: From Economics to the Intangible [M]. Lanham: Rowman & Littlefield Publishers, 2003.

104. Harnik, P. Urban Green: Innovative Parks for Resurgent Cities [M]. Washington, D.C.: Island Press, 2010.

105. Harris, L. C. & Metallinos, G. The Fact and Fantasy of Organizational Culture Management: A Case Study of Greek Food Retailing [J]. Journal of Retailing and Consumer Services, 2002, 9(4)：201–213.

106. Harvey, D. The Limits to Capital [M]. Oxford: Basil Blackwell, 1982.

107. Harvey, D. C., Hawkins, H. & Thomas, N. J. Thinking Creative Clusters beyond the City: People, Places and Networks [J]. Geoforum, 2012, 43(3): 529–539.

108. Heeley, J. Inside City Tourism: A European Perspective [M]. Bristol: Channel View Publications, 2011.

109. Hegarty, C. B. The Value and Meaning of Creative Leisure [J]. Psychology of Aesthetics, Creativity, and the Arts, 2009, 3(1): 10–13.

110. Henriques, C. & Moreira, M. C. Creative Tourism and Urban Sustainability: The Cases of Lisbon and Oporto [J]. Revista Portuguesa de Estudos Regionais, 2019, 51: 93–114.

111. Holden, A. Tourism Studies and the Social Sciences [M]. New York: Routledge, 2006.

112. Holden, E. Ecological Footprints and Sustainable Urban Form [J]. Journal of Housing and the Built Environment, 2004, 19(1): 91–109.

113. Hospers, G. J. Creative Cities: Breeding Places in the Knowledge

Economy [J]. Knowledge, Technology & Policy, 2003, 16(3): 143–162.

114. Howlett, P. & Morgan, M. S. How Well Do Facts Travel? The Dissemination of Reliable Knowledge [M]. Cambridge: Cambridge University Press, 2011.

115. Hung, W. L., Lee, Y. J. & Huang, P. H. Creative Experiences, Memorability and Revisit Intention in Creative Tourism [J]. Current Issues in Tourism, 2016, 19(8): 763–770.

116. James, W., Kevin, H. Journey of Inspiration: Working Artists' Reflections on Tourism [J]. Annals of Tourism Research, 2014: 65–75.

117. Jarábková, J.& Hamada, M. Creativity and Rural Tourism [J]. Creative and Knowledge Society, 2012, 2(2): 5–15.

118. Jennings, G. Tourism Research [M]. Milton: John Wiley & Sons Australia Ltd., 2001.

119. Johnston, R., Motivation in a Changing Environment [J]. Operations Bulletin, American Hotel and Motel Association, 1970.

120. Judd, D. R. & Fainstein, S. S. The Tourist City [M]. New Haven: Yale University Press, 1999.

121. Judd, D. R. Promoting Tourism in US Cities [J]. Tourism Management, 1995, 16(3): 175–187.

122. Kao, J. J. The Art and Discipline of Business Creativity [J]. Strategy & Leadership, 1997, 25(4): 6–11.

123. Kaufmann, G. Expanding the Mood–Creativity Equation [J]. Creativity Research Journal, 2003, 15(2–3): 131–135.

124. Kent, T. Creative Space: Design and the Retail Environment [J]. International Journal of Retail & Distribution Management, 2007, 35(8–9): 734–745.

125. Kharkhurin, A. V. Creativity. 4 in 1: Four–criterion Construct of Creativity [J]. Creativity Research Journal, 2014, 26(3): 338–352.

126. Kiralova, A. & Malachovsky, A. Innovating the Czech and Slovak

Tourism Through Creative Tourism [J]. Skyline Business Journal, 2015, 11(1): 101–116.

127. Kleidas, M.& Jolliffe, L. Coffee Attraction Experiences: A Narrative Study [J]. Tourism: An International Interdisciplinary Journal, 2010, 58(1): 61–73.

128. Kong, L. Making Sustainable Creative/Cultural Space in Shanghai and Singapore [J]. Geographical Review, 2009, 99(1): 1–22.

129. Krätke, S. The Creative Capital of Cities: Interactive Knowledge Creation and the Urbanization Economies of Innovation [M]. Malden: Wiley–Blackwell, 2011.

130. Kunc, M. H. Forecasting the Development of Wine Tourism: A Case Study in Chile [J]. International Journal of Wine Business Research, 2009, 21(4): 325–338.

131. Lamb, S. Bringing Travel Home to England: Tourism, Gender, and Imaginative Literature in the Eighteenth Century [M]. Newark: University of Delaware Press, 2009.

132. Landry, C. The Creative City: A Toolkit for Urban Innovations [M]. London: Earthscan Publications, 2000.

133. Landry, C. The Creative City: A Toolkit for Urban Innovators [M]. Routledge, 2012.

134. Landry, C. & Hyams, J. The Creative City Index: Measuring the Pulse of the City [M]. Gloucestershire: Comedia, 2012.

135. Lash, S. & Urry, J. Economies of Signs and Space [M]. London: Sage, 1994.

136. Lash, S. M., Urry, S. L. J. & Urry, J. Economies of Signs and Space [M]. London: Sage, 1993.

137. Layard A., Milling J. Creative Place–Making: Where Legal Geography Meets Legal Consciousness [M]. Farnham: Ashgate, 2015.

138. Lee Y. Tourist Emotion, Creative Experience and Behavioral Intention

in Creative Tourism [J]. World Academy of Science, Engineering and Technology, International Journal of Hospitality and Tourism Sciences, 2017, 4(8): 221–228.

139. Lee, T. H., Jan, F. H. & Yang, C. C. Conceptualizing and Measuring Environmentally Responsible Behaviors from the Perspective of Community–Based Tourists [J]. Tourism Management, 2013, (36): 454–468.

140. Lee, T. H., Jan, F. H. & Yang, C. C. Conceptualizing and Measuring Environmentally Responsible Behaviors from the Perspective of Community–Based Tourists [J]. Tourism Management, 2013, (36): 454–468.

141. Lee, Y. Tourist Emotion, Creative Experience and Behavioral Intention in Creative Tourism [J]. World Academy of Science, Engineering and Technology, International Journal of Hospitality and Tourism Sciences, 2017, 4(8): 221–228.

142. Lefebvre, H. The Production of Space [M]. Hoboken: Blackwell, 1991.

143. Leiper, N. The Frame Work of Tourism [J]. Annals of Tourism Research, 1979, 6(4): 76: 390–407.

144. Levine Daniel, J. & Kim, M. Creative Placemaking: Building Partnerships to Create Change. Midwest Public Affairs Conference, 2019.

145. Lew, A. A. Tourism Planning and Place Making: Place–Making or Placemaking?[J]. Tourism Geographies, 2017, 19(3): 448–466.

146. Li, P. Q. & Kovacs, J. F. Creative tourism and creative spaces in China [J]. Leisure Studies, 2022, 41(2): 180–197.

147. Lindroth, K., Ritalahti, J.& Soisalon–Soininen, T.Creative Tourism in Destination Development [J]. Tourism Review, 2007, 62(3/4): 53–58.

148. Lockett, N. Environmental Liability Insurance [M]. London: Cameron May, 1996.

149. Löfgren, O. On Holiday: A History of Vacationing [M]. Berkeley: University of California Press, 1999.

150. lszewska, A. & Roberts, K. Leisure and Life-Style: A Comparative Analysis of Free Time [M]. London: Sage Publications, 1989.

151. MacCannell, D. The Ethics of Sightseeing [M]. Berkeley: University of California Press, 2011.

152. MacCannell, D. Empty Meeting Grounds: The Tourist Papers [M]. London; New York: Routledge, 1992.

153. MacCannell, D. The Tourist: A New Theory of the Leisure Class [M]. Berkeley: University of California Press, 1999.

154. MacCannell, D. The Tourist: A New Theory of the Leisure Class [M]. Berkeley: University of California Press, 2013.

155. MacCannell, D.The Time of the Sign: a Semiotic Interpretation of Modern Culture [M].Bloomington: Indiana University Press, 1982.

156. MacDonald, R.& Jolliffe, L. Cultural Rural Tourism: Evidence from Canada [J]. Annals of Tourism Research, 2003, 30(2): 307-322.

157. Machlis, G. E. & Field, D. R. National Parks and Rural Development: Practice and Policy in the United States [M]. Washington, D.C.: Island Press, 2000.

158. Maitland, R. Everyday Life as a Creative Experience in Cities [J]. International Journal of Culture, Tourism and Hospitality Research, 2010, 4(3): 176-185.

159. Maitland, R. Conviviality and Everyday Life: The Appeal of New Areas of London for Visitors [J]. International Journal of Tourism Research, 2008, 10 (1): 15-25.

160. Malviya, S. Tourism: Leisure and Recreation [M]. Delhi: Isha Books, 2005.

161. Manfredo, M. J., Driver, B. L. & Tarrant, M. A. Measuring Leisure Motivation: A Meta-Analysis of the Recreation Experience Preference

Scales [J]. Journal of leisure Research, 1996, 28(3): 188–213.

162. Markusen, A. Creative cities: A 10-year research agenda [J]. Journal of Urban Affairs, 2014, 36(2): 567–589.

163. Markusen, A. & Nicodemus, A. G. Creative Placemaking: How to Do It Well [J]. Community Development Investment Review, 2014, 2, 35–42.

164. Martindale, C. Biological Bases of Creativity [J]. Handbook of Creativity, 1999, (2): 137–152.

165. Martindale, C. Personality, Situation, and Creativity [M]//John A. Glover, Royce R. Ronning & Cecil R. Reynolds (eds.). Handbook of Creativity. Boston: Springer, 1989: 211–232.

166. Mason, R.& O'Mahony, B. On the Trail of Food and Wine: The Tourist Search for Meaningful Experience [J]. Annals of Leisure Research, 2007, 10(3–4): 498–517.

167. Mason, R. & O'Mahony, B. On the Trail of Food and Wine: The Tourist Search for Meaningful Experience [J]. Annals of Leisure Research, 2007, 10(3–4): 498–517.

168. Mazanec, J. A. & Woodside, A. G. Consumer Psychology of Tourism, Hospitality, and Leisure [M]. New York: CABI Pub, 2001.

169. Mazanec, Josef A. & Wöber, Karl W. Analysing International City Tourism [M]. New York: Springer, 2010.

170. McGranahan, D. & Wojan, T. Recasting the Creative Class to Examine Growth Processes in Rural and Urban Counties [J]. Regional Studies, 2007, 41(2): 197–216.

171. McGranahan, D. A., Wojan, T. R., & Lambert, D. M. The Rural Growth Trifecta: Outdoor Amenities, Creative Class and Entrepreneurial Context [J]. Journal of Economic Geography, 2011, 11(3): 529–557.

172. McGranahan, D. & Wojan, T. Recasting the Creative Class to Examine Growth Processes in Rural and Urban Counties [J]. Regional studies, 2007, 41(2): 197–216.

173. McIntosh, A. J. & Zahra, A. A. Cultural Encounter Through Volunteer Tourism: Towards the Ideals of Sustainable Tourism? [J]. Journal of Sustainable Tourism, 2007, 15(5): 541–556.

174. McIntosh, A. J. & Zahra, A. A. Cultural Encounter Through Volunteer Tourism: Towards the Ideals of Sustainable Tourism? [J]. Journal of Sustainable Tourism, 2007, 15(5): 541–556.

175. McKeever, E; Jack, S and Anderson, A. Embedded entrepreneurship in the Creative Re-construction of Place [J]. Journal of Business Venturing, 2015, 30 (1): 50–65.

176. McRae, A. Literature and Domestic Travel in Early Modern England [M]. Cambridge; New York: Cambridge University Press, 2009.

177. Meethan, K. Being a Tourist: Finding Meaning in Pleasure Travel [J]. Tourism Management, 2005, 26 (3): 474–475.

178. Meinel, M., Maier, L., Wagner, T., et al. Designing Creativity-enhancing Workspaces: A Critical Look at Empirical Evidence [J]. Journal of technology and innovation management, 2017, 1(1): 1–12.

179. Metz, D. The Limits to Travel: How far Will You Go? [M]. London: Earthscan, 2007.

180. Minnaert, L. Social Tourism Participation: The Role of Tourism Inexperience and Uncertainty [J]. Tourism Management, 2014 (40): 282–289.

181. Minnaert, L., Maitland, R. & Miller, G. What is Social Tourism? [J]. Current Issues in Tourism, 2011, 14 (5): 403–415.

182. Mommaas, H. Cultural Clusters and the Post-Industrial City: Towards the Remapping of Urban Cultural Policy [J]. Urban Studies, 2004, 41 (3): 507–532.

183. Morgan, N., Pritchard, A.& Sedgley, D. Social Tourism and Well-Being in Later Life [J]. Annals of Tourism Research, 2015 (52): 1–15.

184. Morrison, P. A. The Changing U.S. Population and Future Demand for

Air Travel [M]. Santa Monica: Rand Corp, 1972.

185. Mrozowski, S. A. The Archaeology of Class in Urban America [M]. Cambridge, UK; New York: Cambridge University Press, 2006.

186. Mumford, L. The City in History: Its Origins, Its Transformations, and its Prospects [M]. New York: Harcourt Brace Jovanovich, 1961.

187. Munsters, W., Richards, G. Methods in Cultural Tourism Research: The State of the Art [J]. Cultural Tourism Research Methods, 2010: 209–214.

188. Nasser, N. Planning for Urban Heritage Places: Reconciling Conservation, Tourism, and Sustainable Development [J]. Journal of Planning Literature, 2003, 17: 467–479.

189. Nelson, V. Place reputation: Representing Houston, Texas as a Creative Destination through Culinary Culture [J]. Tourism Geographies, 2015, 17(2): 192–207.

190. Nicodemus, A. G. Fuzzy vibrancy: Creative placemaking as ascendant US cultural policy. Cultural Trends, 2013, 22(3–4): 213–222.

191. Novelli, M. Tourism and Social Identities: Global Frameworks and Local Realities [M]. Amsterdam; Boston: Elsevier, 2006.

192. Orbasli, A. Tourists in Historic Towns: Urban Conservation and Heritage Management [M]. London and New York: E & FN Spon, 2000.

193. Page, S. & Connell, J. Sustainable Tourism: Critical Concepts in the Social Sciences [M]. Oxon: Routledge, 2008.

194. Pan, T. J. Motivations of Volunteer Overseas and What Have We Learned–The Experience of Taiwanese Students [J]. Tourism Management, 2012(33): 1493–1501.

195. Pearce, C. Communities of Play: Emergent Cultures in Multiplayer Games and Virtual Worlds [M]. Cambridge: MIT Press, 2011.

196. Pearce, D. G. Tourism Today: A Geographical Analysis [M]. Harlow:

Iongman Scientific & Technical Press, 1987.

197. Pearce, D. G. Tourist Development [M]. London: Longman Group Limited.1981.

198. Pearce, D. W, Turner, R. K., Turner, R. K. Economics of Natural Resources and the Environment [M]. London: Johns Hopkins University Press, 1990.

199. Pearce, P. L, Lee U I. Developing the Travel Career Approach to Tourist Motivation [J]. Journal of Travel Research, 2005, 43(3): 226–237.

200. Pearce, P. L. Tourist behaviour: Themes and Conceptual Schemes [M]. Bristol: Channel View Publications, 2005.

201. Peters, M., Frehse, J. & Buhalis, D. The Importance of Lifestyle Entrepreneurship: A Conceptual Study of the Tourism Industry [J]. PASOS. Revista de Turismoy Patrimonio Cultural, 2009, 7(3): 393–405.

202. Pfanner, J. H. Archaeological Sieving as Creative Tourism? [M]. University of Warwick, 2011.

203. Pine B. J., Gilmore J. H. The Experience Economy: Past, Present and Future [M]//Handbook on the Experience Economy. Cheltenham: Edward Elgar Publishing, 2013: 21–44.

204. Pine, B. J. & Gilmore, J. H. Welcome to the Experience Economy [J]. Harvard Business Review, 1998, 76(4): 97–105.

205. Pine, B. J., Pine, J. & Gilmore, J. H. The Experience Economy: Work is Theatre & Every Business a Stage [M]. Harvard Business Press, 1999.

206. Pine, J. and Gilmore, J. The Experience Economy [M]. Boston: Harvard Business School Press, 1999.

207. Porter, L. & Shaw, K. Whose Urban Renaissance: An International Comparison of Urban Regeneration Strategies [M]. New York: Routledge, 2009.

208. Porter, M. E. & Kramer, M. R. The Competitive Advantage of

Corporate Philanthropy [J]. Harvard Business Review, 2002, 80 (12): 56–69.

209. Potts, J. Creative Industries and Economic Evolution [M]. Cheltenham: Edward Elgar, 2011.

210. Prahalad, C. K. & Ramaswamy, V. The Future of Competition: Co-creating Unique Value with Customers [M]. Boston: Harvard Business Press, 2004.

211. Pratt, A.C. Creative Cities: The Cultural Industries and the Creative Class [J]. Geografiska Annaler Series B–Human Geography, 2008, 90B (2): 107–117.

212. Prentice, R. Tourist Familiarity and Imagery [J]. Annals of Tourism Research, 2004, 31(4): 923–945.

213. Ramli, N. A., Ujang, N. Adaptation of Social Attributes of Place in Creative Placemaking Towards Social Sustainability [J]. Asian Journal of Quality of Life, 2020, 5(18): 1–18.

214. Rath, J. Tourism, Ethnic Diversity and the City [M]. New York; London: Routledge, 2007.

215. Ratten, V. & Ferreira, J. J. Future Research Directions for Cultural Entrepreneurship and Regional Development [J]. International Journal of Entrepreneurship and Innovation Management, 2017, 21(3): 163–169.

216. Raymond, C. Case Study–Creative Tourism New Zealand [J]. Creative Tourism New Zealand and Australia Council for the Arts, 2003: 1–5.

217. Raymond, CM; Bryan, BA. Mapping Community Values for Natural Capital and Ecosystem Services [J]. Ecological Economics, 2009, 68 (5): 1301–1315.

218. Redaelli, E. Creative Placemaking and the NEA: Unpacking a Multi-Level Governance [J]. Policy Studies, 2016, 37(4): 387–402.

219. Rhodes, M. An Analysis of Creativity [J]. The Phi Delta Kappan, 1961,

42(7): 305–310.

220. Richards , G. Wilson, W. Tourism, Creativity and Development [M]. New York: Routledge, 2007: 283.

221. Richards G, Wilson J. Developing Creativity in Tourist Experiences: A Solution to the Serial Reproduction of Culture?[J]. Tourism Management, 2006, 27(6): 1209–1223.

222. Richards G. and Wilson, J. (eds.) Tourism, Creativity and Development [M]. London: Routledge, 2007.

223. Richards G. Creativity and Tourism: The State of the Art [J]. Annals of Tourism Research, 2011, 38: 1225–1253.

224. Richards G. Making Places through Creative Tourism?[M]//Cultural Sustainability, Tourism and Development. London: Routledge, 2021: 36–48.

225. Richards, G. Developments in European Cultural Tourism [J]. Tourism: The State of the Art, 1994: 366–376.

226. Richards, D. Reciprocity and Shared Knowledge Structures in the Prisoner's Dilemma Game [J]. The Journal of Conflict Resolution, 2001, 45(5): 621–635.

227. Richards, G. & Wilson, J. Developing Creativity in Tourist Experiences：A Solution to the Serial Reproduction of Culture?[J]. Tourism Management，2006，27(6)：1209–1223.

228. Richards, G. & Duif, L. Small Cities with Big Dreams: Creative Placemaking and Branding Strategies [M]. London: Routledge, 2018.

229. Richards, G. & Marques, L. Exploring Creative Tourism: Editors Introduction [J]. Journal of Tourism Consumption and Practice, 2012, 4(2): 1–11.

230. Richards, G. & Munsters, W. (eds.) Cultural Tourism Research Methods [M]. Oxfordshire: CABI, 2010.

231. Richards, G. & Raymond, C. Creative tourism [J]. ATLAS News, 2000,

23(8): 16–20.

232. Richards, G. & Wilson, J. (eds.) Tourism, Creativity and Development [M]. London: Routledge, 2007.

233. Richards, G. & Wilson, J. Developing Creativity in Tourist Experiences: A Solution to the Serial Reproduction of Culture? [J]. Tourism Management, 2006, 27(6): 1209–1223.

234. Richards, G. & Wilson, J. Tourism, Creativity and Development [M]. London; New York: Routledge, 2007.

235. Richards, G. Business Models for Creative Tourism [J]. Journal of Hospitality & Tourism, 2021, 19(1): 1–13.

236. Richards, G. Creative and Tourism: The State of the Art [J]. Annals of Tourism Forum, 2011, 38(4): 1225–1253.

237. Richards, G. Creative Placemaking Strategies in Smaller Communities [M]//Creative Tourism in Smaller Communities. University of Calgary Press, 2021: 283–297.

238. Richards, G. Creative Tourism: Opportunities for Smaller Places? [J]. Tourism & Management Studies, 2019, 15(1SI): 7–10.

239. Richards, G. Creativity and Tourism in the City [J]. Current Issues in Tourism, 2014, 17(2): 119–144.

240. Richards, G. Creativity and Tourism: The State of the Art [J]. Annals of Tourism Research, 2011, 38(4): 1225–1253.

241. Richards, G. Cultural tourism [M]. Routledge Handbook of Leisure Studies. Abingdon: Routledge, 2013.

242. Richards, G. Cultural Tourism: Global and Local Perspectives [M]. New York: Haworth Hospitality Press, 2007.

243. Richards, G. Designing Creative Places: The Role of Creative Tourism [J]. Annals of Tourism Research, 2020, 85: 1–11.

244. Richards, G. Developments in European Cultural Tourism [J]. Tourism: The State of the Art, 1994: 366–376.

245. Richards, G. From Cultural Tourism to Creative Tourism: European Perspectives [J]. Tourism, 2002, 50(3)：225–233.

246. Richards, G. Noah Porter's Problem and the Origins of American Psychology [J]. Journal of the History of the Behavioral Sciences, 2004, 40 (4): 353–374.

247. Richards, G. Textile Tourists in the European Periphery: New Markets for Disadvantaged Areas? [J]. Tourism Review International, 2005, 8(4): 323–338.

248. Richards, G. The British Journal of Psychology Centenary: A Preliminary Content Survey and its Problems [J]. British Journal of Psychology, 2004, 95: 523–543.

249. Richards, G. To Know Our Fellow Men to do Them Good–American Psychology Enduring Moral Project [J]. History of the Human Sciences, 1995, 8 (3): 1–24.

250. Richards, G. Tourism Attraction Systems–Exploring Cultural Behavior [J]. Annals of Tourism Research, 2002, 29 (4): 1048–1064.

251. Richards, G. & Bonink, C. Marketing Cultural Tourism in Europe [J]. Journal of Vacation Marketing, 1995, 1(2): 172–180.

252. Richards, G. & Wilson, J. Developing Creativity in Tourist Experiences：A Solution to the Serial Reproduction of Culture? [J]. Tourism Management, 2006, 27(6)：1209–1223.

253. Richards, G. & Wilson, J. The Impact of Cultural Events on City Image: Rotterdam, Cultural Capital of Europe 2001 [J]. Urban Studies , 2004, 41 (10): 1931–1951.

254. Richards, G. & Wilson, J. Tourism, Creativity and Development [M]. London; New York: Routledge, 2007.

255. Richards, G. & Bonink, C. Marketing Cultural Tourism in Europe [J]. Journal of Vacation Marketing, 1995, 1(2): 172–180.

256. Richards, G. & Duif, L. Small Cities with Big Dreams: Creative

Placemaking and Branding Strategies. Routledge, 2018.

257. Richards, G. & Marques, L. Exploring Creative Tourism: Editors Introduction [J]. Journal of Tourism Consumption and Practice, 2012, 4(2): 1–11.

258. Richards, G. & Munsters, W. (eds.) Cultural Tourism Research Methods [M]. Oxfordshire: CABI, 2010.

259. Richards, G. & Raymond, C. Creative Tourism [J]. ATLAS News, 2000, 23(8): 16–20.

260. Richards, G. & Wilson, J. (eds.) Tourism, Creativity and Development [M]. London: Routledge, 2007: 1–323.

261. Richards, G. & Wilson, J. Developing Creativity in Tourist Experiences: A Solution to the Serial Reproduction of Culture? [J]. Tourism Management, 2006, 27(6): 1209–1223.

262. Richards, G., Raymond, C. Creative Tourism [J]. ATLAS News, 2000, 23(8): 16–20.

263. Richards, G., Wilson, J. Developing Creativity in Tourist Experiences: A Solution to the Serial Reproduction of Culture? [J]. Tourism Management, 2006, 27(6): 1209–1223.

264. Richards. G. & Wilson, J. (eds.) Changing Places–the Spatial Challenge of Creativity [M]. Arnhem, Netherlands: ATLAS, 2007.

265. Rickly-Boyd, J. M. Authenticity & Aura : A Benjaminian Approach to Tourism [J]. Annals of Tourism Research, 2012, 39(1): 269–289.

266. Rojek, C. Leisure and Culture [M]. New York: St. Martin's Press, 2000.

267. Roura, R. Being There: Examining the Behaviour of Antarctic Tourists through Their Blogs [J]. Citation: Polar Research, 2012(31): 1–23.

268. Runco, M. A. & Jaeger, G. J. The Standard Definition of Creativity [J]. Creativity Research Journal, 2012, 24(1): 92–96.

269. Russo, A. P. The "Vicious Circle" of Tourism Development in Heritage

Cities [J]. Annals of Tourism Research, 2002, 29(1): 165–182、178.

270. Ryan, C. The Tourist Experience [M]. London: Continuum, 2002.

271. Salman, D. & Uygur, D. Creative Tourism and Emotional Labor: An Investigatory Model of Possible Interactions [J]. International Journal of Culture, Tourism and Hospitality Research, 2010, 4(3): 186–197.

272. Sano, H. Theoretical Consideration on Creative Tourism [J]. Journal of Global Tourism Research, 2016, 1(2): 127–132.

273. Schumpeter, J. A. Development [J]. Journal of Economic Literature, 2005, 43 (1): 108–120.

274. Schupbach , J. Creative Placemaking [J]. Economic Development Journal, 2015, 14(4): 28–33.

275. Schweinsberg S., Sharpley R., Darcy S. Competitive Positioning of Tourism Academic Knowledge [J]. Tourism Management, 2022, 91: 104502.

276. Scott, A. J. Creative Cities: Conceptual Issues and Policy Questions [J]. Journal of Urban Affairs, 2006, 28(1): 1–17.

277. Scott, A. J. Cultural–Products Industries and Urban Economic Development–Prospects for Growth and Market Contestation in Global Context [J]. Urban Affairs Review, 2004, 39 (4): 461–490.

278. Scott, A. J. Cultural–products Industries and Urban Economic Development–Prospects for Growth and Market Contestation in Global Context [J]. Urban Affairs Review, 2004, 39 (4): 461–490. Bouncken, R. B. & Pyo, S. Knowledge Management in Hospitality and Tourism [M]. New York: Haworth Hospitality Press, 2002.

279. Scott, A. J. On Hollywood: The Place, the Industry [M]. Princeton: Princeton University Press, 2005.

280. Scott, A. J. The Cultural Economy of Cities: Essays on the Geography of Image–Producing Industries [J]. The Cultural Economy of Cities, 2000: 1–256.

281. Scott, A.J. Beyond the Creative City: Cognitive–Cultural Capitalism and the New Urbanism [J]. Regional Studies, 2014, 48 (4): 565–578.

282. Scott, A.J. Cultural Economy and the Creative Field of the City [J]. Geografiska Annaler Series B–Human Geography, 2010, 92B (2): 115–130.

283. Scott, G., Leritz, L. E. & Mumford, M. D. The Effectiveness of Creativity Training: A Quantitative Review [J]. Creativity Research Journal, 2004, 16(4)：361–388.

284. Scott, G., Leritz, L. E. & Mumford, M. D. Types of Creativity Training: Approaches and Their Effectiveness [J]. Journal of Creative Behavior, 2014, 38 (3): 149–179.

285. Scott, M. Leisure Services Law [M]. London: Sweet & Maxwell, 1993.

286. Seabridge, A. G. and Morgan, S. Air Travel and Health: A Systems Perspective [M]. Chichester: John Wiley & Sons, 2010.

287. Seburanga, J. L., Zhang, Q. Heritage Trees and Landscape Design in Urban Areas of Rwanda [J]. Journal of Forestry Research, 2013, 24(3): 561–570.

288. Selby, M. Understanding Urban Tourism: Image, Culture and Experience [M]. London and New York: I.B. Tauris, 2004.

289. Sepe, M. Place Identity and PlaceMaker: Planning the Urban Sustainability [J]. Journal of Urban Planning and Development, 2010, 136 (2): 139–146.

290. Sharples, L. Wine Tourism in Chile. A Brave New Step for a Brave New World [J]. International Journal of Wine Marketing, 2000, 14(2): 43–53.

291. Sharpley, R., Harrison, D. 20 Conclusion: Mass Tourism in the Future [M]. Wallingford: CAB International, 2017.

292. Sharpley, R., Stone, P. R. Socio–cultural Impacts of Events: Meanings, Authorized Transgression, and Social Capital [M]//Stephen J. Page & Joanne Connell (eds.). The Routledge Handbook of Events. London:

Routledge, 2020: 155–170.

293. Sharpley, R. 2 Tourism and (Sustainable) Development: Revisiting the Theoretical Divide [J]. Tourism in Development, 2021.

294. Sharpley, R. On the Need for Sustainable Tourism Consumption [J]. Tourist Studies, 2021, 21(1): 96–107.

295. Sharpley, R. Responsible Tourism: Whose Responsibility?[M]//Andrew Holden, David Fennell. The Routledge Handbook of Tourism and the Environment. London: Routledge, 2012: 404–413.

296. Sharpley, R. Tourism and the Countryside [M]//Alan A. Lew C. Michale Hall, ect. A Companion to Tourism. Malden: Blackwell, 2004: 374–386.

297. Sharpley, R. Sustainable Rural Tourism Development: Ideal or Idyll [J]. Rural Tourism and Recreation: Principles to Practice, 2001: 57–8.

298. Sharpley, R. Sustainable Tourism Governance: Local or Global?[J]. Tourism Recreation Research, 2022: 1–4.

299. Sharpley, R. The Consumer Behaviour Context of Ecolabelling [J]. Tourism Ecolabelling: Certification and Promotion of Sustainable Management, 2001: 41–55.

300. Sharpley, R. Rural Tourism and the Challenge of Tourism Diversification: the Case of Cyprus [J]. Tourism Management, 2002, 23(3): 233–244.

301. Sharpley, R. The Myth of Sustainable Tourism [J]. CSD Center for Sustainable Development, 2010, 4: 1–14

302. Sharpley, R. Tourism and Sustainable Development: Exploring the Theoretical Divide [J]. Journal of Sustainable Tourism, 2000, 8(1): 1–19.

303. Sharpley, R. Tourism Development and the Environment: Beyond Sustainability?[M]. London: Routledge, 2009.

304. Sharpley, R. Tourism, Tourists and Society [M]. London: Routledge, 2018.

305. Sharpley, R. & Stone, P. R. (eds.) Tourist Experience: Contemporary

Perspectives (Vol. 19) [Z]. Routledge, 2010.

306. Sharpley, R. & Telfer, D. J. (eds.). Tourism and Development: Concepts and Issues [M]. Bristol: Channel View Publications, 2014.

307. Sheng, C. W. & Chen, M. C. A Study of Experience Expectations of Museum Visitors [J]. Tourism Management, 2012(33): 53–60.

308. Silver, D. A. & Clark, T. N. Scenescapes: How Qualities of Place Shape Social Life [M]. Chicago: University of Chicago Press, 2016.

309. Simmons, J. The Railway in Town and Country, 1830–1914[M]. Newton Abbot; North Pomfret: David & Charles, 1986.

310. Simonton, D. K. Creativity: Cognitive, Personal, Development, and Social Aspects [J]. American Psychologist, 2000, 55: 151–158.

311. Sin, H. L. Volunteer Tourism "Involve Me and I Will Learn"?[J]. Annals of Tourism Research, 2009, 36(3): 480–501.

312. Sin, H. L. Who Are We Responsible to? Locals' Tales of Volunteer Tourism [J]. Geoforum, 2010(41): 983–992.

313. Singh, R. Dynamics of Historical, Cultural and Heritage Tourism [M]. New Delhi: Kanishka Publishers, Distributors, 2000.

314. Skinner, J. & Jolliffe, L. Murals and Tourism [M]. Philadelphia, PA: Routledge, 2017.

315. Small, J., Darcy, S. & Packer, T. The Embodied Tourist Experiences of People With Vision Impairment: Management Implications Beyond the Visual Gaze [J]. Tourism Management, 2012, (33): 941–950.

316. Smith, A. Reimaging the City–the Value of Sport Initiatives [J]. Annals of Tourism Research, 2005, 32 (1): 217–236.

317. Smith, M. K. Issues in Cultural Tourism Studies (3rd ed.) [M]. London: Routledge, 2016.

318. Smith, M. K. Issues in Cultural Tourism Studies [M]. London; New York: Routledge, 2009.

319. Sperber, J. Water, Leisure and Culture: European Historical Perspectives

[J]. The English Historical Review, 2004, 119(480): 238–240.

320. Spirou, C. Urban Tourism and Urban Change: Cities in a Global Economy [M]. New York: Routledge, 2011.

321. Stephen, L. S. Tourism Analysis: A Handbook [M]. Longman Scientific & Technical，1990.

322. Sternberg, R. J. (ed.) Handbook of Creativity [M]. Cambridge: Cambridge University Press, 1999.

323. Stevens, M. L. Creating a Class: College Admissions and the Education of Elites [M]. Cambridge: Harvard University Press, 2007.

324. Stipanović, C. & Rudan, E. Creative Tourism in Destination Brand Identity [J]. International Journal Vallis Aurea, 2015, 1(1)：75–83.

325. Stolarick, K., Denstedt, M., Donald, B.& Spencer, G. M. Creativity, Tourism and Economic Development in a Rural Context: The Case of Prince Edward County [J]. Journal of Rural and Community Development, 2010, 5(1/2): 238–254.

326. Stolarick, K., Denstedt, M., Donald, B. & Spencer, G. M. Creativity, Tourism and Economic Development in a Rural Context: The case of Prince Edward County [J]. Journal of Rural and Community Development, 2010, 5(1/2): 238–254.

327. Strom, E. Converting Pork into Porcelain: Cultural Institutions and Downtown Development [J]. Urban Affairs Review, 2002, 38: 3–21.

328. Ström, P., Nelson, R. Dynamic Regional Competitiveness in the Creative Economy: Can Peripheral Communities Have a Place?[J]. The Service Industries Journal, 2010, 30(4): 497–511.

329. Stryjakiewicz, T. Anthropogenic Landscape, Creative Spaces and Tourism [J]. Works of the Cultural Landscape Commission, 2010, 14: 52–62.

330. Suhartanto D., Brien A., Sumarjan N., et al. Examining Attraction Loyalty Formation in Creative Tourism [J]. International Journal of

Quality and Service Sciences, 2018, 10(2): 163–175.

331. Sundbo, J.& Darmer, P. Creating Experiences in the Experience Economy [M]. Cheltenham: Edward Elgar, 2008.

332. Tan, S. K., Kung, S. F. & Luh, D. B. A model of 'Creative Experience' in Creative Tourism [J]. Annals of Tourism Research, 2013, 41: 153–174.

333. Tan, S. K., Luh, D. B.& Kung, S. F. A Taxonomy of Creative Tourists in Creative Tourism [J]. Tourism Management, 2014, 42: 248–259.

334. Tan, S. K., Tan, S. H., Luh, D. B., & Kung, S. F. Understanding Tourist Perspectives in Creative Tourism [J]. Current Issues in Tourism, 2016, 19(10)：981–987.

335. Tan, S., Luh, D. & Kung, S. A Taxonomy of Creative Tourists in Creative Tourism [J]. Tourism Management, 2014, 42: 248–259.

336. Tan, S., Luh, D., et al. Understanding Tourist Perspectives in Creative Tourism [J]. Current Issues in Tourism, 2016, 19(10): 981–987.

337. Tan, S.–K. Tan, S.–H, Luh, D.–B. Understanding Tourist Perspectives in Creative Tourism [J]. Current Issues in Tourism, 2015: 1–7.

338. Tanghetti, J; Comunian, R. & Dent, T. "Covid–19 Opened the Pandora Box" of the Creative City: Creative and Cultural Workers against Precarity in Milan [J]. Cambridge Journal of Regions Economy and Society, 2022.

339. Taylor, C. W., Sternberg, R. J. Various Approaches to and Definitions of Creativity [M]// The Nature of Creativity: Contemporary Psychological Perspectives, Cambridge: Cambridge UP, 1988: 99–120.

340. Thoring, K., Desmet, P., Badke–Schaub, P. Creative Environments for Design Education and Practice: A Typology of Creative Spaces [J]. Design Studies, 2018, 56: 54–83.

341. Tokatli, N. Creative Individuals, Creative Places: Marc Jacobs, New York and Paris [J]. International Journal of Urban and Regional

Research, 2011, 35(6): 1256–1271.

342. Traganou, J. & Mitrašinović, M. Travel, Space, Architecture [M]. Farnham; Burlington: Ashgate, 2009.

343. Veal, A. J. Definitions of leisure and recreation [J]. Australian Journal of Leisure and Recreation, 1992, 2(4): 44–48.

344. Visković, N. R. Gastronomy as a Social Catalyst in the Creative Place-making Process [J]. Acta Geographica Slovenica, 2021, 61(1): 185–199.

345. Waitt, G.& Gibson, C. Creative Small Cities: Rethinking the Creative Economy in Place [J]. Urban Studies, 2009, 46 (5–6): 1223–1246.

346. Walker, M. Cities as Creative Spaces for Cultural Tourism: A Plea for the Consideration of History [J]. Revista de Turismo y Patrimonio Cultural, 2010, 8(3): 17–26.

347. Waller, P. J. The English Urban Landscape [M]. Oxford; New York: Oxford University Press, 2000.

348. Wang, N. Rethinking Authenticity in Tourism Experience [J]. Annals of Tourism Research, 1999, 26 (2): 349–370.

349. Wearing, S. & McGehee, N. G. Volunteer Tourism: A Review [J]. Tourism Management, 2013 (38): 120–130.

350. Webster, K. Environmental Management in the Hospitality Industry: A Guide for Students and Managers [M]. London: Cassell, 2000.

351. Whitaker, A. Partnership Strategies for Creative Placemaking in Teaching Entrepreneurial Artists [J]. Artivate, 2017, 6(2): 23–31.

352. Whyte, W. & Zimmer, O. Nationalism and the Reshaping of Urban Communities in Europe, 1848–1914[M]. Houndmills, Basingstoke, Hampshire; New York: Palgrave Macmillan, 2011.

353. Wyckoff, M. A. Definition of Placemaking: Four Different Types [J]. Planning & Zoning News, 2014, 32(3), 1.

354. Wynne, D. Leisure, Lifestyle, and the New Middle Class: A Case Study [M]. London: Routledge, 1998.

355. Yudistira, F.Creative Strategy for Creating Public Space for Creative Tourism (Case: Pasar Kaget at Sunda Kelapa Mosque)[M]. Singapore: Springer Nature Singapore PteLtd, 2017: 41–50.

356. Zhang, Y. & Xie, P. F. Motivational Determinates of Creative Tourism: A Case Study of Albergue Art Space in Macau [J]. Current Issues in Tourism, 2019, 22(20): 2538–2549.

357. Zielke, P. & Waibel, M. Comparative Urban Governance of Developing Creative Spaces in China [J]. Habitat International, 2014, 41: 99–107.

358. Zitcer, A. Making up creative placemaking [J]. Journal of Planning Education and Research, 2020, 40(3): 278–288.

359. Zukin, S. Loft Living: Culture and Capital in Urban Change [M]. New Brunswick, N.J.: Rutgers University Press, 1982.

360. UNESCO. Discussion Report of the Planning Meeting for 2008 International Conference on Creative Tourism [EB/OL]. http: //unesdoc. unesco.org/images/0015/001598/159811e.pdf.

361. UNESCO. Towards Sustainable Strategies for Creative Tourism: Discussion Report of the Planning Meeting for 2008 International Conference on Creative Tourism [R]. Santa Fe: New Mexico, 2006.

362. UNESCO. Towards Sustainable Strategies for Creative Tourism: Discussion Report of the Planning Meeting for 2008 International Conference on Creative Tourism [EB/OL]. 2006: 25–27. Retrieved from http: //unesdoc.unesco.org/images/0015/001598/159811e.pdf. Accessed on 5 August 2017.

图书在版编目(CIP)数据

创意旅游与城市发展研究 / 张胜男著 . — 北京 :
商务印书馆,2024
ISBN 978-7-100-22590-8

Ⅰ . ①创… Ⅱ . ①张… Ⅲ . ①旅游－创意－研究－中
国②城市建设－研究－中国 Ⅳ . ① F592 ② F299.21

中国国家版本馆 CIP 数据核字 (2023) 第 117113 号

创意旅游与城市发展研究

张胜男 著

商 务 印 书 馆 出 版
(北京王府井大街 36 号 邮政编码 100710)
商 务 印 书 馆 发 行
艺堂印刷(天津)有限公司印刷
ISBN 978-7-100-22590-8

2024 年 6 月第 1 版 开本 710×1000 1/16
2024 年 6 月第 1 次印刷 印张 18½
定价:95.00 元